百 年 前 的 人 ， 百 年 前 的 事

名人与故宫

肖伊绯 · 著

浙江人民出版社

图书在版编目（CIP）数据

故宫与名人：百年前的人，百年前的事 / 肖伊绯著
. — 杭州：浙江人民出版社，2024.2
ISBN 978-7-213-11186-0

Ⅰ. ①故… Ⅱ. ①肖… Ⅲ. ①故宫—史料—北京
Ⅳ. ①K928.74

中国国家版本馆 CIP 数据核字（2023）第 164676 号

故宫与名人：百年前的人，百年前的事

肖伊绯　著

出版发行：浙江人民出版社（杭州市体育场路 347 号　邮编：310006）
　　　　　市场部电话：（0571）85061682　85176516
责任编辑：齐桃丽
特约编辑：王子佳
营销编辑：陈雯怡　张紫懿　陈芊如
责任校对：何培玉
责任印务：幸天骄
封面设计：海云间
电脑制版：北京之江文化传媒有限公司
印　　刷：杭州广育多莉印刷有限公司
开　　本：710 毫米 ×1000 毫米　1/16　　　印　　张：26.75
字　　数：396 千字　　　　　　　　　　　插　　页：4
版　　次：2024 年 2 月第 1 版　　　　　　印　　次：2024 年 2 月第 1 次印刷
书　　号：ISBN 978-7-213-11186-0
定　　价：118.00 元

如发现印装质量问题，影响阅读，请与市场部联系调换。

从皇室宫禁、帝制极巅的政权中心，到守护文化、传承文明的公共场域，故宫博物院创办前后的五十年（1900—1949），人文内涵丰富、文史蕴藉深远，这段历史在中国近现代文化史与学术史上至为特殊，亦十分重要。

本书着力记述王闿运、王国维、胡适、陈寅恪、梁思成等近现代知识分子与故宫的相关史实，着眼于挖掘、整理、解析与呈现特殊历史背景之下，个人与国家、学术与政治、道义与世情的诸多细节，也提供了以故宫博物院院史为个案，观察我国文博事业发展历程的特殊角度。

全书图文并茂，并披露了大量第一手资料及近现代学者的珍稀文献，细致缜密地揭示了故宫博物院成立前后半个世纪的历史变迁。

目　录

晚清以来，湘绮老人王闿运所作《圆明园词》，为唯一专述圆明园罹劫的鸿篇巨制，是堪与唐代"元白诗派"两大长篇诗作——元稹的《连昌宫词》、白居易的《长恨歌》相提并论的不朽史诗。

第二章　王国维：酬生唱死颐和园 …………………… 78

这一对可以视为近代故宫史诗双璧的杰作，无论是两篇诗作，还是两位作者本身，命运却似大不相同。《圆明园词》文风苍凉激昂，却又不得不因顾忌文祸而有所遮掩，可即便如此，还是在作者生前即已盛名远扬，海内传诵。《颐和园词》亦堪称绝代之作，作者本人也颇引以自得，此作在异邦已初获盛誉，国内却几无反响，至少在作者生前并未因之享誉一时。

第二部分　学者与逊帝　　　　　　　　　　　　　121

第三章　胡　适：三个故宫曾步入…………………………… 123

1922年5月30日，时年三十一岁的胡适如约前往故宫面见溥仪。这是中国现代学者首次应召"进宫"，当然，也是中华民国的教授首次面见大清帝国的皇帝，还是新文化运动开创者之重要一员，头一遭直面封建文化最高缔造者……很多为此次会见赋予的重大历史意义，都可以定格在这一天。

第四章　钱玄同：祝贺皇帝变平民………………………… 156

人，总应该堂堂地做一个人，保持他的人格，享有他的人权，这才是幸福。一个人要是沦为强盗、瘪三、青皮、痞棍、土豪、地主、王爷、皇帝等等，他们的生活方面虽大有贫富苦乐的不同，但其丧却人的地位则完全一致，我认为这都是些不幸的人们。

第五章　周作人：谈虎谈龙谈奴气 ………………………… 185

（冯玉祥逼宫溥仪）从我们的秀才似的迂阔的头脑去判断，或者可以说是不甚合于"仁义"，不是绅士的行为，但以经过二十年拖辫子的痛苦的生活，受过革命及复辟的恐怖的经验的个人的眼光来看，我觉得这乃是极自然极正当的事，虽然说不上是历史上的荣誉，但也决不是污点。

第六章　陈　垣：书山学海在故宫 ………………………… 205

当局急欲"接收"故宫，只能力图直接除去清室善后委员会这一"障碍"。要除去这一"障碍"，首当其冲的并非是当时因受通缉已避居上海的委员长李煜瀛，而是这一团体的实际主持人、代理委员长陈垣。

第三部分　守护故宫的学者 253

第七章　沈兼士：乱档堆里觅真知……………………… 255

沈氏将故宫巨量的"大内档案"条分缕析、分门别类，将之重整为可查阅、可索引、可研究的，极具第一手资料价值的宝贵资源，使之从"废纸堆"化身为"学术富矿"。

第八章　陈寅恪：痛陈古物不可散……………………… 279

正式赴任故宫专门委员以来，陈寅恪得以在浩若烟海的故宫文献宝库中全心投入、精心考证，那万卷尘封史料，也就此涓涓汇入学海，令其如鱼得水。不过，千万不要以为陈氏只知埋首故纸、闭门读书，在那个外患日增、内忧积重的年代，在事关民族危亡、国宝存毁的大局面前，其人对国事时政，对故宫保护，都曾发出过自己的声音。

第九章　蔡元培：力主南迁护国宝

蔡元培一直全力支持并确保古物南迁按原计划进行，始终凭借自己在国内文教界的号召力与影响力，令同为故宫博物院理事的蒋介石、宋子文等当局高层人物，对此事予以高度关注与通力配合，为古物南迁争取了来自国家权力顶层的强力支持与资源保障。不难揣摩得到，应当正是在当局高层的亲自过问之下，古物南迁去向的种种争论终于得以遏止，最终都以统一暂贮上海法租界及中央银行等处，再分批转运南京而尘埃落定。

第十章　马　衡：南北驱驰为故宫

马衡也曾与同时代相当一部分学者的观点相近，起初都是不太赞同，甚至"极端反对"古物迁移的。可随着形势发展，时局进一步恶化，战局已然无可扭转之际，马衡"亦主张迁出为良"。

第十一章　向　达：名园罹劫费思量

向氏对此次展览所寄予的希望，归结起来，不外乎就是这四个方面：首先，告诫国人永世不忘圆明园罹劫之国难与国耻；其次，国人应了解圆明园在西方艺术史上亦有重要地位；再者，国人还应知悉圆明园曾为中西文化交流史上最可纪念之物；最后，国人今时之责任乃全力守护圆明园现有遗迹与遗物。

第十二章 梁思成：为故宫战至终章 ………………………… 383

故宫之于梁思成，归结起来，至少有三大因缘：一是故宫以古典顶级建筑样本的超级范例，为其中国建筑样式学、古典建筑美学打通权威路径；二是故宫为其撰著《中国建筑史》奠定坚实基础；三是故宫为其测绘、修复古建筑提供了最初蓝本。

远眺带有角楼的紫禁城全景[①]（约摄于1901年夏）

从景山远眺紫禁城[②]（约摄于1901年夏）

①② 图片辑自〔美〕伯顿·霍姆斯（Burton Holmes）《从阿穆尔到北京到紫禁城》（*Down the Amur, Peking, The Forbidden City*），1917年版。

导 言
"故宫"的词性及其他

"故宫"一词，原意是指旧时的宫殿，但凡指称废旧的宫殿，俱可使用，并非专有名词，也并不一定寄托着深沉厚重的寓意。

"故宫"一词，最早的应用实例始于何时，尚无从确考。但《汉书·食货志下》中，已见应用。文中有曰：

> 公卿白议封禅事，而郡国皆豫治道，修缮故宫。

如果说一定要有所抒情，借用这样一个词语，自然可以带有一些王朝兴废、鼎革沧桑的意蕴。唐代杜牧有《隋宫春》一诗，就曾用到"故宫"一词来抒发对隋代亡国之因的感悟。诗云：

> 龙舟东下事成空，蔓草萋萋满故宫。
> 亡国亡家为颜色，露桃犹自恨春风。

应当说，杜牧此诗乃借前朝兴废之迹，抒鉴古察今之意，确有简明总结历史经验、发挥历史本身对后世的教化之用。那么，直接经历亡国之痛，眼睁睁看着本朝宫殿化作"故宫"，则更应是另一番切身入骨之痛。北宋末代君主宋徽宗就曾写有一阕令后世学者及读者都颇为之动容的词作

《宴山亭·北行见杏花》。

　　这一词作，写于1127年"靖康之变"的北宋王朝覆灭之际，乃是徽宗赵佶及其子钦宗赵桓，被金兵掳往北方五国城途中偶见杏花，托物感兴之作。词作中也提到"故宫"一词，有这么一句饱浸血泪的亡国之叹：

　　　　天遥地远，万水千山，知他故宫何处？

　　宋徽宗的《宴山亭·北行见杏花》词作，曾被近世学者王国维（1877—1927）叹为"血书"，作者伤心之痛，读者伤怀之重，自不必赘言。至此之后，但凡借"故宫"一词来感兴抒怀者，大多已不出抒发兴废无常这个圈囿了。唐宋已矣，元明更迭，至清代覆灭，帝制时代终结之后，"故宫"一词逐渐脱离其原意与寓意，成为专指北京明清两代皇宫之建筑遗产的名词。这一名词，随着1925年故宫博物院的创建，在公共文化空间的近百年应用实践中，开始出现专名化倾向。

一、故宫博物院成立之前的"故宫"一词

　　那么，在专名化之前，即始自清朝末代皇帝溥仪于1912年2月宣布退位之后，到故宫博物院正式成立之前这段时间里，"故宫"一词，专指北京明清两代皇宫又肇始于何时？时人又是怎样应用这一词语的？是着重于原意，还是仍偏重于寓意之应用？简言之，是不带抒情色彩的常规指定式应用，还是仍借之抒写所谓遗民情怀呢？

　　显然，不必做过多烦琐精细的考证即可推定，这两种方式的应用，应当都曾有过。对中国近现代史稍感兴趣的读者，恐怕都曾接触与了解到这样一种史实，即有相当一部分，甚至可以说绝大部分为今人所敬仰的近现代学者，都或多或少地抱有遗民情怀，都会在使用"故宫"一词时，或多或少地倾注与抒发若隐若现、忽明忽暗的伤古悲今之意。

　　应当说，这样的现象，乃是20世纪上半叶普遍的现象。之所以出现这样的现象，主要因素当然与相当数量的遗老遗少有关。这部分遗民群

体，因世代领受清廷爵禄恩荣，难免触景生情，追怀往昔岁月，感叹世事无常。还有一部分以遗民自居的群体，本身并非贵族仕宦，但因对前朝文化、制度乃至生活方式，都有着相当认同与怀念，故而不免对王朝覆灭也心生哀愁，往往要借题发挥，伤今吊古一番。

然而，并不以遗民自居的社会群体中，本即随革命而投身新时代，完全可以也应当成为"新民"的这部分群体中，却也不乏怀古之幽情，对前朝旧事抱有浓厚兴趣者。这些好古怀旧者，在搜采掌故旧事、考索野史逸闻方面，往往有着惊人的敏锐度与热情，常常有"换位"与"穿越"的精神向往——与古为徒，与古人相往还的"古欢"，令他们乐此不疲，孜孜以求。因此，这部分人在使用"故宫"及其相关词汇时，通常也带有极富感染力的情感色彩。

除了上述这三大群体之外，对于"故宫"一词，完全不带抒情色彩的常规指代式应用，在这一词语专名化之前反倒不甚常见。至少，在公共文化领域里的传播力度与广度，反倒相形见绌了。有意思的是，随着1925年故宫博物院的正式成立，这样的情况却又完全反过来了。

以"故宫"一词指代那个作为公共场所、国民遗产的博物院，别无其他意蕴的情形，逐渐成为国人在使用与应用这一词语时的常态。遗民、以遗民自居的社会群体，逐渐消失隐匿，或者说逐渐退出历史舞台；即便好古怀旧者的群体，也逐渐将"故宫"一词予以专名化应用，以便在新的历史语境之下，表述与抒写相关见闻与见识。历史发展到这一阶段，当这三大群体无法也不可能成为"故宫"一词专名化的阻力之际，今人言说"故宫"专指博物院场域的情势，也逐渐造就，不可逆转了。

如果乐于做事后诸葛亮式的解说，当然可以将这一反复的历程，简单且坚定地称为"历史的必然"。同样地，如果不那么简单且坚定地来看待这一历程，则可以将其视为"历史的偶然"所造就的"不确定性"之反映。

二、《故宫漫载》里的"故宫"场域

仅据笔者所见，自1912年2月清廷颁布退位诏书以来，最早见诸公共文化领域的，专指包括各处御苑在内的北京明清皇宫这一历史遗存的"故宫"一词，可能源自《故宫漫载》一文。①此文曾被沪上知名学者、报人胡怀琛（1886—1938，又名胡寄尘）辑入其编著的《清季野史》一书，于1913年4月，交由上海广益书局印行。

《故宫漫载》一文，列于《清季野史》一书的目录页上，很容易让读者以为这是一篇由一位作者单独写成的文章，或许还是一篇篇幅较大，以分章"漫谈"式写作手法写成的掌故体散文。然而事实并非如此。《故宫漫载》之标题，乃是一组由多位作者写成的短文汇编之总题目。

事实上，《故宫漫载》包含了《颐和园纪游》《颐和园赋》《望江南》《记圆明园》《记三海》五篇文章，作者署名分别为"柴栗崟""杨小欧""王佑遐""钵提""餐英居士"。《故宫漫载》之标题，由刘识微所提出。但"刘识微"之名无法查考到任何线索，可能只是胡怀琛虚托的一个笔名罢了。

无论《故宫漫载》这一标题出自何人之手，值得注意的是，这里提出的"故宫"概念，或者说此组文章被统一冠名为"故宫"的场域，全部是御苑性质的所在，即皇家园林的处所，还并没

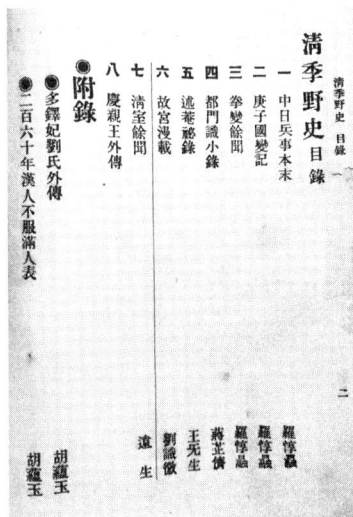

《清季野史》目录页

---

①　专指包括各处御苑在内的北京明清皇宫这一历史遗存与遗迹的"故宫"一词，应较早出现于清末文士笔下。其中，长沙徐树钧为王闿运《圆明园词》所撰序文中有"追话旧游……约访故宫"云云，落款时间为同治十年（1871）立秋日。如落款时间可信，此或即为较早出现者之一。因此序并未随即公开发表，故其实际撰成及公共传播的起始时间都只能存而待考。光绪丁未（1907）八月初刊于东州讲舍的《湘绮楼诗集》单行本中，王闿运《圆明园词》已公开发表，却并未附录此序。故以"故宫"指代圆明园等御苑遗存与遗迹的应用实例，以及这一应用在公共文场域传播，目前仍只能暂于1912年2月颁布清帝退位诏书之后的史事里加以考察。具体史事记述及评析，详见后文《王闿运：空费词说圆明园》。

有包括今人更为熟悉的北京明清皇宫，即所谓"紫禁城"的那一部分。

组内前三篇俱写颐和园（《望江南》有编者按语，称此词作于光绪时，皆咏颐和园故实，故录之），后两篇分写圆明园与"西苑三海"。所谓"西苑三海"位于北京皇城之西，由北海、中海、南海所组成，明清时期称为"西苑"，故名。由此可见，时人心目中的"故宫"，或者说可以见识到的、可资记述的"故宫"，还仅仅停留在有幸或者寻机能够游览到的御苑场域之内。须知，"西苑三海"为大内御苑，圆明园与颐和园为离宫御苑，即便时至清末，后两处御苑虽因历次焚掠而毁圮破败，可仍属皇家禁地之一，也并不是常人可以随便出入的，更不必说作为公共场所对外开放了。

时至1912年2月清帝逊位，因《清室优待条件》的存在，前清皇室成员仍居驻于"宫内"，紫禁城仍属禁地，举国民众并不能将之视作公共场所而随意出入游览。这时的皇宫里，仍生活着逊位于民国的皇帝与皇室，还不能完全视之为历史遗迹，自然还有人会用"故宫"一词来加以指代。

从这个意义上讲，即便如胡怀琛这样见多识广、敏锐博洽的学者，与时俱进、应时而动，提出"故宫"这一词语，赋予其专指北京明清皇宫（尤其是清末皇宫）的时代寓意，已然可谓先进；但承载与抒发这一词语寓意的时空场域，也还只能局限于御苑层面，无法深入宫禁之内。

诚如《故宫漫载》里的首篇文章《颐和园纪游》一文开首所记述的那样，即便在1910年前后，大清帝国覆亡前夕，出入残破御苑者也只能是官府内部人员及相关办事人员，还有外国使节及其亲友之类。文中开篇即语：

> 宣统二年，庚戌十一月十五日，予因贡呈书籍赴京，约随俞、李两君，乘驷轮马车，出京西二十余里之海甸挂甲屯工业教养学堂，当承该堂范雨农监督，介绍至颐和园。经门房太监总管，派一宫监孙石者，导之前往。出东角门，过仁寿门，见殿宇巍巍，上题额三字曰"仁寿殿"。甫上台阶，见有西国男妇数人，向管茶点宫监分赏钱物，旁立戴蓝顶者，询为引领西人游毕而出者也。

　　寥寥百余字，将出入御苑者的情状，简明地勾勒了出来。与官方机构确有业务往来，确系"良民"，再经内部人员引荐介绍，再由宫内太监导引，方可入内。国外"嘉宾"则由"戴蓝顶"之官员亲自引领，更有诸宫监陪侍左右。

　　据作者郑重其事于篇首记下的游园日期，"宣统二年，庚戌十一月十五日"，可知游园日期实为1910年12月16日，此时距武昌起义已不到一年时间，距清帝逊位也仅一年多一点的时间罢了。此时能步入御苑者，仍不是普通百姓，仍属有关系或特权者。御苑仍属御用，宫禁依旧森严，更遑论紫禁城本体。因此，专指北京明清皇宫遗迹的"故宫"这一概念，更是无从说起。

紫禁城的外宾接待处，有宦官导引并提供茶水服务①（约摄于1901年夏）

------

　　① 图片辑自〔美〕伯顿·霍姆斯（Burton Holmes）《从阿穆尔到北京到紫禁城》（*Down the Amur, Peking, The Forbidden City*），1917年版。

此文及其他四篇文章，皆写于清末，均未提及"故宫"一词。约两年之后，汇编者将这么一组清末抒写御苑风物的文章，一并冠以《故宫漫载》之总标题，辑入《清季野史》一书中正式出版。这在当时刚刚推翻帝制，清室仍居紫禁城中，国内时局尚不明朗的历史背景之下，实可谓胆魄过人。

另外，这组文章的汇编出版，也为那个时代的公众考察北京明清皇宫遗迹，提供了一个比较切合实际、符合历史实情的视角——在紫禁城仍不得入的前提下，不妨将为数众多、分布广泛的本就属于"故宫"之一部的御苑，纳入游览观赏、怀古鉴今的公共文化场域之中。当然，这一视角可能基于汇编者自身的识见自发而来，并非刻意设置这样一种寓示，普通读者或者说当时的大众读者，恐怕也不会因这么一个标题，就此开启自己关于"故宫"之文化想象吧。

不难发现，《清季野史》出版前后，一大批披露所谓皇宫生活、皇室生活的报纸读物，已然广为刊印，风行一时了。但在这些报纸文章与通俗读物之中，却鲜有对"故宫"一词加以细致推绎、精心解说者，更不必说专业考察、严格求证者。事实上，帝国覆亡后的国内读者，绝大部分对皇帝本身的兴趣，远远超过对皇宫的兴趣；对皇室生活的兴趣，更是远远超过对皇宫遗迹的兴趣。当然，1925年之前的逊帝与皇宫，仍属"禁地"，所有关涉于此的见闻与记述，对国内读者而言，都有着禁书一般的巨大吸引力。

因此，顺应这一时代需求，满足这一消费诉求，尽可能快捷、大量地制造出这类通俗读物及相关信息，而不是细察精研地考究"故宫"一词的应用范畴及其寓意，成为1912年（民国元年）至1925年（逊帝溥仪被迫离宫至故宫博物院终于创立）这一时期，国内公共文化场域里相关主题传媒的鲜明特点。与此同时，"故宫"一词在实际应用中呈现出混杂多元的词性，可以说异彩纷呈，也可以说芜杂零乱。

这一时期，因历史特殊原因和《清室优待条件》的存在，"故宫"这一概念本体之主体尚未完全形成，关于"故宫"一词的应用，也就难免各有各指，各表各态。翻检这一时期的史料文献，"一宫多表"与"各表各宫"的情形时有发生，当时的记述者与读者可能未必在意，后世的读者则可能不明就里，理解起来颇感吃力。

应当说，这一时期关于"故宫"一词的应用，无论是其指代的范畴，还是有所影射的寓意，都还没有普及到大众充分参与的程度，都还没有具备在公共文化场域中形成共识的基础。在相当长的一段时间里，在相当大的程度上，"故宫"一词的应用，还掌握在拥有相关的经历经验，有着相应的见闻见识，且还有着相当的公共影响力的一部分遗民群体、文史学者及报界、出版界人士手中。

简言之，他们怎么记述与发表，是他们的自由与话语权；读者怎么理解与认识，也是读者的自由与知情权。二者并不冲突，也可以互动，但没有当代文化意义上的作为公共博物馆的"故宫"之统一概念，这是历史事实，也确为历史实情。

反观《故宫漫载》这一汇编性质的书稿章节，将大内御苑与离宫御苑视作可资抒写的"故宫"概念之重要组成部分，在国内出版物中，确实已为先行者，在当时的历史背景之下，亦为难能可贵之举。可在国外出版物中，尤其是那些在清末游历出入过御苑禁城，甚至直入皇宫内廷，与清室帝后均有过密切接触的西方人士所记述的"故宫"观感，早已将大内御苑与离宫御苑，视作重要的抒写场域。

三、西方人士眼中的"故宫"一词

在这些国外出版物中，直接记述皇宫内廷的，即"故宫"本体之主体部分的内容，大多是以帝后起居、仪礼细节及相关人物言行举止乃至心理活动的刻画为核心展开的，并不以皇宫本身的实体物象与文化意象为侧重。关涉富于东方特质的景物景观之描述，关涉基于中国特色的文化文明之记述，往往出现在抒写附属于紫禁城的御苑生活的章节中。

此外，还需加以注意的是：这些国外出版物的作者中，有些是亲历亲闻，确曾出入过紫禁城者，但能随侍清廷皇室左右，长期寓居"宫内"者毕竟是少数，有相当一部分作者，主要是在御苑接受诏见与聚会，或因公务之便与清国皇室偶有接触，能够常规游览之处，也通常只能是御苑而已。因此，这相当一部分作者的"故宫"忆述，往往"御苑"也占了很大比重，甚至就是全部。

在相当一部分西方人士眼中，从某种程度上讲，Summer Palace（夏宫，涵盖所有御苑）是比 Winter Palace（冬宫，意指紫禁城）更富于东方魅力与情趣的独特场域。如果说Winter Palace乃是皇权至上的象征性空间，那么，Summer Palace则是文化蕴藉的艺术性空间。当然，在描述Summer Palace时，还有一些细分之举。如当时已经被焚毁，仅余残迹的圆明园，又写作Old Summer Palace，或直接音译为Yuan-ming-yuan，Yuanming Garden，Yuen-ming-Yuen（德文）；而尚可游观的颐和园，径直仍用Summer Palace一词，一般并不直接音译为Yiheyuan。至于Winter Palace，也有写作Forbidden City（禁城）者，则是为了强调皇家禁地的无上权威。所有这些细分之举，一方面可以视作西方人士对中国皇宫的常规表达中的一些专名化趋向，另一方面也可以从中体味得到西方世界或者说西方话语体系里，并没有也不可能出现汉语意义上的，公共应用极为多元繁复的、文化意蕴极为丰富微妙的"故宫"这一概念。

在这些国外出版物中，Old Palace一词也一度出现过，不过其基本意蕴，仅就直译而言，乃是"旧宫"而非"故宫"。"旧"与"故"的一字之差，看似互通同义，但在汉语体系里，又有着可大可小的歧异之处。这里的"旧"，强调的是陈旧、废旧、破旧之意，是仅指实体物象而言的，与故土、故国、故都、故宫中的"故"字之文化意象，不可相提并论。但汉语体系里带有浓厚文化意象的"故"这个字，在西语体系，尤其是英文体系里，似乎并没有特别合适的对应单词，且约定俗成的Old Palace一词，在西方人士眼中，似乎也没有什么不妥。于是乎，Old Palace一词，既可以用来指代中国的"故宫"，也可以用来指代任何一所废旧的宫殿，当然也可以用Old Summer Palace来指代被焚毁的、废旧的夏宫——圆明园。虽则如此，译介这些国外出版物内容的中国学者或作者，往往会根据汉语应用的习惯与经验，自觉不自觉地将Old Palace一词译为"故宫"，而不论这一"故宫"的译法，是否就原著（作）者的"旧宫"之意有所增饰。甚至有时还会因这一"故宫"的译法，使得中国读者感到莫名其妙，因为原著（作）中的"旧宫"，本义乃是一位已死亲王曾经的府邸罢了（此例后文将提及）。

外国军官头顶荷叶，在颐和园石舫内饮憩避暑[①]（约摄于1901年夏）

　　能在清末入宫觐见并随侍皇室左右的西方人士，从国外各种报刊及出版物的相关记载来看，似乎不乏其人，不胜枚举。不过，在相对较早将其宫中生活经历及"故宫"观感，以公开出版的方式披露出来，其作品又最早被译介到中国国内的，最具代表性的一位女性，乃是慈禧太后的御用画师、美国人凯瑟琳·A. 卡尔（Katharine A. Carl，1865—1938，最初中译名为"喀尔"）。其著作《慈禧写照记》（*With the Empress Dowager of China*），由美国纽约世纪出版公司（The Century Co.）于1905年初版。其后经过1906年、1907年、1926年多次再版重印，在西方读者群体中有一定的影响力。

---

　　① 　图片辑自〔美〕伯顿·霍姆斯（Burton Holmes）《从阿穆尔到北京到紫禁城》（*Down the Amur, Peking, The Forbidden City*），1917年版。

此书的中译本，最为通行的书名即为《慈禧写照记》，于1915年9月由上海中华书局初版；同年11月，此书又有以《清慈禧太后画像记》为名的中译本，由上海商务印书馆初版。在同类题材的中译本里，此书在中国国内的出版印行时间，无疑是名列前茅的。

▲《慈禧写照记》书影

▶ 凯瑟琳·A.卡尔着中式服装照片
（《慈禧写照记》所附）

殊不知，《慈禧写照记》中译本在尚未结集出版之前，即于1914年3月19日，内容在上海《时事新报》首发，并连载至6月29日，共计101次刊发（后汇编出版，即为上海商务印书馆版《清慈禧太后画像记》）。仅就笔者所见所知，这一中译本无论是从刊发时间，还是从连载频次上着眼，在同一时期同类题材的中译本发表史上，堪称首屈一指。由于先是经报刊连载，再予结集出版，《慈禧写照记》在中国国内的影响力，也随之进一步扩大。

在整整三个月、上百次的连载中，译文里的"冬宫""夏宫""海宫"等，实际用于指代紫禁城、颐和园、圆明园的新见词汇频频出现，以及在卡尔其人在这些"故宫"场域中的生活场景种种之书写，令那个时代的中国读者耳目一新，大开眼界。

其中，明确译为"故宫"的词语，也已出现，第三章标题即为"醇王故宫"。这里提到的"故宫"，竟是一位已死亲王曾经的府邸。显然，这里的"故宫"若直译为"旧宫"，反倒更为适宜；或径直摘用章节内文首句"余与裕夫人等同居一宫，宫为醇亲王之故邸"的译法，题为"醇王故邸"也不错。毋庸多言，书中将卡尔女士原文中的Old Palace（指醇亲王府）译作"故宫"，这当然不是卡尔女士的错误。严格说来，也不能算是中译者的错误。

须知，当时的中译者，还根本没有今人对"故宫"一词专名化的倾向与应用经验——"故宫"就是"旧宫"，旧宫殿、旧宅邸、旧府第，都可以译作"故宫"，并无什么不适宜之处。由此可见，在《故宫漫载》已问世一年有余之际，国内从事译介外国著述的报刊作者，还没有将"故宫"一词专门用于指代北京明清皇宫遗存。与此同时，"冬宫""夏宫""海宫"等直译过来的宫苑词汇，反倒言简意赅，虽不曾常用，却也明白其指代之意，中国读者也能接受。

凯瑟琳·A.卡尔所绘《慈禧与众妃嫔回到冬宫》（《慈禧写照记》所附）

凯瑟琳·A.卡尔所绘《慈禧与众妃嫔游览夏宫湖泊》（《慈禧写照记》所附）

▲凯瑟琳·A.卡尔所绘《年轻的皇后叶赫那拉氏
（慈禧青年时期肖像）》（《慈禧写照记》所附）

▶凯瑟琳·A.卡尔所绘慈禧画像（油画原作，绘于
1904年春，《慈禧写照记》所附）

凯瑟琳·A.卡尔所绘的另一幅慈
禧画像（约1904年绘于颐和园，
原作今为故宫博物院藏品）

慈禧在颐和园乐寿堂，与各国公使夫人合影[①]（摄于1903年）

---

① 原照今存美国华盛顿的弗利尔—赛克勒美术馆。

四、民国初年报刊上的"故宫"一词

且说在清帝逊位之后的民国初年，如《清季野史》这类题材的书应当颇受大众读者青睐，销路也应当不错。据版权页显示的信息，此书同年（1913年）11月即再版，1915年三版，1919年四版，1920年五版，1925年9月六版（之后未见加印），可以说，当年属常销类书籍，一直到了故宫博物院成立前一个月，都还在重版加印。

《清季野史》一书十余年常销不衰，且书中《故宫漫载》启用了专门指代包括各处御苑在内的北京明清皇宫体系的"故宫"一词，后世研究者或许可以说《清季野史》是这一词语专名化的肇始者与有力推动者。但这一肇始的公共效应究竟怎样？十余年的推动之下，是否真能使广大读者接受"故宫"一词的专名化，并在应用这一词语时自觉进行专名化指代？这些问题，恐怕并不是搜求几部关涉这一问题的国内外早期出版物，再辅助检核一下同时期主流媒体报刊就能轻易加以剖析与评判的。

虽然1913年的国内出版物中出现了《故宫漫载》，可1914年的上海报纸上却又将醇王旧府译作"故宫"，进而在1915年结集出版《清慈禧太后画像记》时，仍然有这样的"故宫"一词出现在国内出版物上。显然，"故宫"一词的专名化，并不是一两年间就能够确立的，至少在1925年故宫博物院正式成立之前的十余年间，这一词语的中外用法都还是相当自由随意，且经常可以互相包容、并行不悖的。

尽管如此，仅从公共文化领域的影响与渗透力着眼，至少可以从中窥见，在推翻清廷帝制、创立民国之际，"故宫"一词逐渐演变为专门指代包括各处御苑在内的北京明清皇宫（尤其是晚清时代的皇宫及其附属建筑）这一历史遗迹的名词，乃是通过无数类似于《故宫漫载》这类报纸文本与出版物的大量应用、广泛传播与长期流布，方才造就而成的。

可以说，"故宫"一词在故宫博物院正式成立之前的专名化倾向，正是通过报纸与图书的传媒合力，在潜移默化之间悄然达成的。至此，"故宫"一词，除了有遗民情怀者与怀旧癖好者对之加以应用与抒写之外，其专名化应用者也迭次涌现，且呈现出后来居上之势。

时为1914年2月20日，也即《清季野史》一书初版不到一年之后，上海《时事新报》第5版刊出了一则以"故宫"指代晚清皇宫的简讯，不过，这则简讯里的"故宫"，还不是指北京皇宫，而是指奉天皇宫（即今称"沈阳故宫"者）。报道原文如下：

奉天故宫第二批宝物运京

奉天为满清发祥之地，故清室入关以来，曾将中国历代帝王所有各项珍奇物品，多送往奉天，故奉天故宫中，积存宝物，为数颇巨。前经政府与清皇室议妥，将妥天（疑为"奉天"笔误。——笔者注）故宫中所贮存宝玩，悉运到北京，拟归博物院内作陈列品。日前第一次已运到多物。刻闻第二次所运之宝物，已由京奉铁路送到北京，约计有百箱云。

当时的奉天皇宫，因早已空置，并无清室寓居于此，故称其为"故宫"已名副其实。又因宫内古物将迁运至京，这一新闻应当及时公之于众，所以"奉天故宫"之名，迅即登上了这份民国初年的上海报纸。

仅据笔者所见所知，以"故宫"一词直接指代清代皇宫，见诸国内都市主流媒体中，这则简讯可能是发布时间最早者。虽然这则简讯里的"故宫"一词，还并不是用于指代北京清宫，但毕竟已肇其端，随后的拓延性及专名化应用已然可期。

五、"大总统申令"里的"故宫"一词

出乎如笔者辈后世读者意料，却又确实符合一个世纪之前国情的是，最早发布在国内都市主流媒体之上，且还是以政府公文形式出现的，可以视作指代北京清宫的"故宫"一词，竟然是以袁世凯的名义发表出来的。

时为1915年12月11日，当时所谓的"全国国民代表大会"及"立法院"等，以群体"劝进"的方式，表示拥护袁氏称帝。为此，12月12日袁氏发布了一道"大总统申令"。四天后，即12月16日，这一道"大总统申

令"全文刊发在了《时事新报》之上。报载此公文中有这样一段特意以加大字号印出的话语：

> 若夫历数迁移，非关人事，曩则清室鉴于大势，推其政权于民国。今则国民出于公意，戴我神圣之新君。时代两更，星霜四易，爱新觉罗之政权早失，自无故宫禾黍之悲。中华帝国之首出有人，庆睹汉官威仪之盛。废兴各有其运，绝续并不相蒙。

这里提到的"自无故宫禾黍之悲"云云，出现在政府正式公文之中，且以"大总统申令"形式发布出来，实在有些"例外"。须知，据1914年5月袁氏政府公布的《大总统公文程式令》规定，大总统用于公布法律教令、条约、预算，对各官署和文武官员的指挥、训示，以及其他行使职权事件，可使用"申令"。显然，袁氏是要将自己称帝的一套说辞，及其个人对国运天命之类的判定与解说，视作其行使大总统职权的一种方式，对当时政府各级官员及民众予以"训示"一番。在如此正式严肃的政府公文里，出现类似"自无故宫禾黍之悲"这样带有感化教化、文史抒写意味的语句，恐怕实属破例。

遥思民国创立之后，正式公文里使用到"故宫"一词的首例，极可能正是出于这份袁氏"训示"公文之中。联系到数日之后，袁氏弃置中华民国大总统之位，登上"中华帝国"皇帝宝座的史实，这一道"大总统申令"，极可能也是袁氏以中华民国大总统身份发布的政令中最后一次用到"故宫"一词。这一首一末之例，既属破例，亦属特例，实在亦是应验了这份公文里所谓"废兴各有其运，绝续并不相蒙"之句的寓意吧。

不过，严格说来，这份公文里的"故宫"一词，乃是用其寓意，并没有以之直接指代北京清宫，更没有以其指代以北京清宫为主体的，包括各处离宫御苑的整个清代皇宫体系。这里使用的"故宫"一词，寓有"故国"之意，语意源自《毛诗序》对《诗经·王风·黍离》所作的小序，序文有云：

> 周大夫行役，至于宗周，过故宗庙宫室，尽为禾黍，闵
> 周室之颠覆，彷徨不忍去，而作是诗也。

又《史记·宋微子世家》一文，亦有云：

> 其后箕子朝周，过故殷虚，感宫室毁坏，生禾黍……乃
> 作《麦秀》之诗以歌咏之。

后世遂以"故宫禾黍"或"故宫麦秀"之语来比喻怀念故国的情思。虽语意源自《诗经》《史记》，但明确将"故宗庙宫室"简称为"故宫"，再与"禾黍"形成固定搭配的用法，并不能追溯至秦汉时代，即便唐宋时期也未见成例。

目前能够寻获到的已知的应用实例，恐怕不会早于清代。

晚清作家吴趼人（1866—1910）所著小说《痛史》，讲述南宋末年元军入主中原，权奸贾似道卖国求荣，忠臣文天祥奋勇抗元的故事。小说第十七回中，有这么一句话：

> 一路上晓行夜宿，只觉得景物都非，不胜禾黍故宫
> 之感。

这一清末小说里的应用实例，即目前已知的较为知名的一处用例。这里用到的"禾黍故宫"，乃是抒写怀念南宋王朝之情。因此，"禾黍故宫"或"故宫禾黍"这一词组的用法，乃是抒写怀念故国之情思情怀的，但时至清末小说中方才形成应用成例。由于不能将"故宫"与"禾黍"两个词语分拆使用，故这一词组中的"故宫"，往往并不明确指代某一时代或某处皇宫，更不能将其径直视为北京清宫的指代。

当然，因"大总统申令"公文里将"爱新觉罗之政权"与"故宫禾

黍"相提并论，很容易令人联想到北京清宫，似乎也可以将这里的"故宫"，视为指代北京清宫之意。如果再联系到袁氏称帝前夕的历史背景，当天的报纸版面上也已出现诸如"总统既受帝位，清室不能再称皇室，宣统当移出皇宫，以让新皇"之类的相关报道，在这般特殊历史情状之下，这份公文里的"故宫"一词，确也可以视作指代北京清宫之意。

1916年3月3日，上海《民国日报》的《诗选》栏目里，刊发了南社诗人叶楚伧（1887—1946）所写《元年》组诗三首。其中第二首的末句有云：

> 只有昆明湖上月，姗姗犹作故宫秋。

诗句里的"故宫"一词，因有"昆明湖"的提示，应当是明确指代包括京郊颐和园在内的北京清宫。诗题《元年》，意即所谓"洪宪元年"，"洪宪"乃袁世凯称帝之后所创年号，显然有讥刺之意。

《元年》组诗发表仅仅十九天之后，3月22日，迫于各方压力，袁氏宣布取消帝制；次日复又正式颁令，废止"洪宪"年号。作为"中华帝国"未正式登基的皇帝，袁氏的称帝之梦，从1916年1月1日改元后算起，只是在其各色公文规定及官方决议里存在了八十三天而已。

接下来的讨袁与护国运动，势如破竹，袁氏本人猝亡，袁氏政权也随之覆灭。1918年7月12日，叶楚伧以主笔而非诗人的身份，再度出现于《民国日报》报端第2版头条的《社论》一栏，刊发了《是亦恢复共和之祝辞也》一文。此文开篇有言：

> 张勋入北京，拥三千定武军。提溥仪出坐大殿，胡代衣冠，昙花一现。世人皆称之曰滑稽的复辟。滑稽的复辟实现，于是段祺瑞夺廊房之兵，以与张勋战，杀人数十。送张勋入荷兰使署，溥仪奋然还居故宫，而喧天赫地之共和复活纪念成焉。

此文提到的"故宫"，已然明确指代北京清宫，且为内廷部分，即当时溥仪宣布辞位之后，其仍暂居其中的区域，属宫禁之地。而紫禁城的外朝部分，即以三大殿为主体的场域，当时已辟为古物陈列所，并对外开放，不再属于皇家禁地了。

六、"反复辟"声浪里的"故宫"一词

自辛亥革命以来，由于军阀割据与派系权争的状况始终无法彻底解决，更因溥仪辞位却辞而不去，仍居于北京皇宫之内廷，复辟之议时有涌现，国内政局与时局混乱不堪已为常态。

本即通过革命推翻帝制方才创建而成的民国政权，虽然政治上一度混乱不堪，但在反复辟的立场上，朝野上下还是保有相当程度上的一致性。因此，反复辟声浪也随之一浪高过一浪。清宫已为"故宫"，"故宫"应为公产的呼声，也在讨袁成功之后渐趋高涨起来。

时为1917年6月9日，一通署名为"黄祚"的致康有为的公开信，被《民国日报》刊发了出来。信中明确表示反对康有为等人的复辟行动，并耐心规劝以康氏为代表的热衷于复辟者早日认清形势，尽快弃暗投明。信中有这样的话语：

> 今民国以大同主义，优待清室，尊号犹存，故宫犹在；
> 筹八旗之生计，合五族以共和，休戚相关，曾无阶级。

信中"故宫犹在"之语，可谓反复辟声浪里，最有意针对性的历史情态，即清宫虽因王朝覆灭而为"故宫"，可已辞位的溥仪仍居留宫中——宫禁仍在，公产何在？宫禁仍在，民国何在？

及至1924年11月5日，冯玉祥逼宫事件突发，溥仪及清室终于被迫搬离清宫内廷。值此故宫博物院成立前夕，公共文化场域对"故宫"一词的使用，则更为频繁。关于这一词语的本义及寓意，自然仍在应用之列，而专指北京清宫的用法，也逐渐形成。

譬如，就在1924年11月5日当天，与蒋介石结盟交好的黄郛（1880—

1936）主持之下的，本就支持冯氏发动逼宫的北京政府国务院，即刻向全国各大报刊社发出了一份公电，主题为"清室优待条件修正"，主要内容是为逼宫事件做一番公开解释。这份公电开首一段这样写道：

> 各报馆钧鉴：民国建国十有三年，清室仍居故宫，于原订《优待条件》第三条迄未履行，致民国首都之正中，存有皇帝之遗制，实于国体民情多所抵牾。

故宫博物院理事冯玉祥（原载《故宫周刊》，1930年第21期）

这通电文中的"故宫"，已是非常明确地直接指代北京清宫了。除了当时的国务院，已然正式以"故宫"一词指代北京清宫了。逼宫事件中被逼迫离宫的溥仪，事发之后不久，在回答当局官员问讯时，可能也在同一意义上使用过"故宫"一词。

1924年11月14日，载于《民国日报》上的《清室之最后》一文中，以及同日载于《时事新报》上的《清宫点玺之详情》一文中，均记述了时至11月8日，业已迁入醇王府暂寓的溥仪的一段谈话。这段谈话，乃是回应当时前来问讯的鹿钟麟[①]、张璧[②]两人的。溥仪谈话中有这么一句：

---

① 鹿钟麟（1884—1966），字瑞伯，河北定州人，西北军著名将领，国民党二级上将。自北洋新军学兵营与冯玉祥相识后，追随冯氏四十年。在北京政变中，率部先行入城，带领军警将溥仪驱逐出宫。北伐胜利之后，曾任南京军事委员会委员、军政部次长及代理部长、河北省主席等要职，并被聘为故宫博物院理事。

② 张璧（1885—1948），字玉衡，河北霸州人，早期同盟会会员。曾追随孙中山参与辛亥革命、二次革命及护国运动等革命活动，北伐胜利后，被聘为故宫博物院理事。

> 对于故宫善后事
> 宜，自无不可商量者。

应当说，溥仪在逼宫事件之后的谈话，其中所流露出来的开明与包容气度，无论是有意为之，还是不得已为之，都是令沪上报刊传媒界人士颇感意外的。为此，同日《民国日报》《时事新报》的相关报道都非常详尽，篇幅可观。除此之外，《时事新报》第2版还专门刊发了一组题为《溥仪说话漂亮》的简讯，实则亦为导

爱新觉罗·溥仪（逊位时期存照）

引读者展卷细读第3版的《清宫点玺之详情》一文。

不过，与溥仪的豁达态度相比，逼宫事件的当事各方之态度却异常紧张，各方试探与博弈、论争与批判，一度成为偌大北京城的日常政治议题。逼宫事件突发之后不过数日，段祺瑞即出任中华民国临时政府的临时执政，成为暂时的国家元首。同时又有迎请孙中山北上之举，当局内部有政权与军权分属孙、段之说。正当这国内局势错综复杂、各方势力交错微妙之际，康有为突又致电段氏，要求恢复优待清室条件，并力陈迎还溥仪"回宫"之请求与理由。

在这通著名的致电中，两次用到"故宫"一词。一次是在电文前半部分，以意大利保全教皇待遇为例，先是将当年力主保全清室待遇的段氏等人褒扬了一番。为此，有如此陈述：

> 公与项城、唐少川、朱尔典所商定，通告万国而共证
> 之，其仍居京师，正如意得罗马，仍优待教皇，称尊号，居故
> 宫同例。

这里的"故宫"，乃是指罗马教皇的旧宫，与北京清宫无涉。电文后半部分，则直接提出请求段氏迎请溥仪"回宫"，这里就明确使用了指代北京清宫的那个"故宫"。电文中这样写道：

> 今公诚能密与雨亭诛冯玉祥，正其反复背约之罪，一以慰天下万国之心，一以除左右反侧之患。然后恢复皇宫优待条约，立撤抄宫委员，迎还乘舆于故宫，则万国赞美，兆民颂德，天下归仁，四海同戴。

康有为致段祺瑞的电文一经披露，即刻引发社会各界关注及热议。遥思这位昔日的新党党魁，此刻却摇身一变，成为保皇党领袖；先前是变法维新之导师"康南海"，如今却又成了保皇复辟的首脑"康圣人"——世事真真反复无常，世道竟可如此诡异。同时，却也不得不承认，当时以孔教会为号召，兴起"崇教保皇"运动的"康圣人"，在革命党人及新派知识分子眼中，虽早已是时代潮流之外的旧派人物，却仍具海内闻名的个人影响力，其人一举一动、一言一行，仍具有搅动国内舆情之能力。

当然，康氏电文中的观点，在反复辟声浪高涨之时，势必遭到迎头痛击。时为1924年12月1日，《民国日报》刊发的《姚公鹤等反对恢复优待清室条件》一文，即明确针对康氏。此文也有两处用到了"故宫"。一处为"且溥仪逊位后居住故宫，今已逾纪"云云，此"故宫"即明确指代北京清宫。另一处为"反致故宫禾黍之思"云云，此"故宫"寓意则为"故国"，又与前述"大总统申令"里的用法相一致。

七、"故宫"一词与"废除故宫博物院"

及至1925年10月10日，故宫博物院正式成立，"故宫"一词的应用自然更为频繁，其在公共文化场域的应用，也逐渐向着专名化方向发展。这一切似乎了无异议，乃属顺理成章之事了。

殊不知，北伐胜利之后，北洋政府覆灭，南京国民政府在国内形式上的统一也随之达成。眼看着多年军阀割据的乱象终于有所收敛，诞生于北洋政府执政末期的故宫博物院，却又陷入一场裁撤还是存续的当局内部争议之中。一时间，遑论发展壮大，能否继续存在已成未知之数。而这一场争议中，关于"故宫"一词的词性及应用上的分歧，竟然还成了首要的一大问题。

原来，时为1928年6月，时任国民党中央委员的经亨颐（1877—1938），在国民政府第七十四次会议上抛出"废除故宫博物院"之提案，并有拍卖故宫古物以充国库的提议。时任大学院古物保管委员会主席，后来出任故宫博物院常务理事的国民党元老张继（1882—1947，字溥泉），对经氏提案颇感"不胜惶骇"，迅即针对这一提案，向中央政治会议呈上"保持故宫博物院组织条例"之提案，对经氏提案中的五大主要观点，逐一予以了驳斥。其中，经氏首要的观点，竟然是对"故宫"一词的用法提出异议。对于这一观点，张氏提案中的驳斥陈述如下：

> 经委员说，"故宫而称为博物院，简直不通"，又说"有怀念的意思"。"故宫"二字，不过表示以前彼处，曾为"宫"而已，又何怀念之足言？至于故宫博物院，联络成文，不过表示博物院所设之地点为故宫，与上海特别市政府七字联络成文，表示市政府所在地点为上海相同。此种用法，触目皆是，从无异议，何对于故宫博物院独有问题耶？且夷考欧洲各国，以旧时皇宫改作博物院者，不一而足，且多以某宫某宫冠于博物院上，而为之名。如巴黎之"狼宫博物院"等皆是。至如柏林之皇宫博物院，直以"皇宫"名之矣，岂又故宫而已哉？此尤足证故宫博物院之名称，准诸世界而可用者也。

针对经氏对"故宫"一词的用法之异议，张氏从中国语法与国际通例两个方面，对其加以了十分充分的驳斥，在这场论争中于情于理都占据了上风。只是，经氏提出"故宫"一词"有怀念的意思"，意即这一词语有抒情的寓意，这一观点本身并无大错。诚如本文前边已经提到的那样，关涉或提到"故宫禾黍"之类的古代、前代诗文里，应用带有抒情寓意的"故宫"一词，确已为古已有之的通例。只不过，经氏以此为由头，又连带提出后续四大观点①，并以此来作为撤销故宫博物院并拍卖故宫古物的理由，实在是太过牵强，无法令人信服。故而招致张氏强烈反对，予以逐条驳斥。

两位南京政府高官之间的这场论争，并没有什么波澜起伏的后续篇章——两个提案看似针锋相对，个人之间实则并无直接交锋。事实上，早在张氏提案公开发表之前数日，经氏即以辞去所谓"中央处理逆产委员会"委员一职方式，结束了此次会议期间的个人事务，返乡休憩而去了。

翻检相关史料，不难发现，当选"中央处理逆产委员会"委员的经氏，恐怕是因急于想将故宫博物院纳入"逆产"范畴，遂以"故宫"一词的词性及其应用问题来做一番"借题发挥"，希望借此使刚成立不久的故宫博物院形成"名不正，言不顺"的总体印象，再进而以后续的四条理由来进一步达成废除名义、拍卖古物的终极诉求。

当然，这样一份操之过急、被张氏直斥为强词夺理的提案，是不可能被通过而付诸实施的。关于故宫博物院的存续问题，也就此以张氏的强势介入，宣告尘埃落定。关于"故宫"一词的词性及其应用问题，此后亦再少有据此借题发挥者了。

---

① 另外四个观点分别为：一、研究皇帝所用的物事，是预备将来要做皇帝；二、图书文献非一般博物馆所应有；三、逆产应当拍卖；四、保管问题。摘自《张继请中央保存故宫博物院》一文，原载上海《民国日报》，1928年9月21日。

第一部分

同为"故宫"的颐和园和圆明园

第一章
王闿运：空费词说圆明园

《乾隆皇帝游园图》（局
部）（郎世宁绘，大英博物
馆藏）

宦官接待外宾游园（摄于
1902年，美国国会图书
馆藏）

一、废园中诞生的《圆明园词》

1860年10月9日至10日，英法联军攻入北京，洗劫圆明园；10月18日，竟纵火焚毁了圆明园，一代名园就此灰飞烟灭，不复存在。

十一年之后，同治十年（1871）春，湖南长沙人徐树钧（1842—1910）[①]与王闿运（1833—1916）约访"故宫"。这里提到的"故宫"，乃是指清漪园遗址，即今人惯指的圆明园遗址与尚可游赏的颐和园。

当时，一代名园焚毁之后，并没有做任何修葺，至于后来从中区隔修整为"颐和园"的那一部分，仍还在"颓垣断瓦，零乱榛芜"之中。换句话说，徐、王等人所游访的"故宫"，乃是圆明园的废墟与未来颐和园的前身，当时还确实都是一片废旧的宫苑遗址，确实可以概括为Old Palace，"旧宫"或"故宫"，皆无不可。

一行人于当年四月十日，即1871年5月3日这一天，怀着感伤苍凉的意绪，悄然步入了清漪园遗址之中。一路上只见到"宫树苍苍，水呜呜咽"，当天傍晚从昆明湖归来时，还看到"铜犀卧荆棘中，犀背御铭，朗然可诵"，怎不令人唏嘘。

次日，一位"年七十有余，自道光初入侍园中，今秩五品"的董姓宫监，带着他们"从瓦砾中"穿行而去，开始了圆明园遗址的一日游程：

> 入贤良门而北，指勤政、光明、寿山、太和四殿遗址，
> 前湖圆明寝殿五楹，后为奉三无私殿、九州清晏殿各七楹，坏
> 壁犹立，拾级可寻。董监言："东为天地一家春，后居也；西
> 为乐安和，诸妃嫔贵人居也；洞天深处，皇子居也。清辉殿为
> 文宗重建，与五福堂、镂月开云台、朗吟阁皆不可复识。"镂

---

① 徐树钧，字寿蘅（又作寿衡），号叔鸿。咸丰七年（1857）举人，诰授资政大夫，二品衔江淮淮阳海兵备道兼按察使，江南道、山西道、京畿道监察御史，布政使，赏戴花翎，户部福建司郎中，军机处行走。收藏金石墨拓、历代名家字画数千种，秦砖汉瓦数百种，以得王献之《鸭头丸帖》真迹而名其室曰"宝鸭斋"，与徐世昌、李鸿章等交游唱酬甚密。

月开云者，即所谓牡丹春者也。世宗为皇子时，迎圣祖至赐园，而高宗年十二，以皇孙召侍左右，三天子福寿冠前古，集于一堂，高宗后制诗，常夸乐之。经其废基，裴回愍焉。东渡湖，为苏堤、长春仙馆、藻园，又北为月地云居、舍卫城、日天琳宇、水木明瑟、濂溪乐处，仅约略指视所在。东北至香雪廊，阶前茅荻萧萧，废池可辨，有老监奉茶自池畔出，讶客所从来，颇似桃源人逢渔郎也。渡桥循福海西行，为平湖秋月，水光溶溶，一泻千顷。望蓬岛瑶台，岛上殿宇，犹存数楹，惜无方舟不达。……西北至双鹤斋，又西过规月桥，登绮吟堂，经采芝径，折而东，仍出双鹤斋。园中残毁几遍，独存此为劫灰之余，乱草侵阶，窗棂宛在，尤动人禾黍悲耳。双鹤斋西，为溪月松风，翠柏苍藤，沿流覆道，斜日在林，有老宫人驱羊豕下来。东过碧桐书院，地跨池上，东为金鳌，西为玉蛛，坊楔犹存。又东去，皆败坏难寻，遂不复往。暮色沉沉，栖乌乱飞，揖董监，出福园门，还于廖宅。

这五百余字的游记，将这一天的游程简明扼要却又生动有致地勾勒了出来。圆明园废墟之上，究竟有何"胜景"可言，令两位正值人生壮年的饱学之士倾力以往？

清漪园建筑之一［费利斯·比托（Felice Beato，1833—1929）于1860年拍摄，此为英国伦敦的维多利亚与艾伯特博物馆（Victoria and Albert Museum，简称V&A）藏品］

金鳌坊前旧影（摄于1901年，美国国会图书馆藏）

时年刚刚三十岁的徐氏和年近四十岁的王氏，同游废园"故宫"，在瓦砾中穿行转换的仿佛并不完全是废弃的建筑空间与景观场域，而更像是一场帝国二百余年兴亡史的"穿越"之旅，在游园之际，即仿佛梦游在"康乾盛世"至"同光中兴"之交叠时空之中了。

游园结束的当晚，徐、王二人纵论国事，慷慨激昂。王氏从园林盛衰谈到了王朝兴废，甚至因此还牵扯出了"迁都"的意见来，认为当时的北京人文与自然环境都已不再适合做国都了。王氏这样论说：

> 燕地经安史戎马之迹，爰及辽金，近沙漠之风矣。明太
> 宗以燕王旧居，不务改宅，仍而至今，地利竭矣。又园居单
> 外，非所以驻万乘，废而不居，盖亦时宜。

徐氏对此，深以为然。还为之拈提出一代名园兴废早有预兆的传闻，说什么"园宫未焚前一岁"，有传言称皇帝梦见了一位"白须老翁"，"自称园神，请辞而去"，皇帝为挽留园神，在"梦中加神二品阶"，第二天又亲自祭祀一番，可园宫最终还是被焚毁了。徐氏为之感慨不已，认为既然王氏颇能写诗，又通晓政事，何不写一首能与《诗经》中《繁霜》《云汉》二诗相媲美的诗歌来载录与抒写这段特殊的历史呢？

果然，王氏写了《圆明园词》长诗一首，众人读后皆"叹其伤心感人，笔墨通于情性"。徐氏更是认定，"此诗可传后来"，由于考虑到"代远年逝，传闻失实，词中所述，罔有征者"，就为之写了一篇长序来纪念这一次二人的"故宫"之旅，以及为何要王氏写《圆明园词》的缘由所在。

据统计，徐氏为《圆明园词》所撰长序达二千八百余字，而王氏所作《圆明园词》也确为达到了一千零八字，成一百四十四句之篇幅。一篇以记述与载录史实为主的长序[①]和一篇以评述与抒发史实为主的长诗，两相配合，实在是鸿篇巨制，相得益彰。

二、"奸民焚掠"还是夷人放火

然而，令人略感遗憾也有所不解的是，徐、王二人生前刊行的各类诗文集中，均未公开发表过徐序。以王氏生前印行的《湘绮楼诗集》《湘绮楼全集》两种版本而言，均只录王氏本人诗文，并无徐序附录；而徐氏也并未将此序辑入个人文集（如《宝鸭斋集》），故而徐序一直以来并不为外界所知。直至1933年，成都志古堂刻印《湘绮楼诗五种》，方才将徐序录入，而此时距徐氏逝世已二十三年，距王氏逝世也已十七年了。

那么，究竟是什么原因使得徐序久未公开发表呢？有后补序文之说，徐序并非于同治十年（1871），即并非王氏《圆明园词》撰成当年写成，

---

①　除去上述游程及游园之后评论政事的内容之外，序文前半段尚有圆明园兴废的重要史实记述及相关见解。

而是后来补写的，以致王氏生前刊行诗文集时，不便将其明知是补写的序文附录于册；另外，仅就编集体例而言，王氏诗文集俱只收录王氏本人作品，徐序似亦不宜附录。

这两个理由，似乎都有成立的可能性。无从判定之际，姑且存而待考。无论如何，《圆明园词》及其序文，至迟都分别于1907年与1933年公之于世了，流传至今皆已为百年左右的历史文献了，皆可视作研究与考察以圆明园为代表的清代御苑乃至"故宫"的重要参考资料，这确是无疑的。

王湘绮先生像（辑自《湘绮府君年谱》，1923年长沙刻印）

不过，徐序里有一句话，自其公布出来之后，迅即引起后世研究者及读者的关注。这句话，似乎道破了圆明园被焚毁的缘由所在。且看序文，中有云：

> 奸人乘时纵火，入宫劫掠，夷人从之，各园皆火发，三昼夜不熄。

此语一出，圆明园被"奸民焚掠"之说，或者称奸民与洋兵先后焚掠圆明园的说法，喧嚣一时。后世研究者查考同时代文献，确也不乏与之相类似观点的记载。别的不说，即《圆明园词》中原本还有些含蓄的诗句，也随之豁然开朗，仿佛此语即"诗注"一般。读者不禁恍然大悟，即刻明白了《圆明园词》中的诗句所蕴含的作者观点，与"奸民焚掠说"竟是如出一辙，犹如唱和一般。譬如，诗中有云：

　　敌兵未爇雍门荻，牧童已见骊山火。

　　这样的诗句，一旦联系到徐序，读者不禁会得出这样的结论：原来焚毁圆明园的那把火，最初竟然并非来自外部的"夷人"，而是出自内部的"奸人"。这样的观点，徐、王二人之间，究竟是谁先提出来的？仅据徐序叙述次第而言，似为徐氏率先提出，因序文中提出"奸民焚掠说"在前，鼓动王氏创作诗歌在后，或可据此推测王诗采纳了徐说。但同时也不能排除这样一种可能性，即在创作《圆明园词》之前，王氏早有"奸民焚掠说"之观点，只不过因"诗言志"，复又表达出来罢了。若王氏早有这一观点，则很难判定王、徐二人孰先孰后了。即便徐序呈现出一种徐先评述、王后作诗的时序观感来①，可毕竟此序确实是撰于诗成之后——徐序中亦特意说明王诗写成之后，曾经众多名士品鉴，徐氏本人也认为"此诗可传后来"，又因"虑夫代远年逝，传闻失实，词中所述，罔有征者"，"乃为文以序之"。序文中言及诗成之前的事迹，也未必全然无误，故很难据此遽下定论。

　　姑且不论"奸民焚掠说"的提出究竟谁先谁后的问题，仅就徐序公开发表的时间而言，毕竟也远远晚于王诗（仅以公开出版物而言，晚了二十六年之久）。至于读者在未见到徐序之前，解读与品悟"敌兵未爇雍门荻，牧童已见骊山火"这样的诗句，自是见仁见智，可以细究深察，亦可一掠而过；不过，稍有近代文史常识者，恐怕也不难从中品味出弦外之音来。

　　所谓"奸民焚掠"之说，回溯至更早于王诗、徐序创作的年代，即圆明园被焚毁之后不久的咸丰末年，朝野上下就早已流传此说。据查，李慈铭（1830—1894）在其著名的《越缦堂日记》中，曾追随此说并记述下了相关文字。其咸丰庚申年（1860）八月二十三日日记有云：

---

　　① 徐序末尾有云，"于是壬父为《圆明园词》一篇……"，似因徐氏提议，王诗乃成。

> 夷人烧圆明园，夜火光达旦烛天。

次日，二十四日日记则称：

> 闻夷人仅焚园外官民房。

二十五日日记中，已然出现"奸民"趁机掠夺园中珍宝的案例，文曰：

> 盖城外劫盗四起，只身敝衣，悉被掠夺，又闻有持园中断烂物进城者，铜龙半爪，金兽一环，俱相传视玩弄……

二十七日又续补上了二十五日的案例一则，日记中有载：

> 前日，夷人退守（英法联军退出圆明园），兵稍敢出御，擒获数人，诛之。城中又搜得三人，一怀翡翠碗一枚，上饰以宝石；一挟玉如意一枋……；其一，至挟有成皇帝御容一轴，犹可骇叹。

李氏日记，乃是目前已知的时间上最为接近圆明园焚毁之时的文献，但所记事迹是否确为历史真相，历来众说纷纭，争议无休。在前一天还记有"夷人烧圆明园，夜火光达旦烛天"，次日则"闻夷人仅焚园外官民房"的李氏日记中，虽未明确提出"奸民"是否参与焚毁圆明园的观点，可随后的两天日记里，"奸民"趁机掠夺园中珍宝的记载却非常详尽，可谓言之凿凿。

显然，"奸民焚掠"之说，并非徐、王二人的一家之言，考索二人持论此说谁先谁后，已然无甚紧要，也实无必要了。只不过日记之类，关涉私人隐私，李氏生前自然不会公开发表，死后由友人蔡元培倾力促成影印出版。由于卷帙浩繁、篇幅庞巨（成书共计六十四册），全部出齐时也已时至1933年。此时王诗、徐序俱已先后发表，李氏此说本是先声，在公共场域里反倒成了后证。

前有李慈铭，后有徐、王二人，"奸民焚掠"之说，似乎是圆明园被焚掠之后十年间，曾一度流行过的观点与说法。虽则一度流行，由于并无官方确认与统一公布，所以这一观点与说法当时也并没有在朝野上下达成共识，其中的禁忌与避讳，非后世读者可以想象。因此，此说一时也只能在文士词客的圈子里，私底下交流一下罢了。

隐藏于李氏日记中的此说，延至其死后近四十年方才发表；表达于徐氏序文中的此说，待到其死后二十余年才得现身；只有王氏因诗名远播、盛誉南北，有幸在生前以含蓄诗句的方式，将这一观点随着《圆明园词》发表了出来，此时离清廷崩溃、帝国覆灭，也只有四年时间。

《圆明园观水法》铜版画（英国伦敦的维多利亚与艾伯特博物馆藏品）

圆明园观水法正面残迹（摄于清末民初，美国国会图书馆藏品）

今藏台北故宫博物院的"宫中档奏折"文献中，有一份主体内容为"奏报拿获偷窃圆明园器物之米老尔一名恭折奏闻事"的奏折，可以视作"奸民焚掠说"的重要佐证之一。

这份奏折，由宝鋆（1807—1891）向咸丰皇帝上奏，时为1861年农历五月十二日。奏折开首有云：

> 闻事据圆明园总管太监王春庆呈报，五月初六日在谐奇趣、海宴堂等处，拿获偷窃铜镶、铜鼎、炉盖等物之米老尔一名。

拿获这位名叫"米老尔"的盗窃者之后，宝鋆亲自审讯，并"严饬慎刑司司员"，"务将该犯严刑审讯"，"其所供同伙民人冯得山"，"除饬交营汛严拿外"，"恐案内仍有伙同偷窃人犯，毋使漏网"，"为此谨奏"。

宝鋆，字佩蘅，索绰络氏，满洲镶白旗人，世居吉林。道光十八年（1838）进士，授礼部主事，擢中允，三迁侍读学士。咸丰时曾任内阁学士、礼部右侍郎、总管内务府大臣。此时拿获"米老尔"一犯，推定此案应当为团伙作案，深感兹事体大，故即刻向皇帝奏报。

咸丰皇帝在奏折上的朱批也颇耐人寻味，文曰：

> 米老尔一犯究系旗民，抑系园户，此折虽系奏闻，亦应将该犯草供叙入。

不难发现，此案皇帝所特别关注的，乃是"米老尔"的社会身份究竟是怎样的："究系旗民，抑系园户"——要解答这一问题之后，方才好另行定夺如何审理此案。因此，皇帝还特别想亲自查阅一下此人犯的"草供"，故批有"此折虽系奏闻，亦应将该犯草供叙入"云云。

三、王氏自注为何至死亦未发表

且说王氏生前即有坊间传闻，称其人早年曾对自己的作品有过一番自注，形成过一部《圆明园词》的所谓"自注本"。关于"奸民焚掠"之说，自注里有着毫不含糊、确凿无疑的解说：

> 夷人入京，遂至宫阙①，见陈设巨丽，相戒勿入，云恐以失物索偿也。及夷人出，而贵族穷者，倡率奸民，假夷为名，遂先纵火，夷人还而大掠。

这一自注，当然是对其诗作里"敌兵未爇雍门荻，牧童已见骊山火"之句的明确注释。也可以说，王氏正是怀着这样的观点，一挥而就，创作出《圆明园词》来的。这虽是诗成后的自注，却也着实是将观念先行、文学达之的创作经验一并随之给注解了出来，一道给呈现了出来。由此看来，原不必费神劳力地去徐氏序文中找应和，更不必追根溯源至李氏日记里寻先声，王氏本来早已持此观点，观此自注本，即可一目了然。

可以想见，这样的自注本，在王氏生前也是不可能公开发表的，更不可能为之出版一册单行本之类的出版物的。晚年有着安乐闲适生活的王氏，早已预见了"词臣讵解论都赋，挽辂难移幸雒车"的政治现实，也不再有什么"相如徒有上林颂，不遇良时空自嗟"的满腹牢骚，自然不再会去冒天下之大不韪，把那含蓄诗句的自注也一道公开发表出来。

王氏壮年时未发表的这一自注本，至其晚年更无发表之可能，只不过将之视作自己早年怀抱治国之志的一份纪念，深锁秘藏起来，偶尔翻检一下，聊以自慰而已。在特别亲密的友朋间，王氏或曾提及乃至传阅过这一自注本，不过之后必然是束之高阁，坊间对此唯有语焉不详的传闻而已。

不可否认，当所有的禁忌与避讳，随着王朝与帝国覆灭而烟消云散之

---

① 这里提及的"宫阙"，实指以清漪园为核心的离宫御苑，即当时的皇室"夏宫"。

际，以往那个时代不能明确表达的观点，在鼎革剧变之后的新时代里，转瞬即成为可以随意自由表达的观点。与此同时，曾经的禁区一旦解禁，曾经那么惊世骇俗、耸人听闻的观点，反倒一下子无人问津，并不那么新鲜奇特了。试想，当那么一部《圆明园词》的所谓作者自注本，原封不动、原样原貌地化身为一部影印出版物，呈现在世人面前之时，又将是怎样一番情状？

这一切生前心迹、笔下心声之揭晓，乃至王诗、徐序里的"奸民焚掠说"究竟如何，都还要等到王氏逝世五年之后，距今一百余年之前的1921年10月。

毋庸赘言，近代文坛里早有这样的公论与共识：晚清以来，湘绮老人王闿运所作《圆明园词》，为唯一专述圆明园罹劫的鸿篇巨制，是堪与唐代"元白诗派"的两大长篇诗作——元稹的《连昌宫词》、白居易的《长恨歌》相提并论的不朽史诗。

《圆明园词》自清同治十年（1871）完稿以来，距今一百五十余年的时间里，文士民众交相传诵，一度流行广泛，曾出现多种版本。

其中，光绪丁未（1907）八月刊于东州讲舍的《湘绮楼诗集》单行本，将《圆明园词》辑入第八卷中，为较早出现的版本。同年汇刊于长沙的《湘绮楼全集》本，与宣统庚戌（1910）由上海国学扶轮社重刊的《湘绮楼全集》本，其中"诗集"部分所辑《圆明园词》，亦均与单行本内容基本一致。简言之，这三种版本的《圆明园词》内容均基本相同，皆为早期通行本，是为后世流行的各类石印本、铅印本之"祖本"。

时至1921年，即《圆明园词》完稿五十年之后，也即距今一百余年前，坊间突然又出现了一种全然不同于通行本的版本，这一版本为作者王闿运自己的誊抄本之影印本——通篇诗句的末尾，附有大量注释，即早有传闻的自注本。

1921年10月，这一自注本被冠名为《湘绮楼自书圆明园词》，由上海震亚图书局影印出版。此书封面题签者为谭延闿（1880—1930，字组庵），卷首有章炳麟（1869—1936，号太炎）篆书"湘绮遗墨"题名。之后影印的数页王氏誊抄本右下侧均钤有"唐荣阳印"，据此推知，原件已为此钤印者唐氏所藏。值得注意的是，王氏誊抄本之末，有其自跋，文曰：

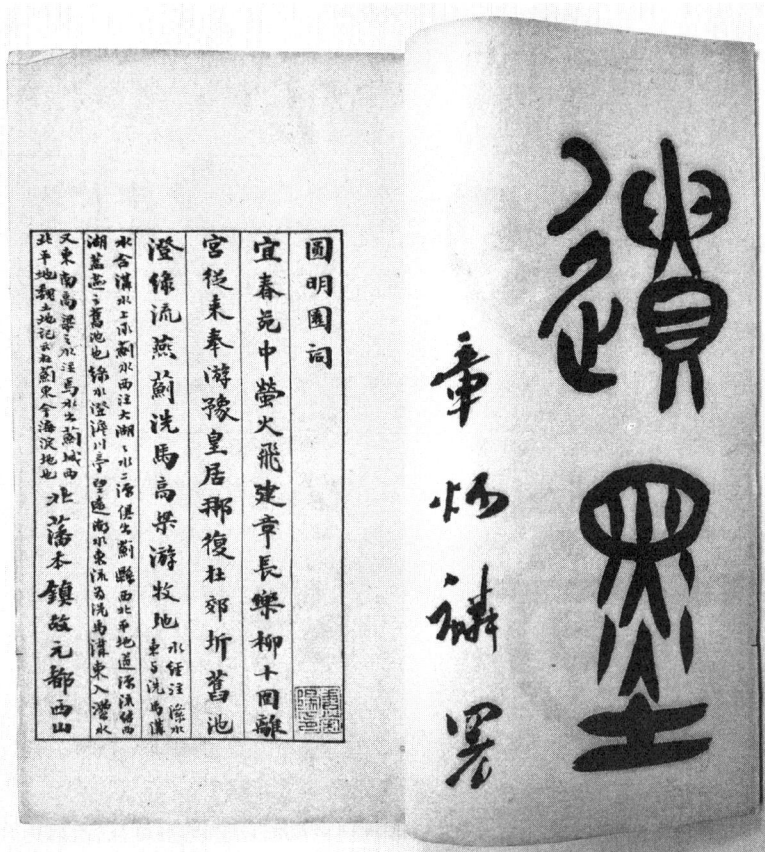

《湘绮楼自书圆明园词》内页之一，
右为章炳麟篆书题名，左为王闿运自注誊抄本首页

同治十年四月十日，与徐叔鸿、张雨山同寻海淀故宫，因访园中逸事，证以余所闻见，成诗一篇，拟之元相连昌之作，郑嵎津阳之咏，文或不逮，时则尤近。但事严语秘，未应广传。自注之文，不登己集。以价藩仁弟令录全叶，独为书之。它日有好古博闻之士，求得此册，亦有所裨也。立秋日，闿运记于南洼太平馆之定庐。

除了明确交代写作时间、缘起、构思之外，此跋还透露出了一个极为重要的历史信息，足以解答为何《圆明园词》传世通行本中均无一字自注的根本原因。原来，王氏生前早已认定，自注这部分内容"事严语秘，未应广传"，因此早就决定"自注之文，不登己集"。无须多言，这般谨言避祸的态度，在晚清纷乱时局之下，既是明哲保身、以防万一之举，亦是那个时代的文士常态。

可是，因为友人"价藩仁弟令录全叶，独为书之"，王氏还是破例誊抄了一份带有自注的全稿，慷慨赠予友人，此即一百五十年后，世人还能看到的这样一册影印件之底本。

据查，王氏提到的"价藩"，即萧价藩，字经圃，湖南湘乡人。曾任县议员、县团防董事，1930年卒。王、萧二人为多年至交，《湘绮楼日记》中不乏二人交游之记载。譬如，光绪十四年（1888），即有"（一月）七日，……价藩来，同至浩园看雪"之记载。王氏为萧氏所誊录的这份手稿，距王氏1916年逝世仅仅五年即付诸影印出版，似不太符合常理。因为当时萧氏尚在世，王氏亲书"事严语秘，未应广传"的跋语历历在目，如此私密郑重的挚友遗赠，本应秘藏多年的挚友遗墨，为何又忽而影印传世了呢？

四、题跋道出作者誊抄本秘藏往事

影印本在王氏遗墨之后，还附印了多篇时人跋文，其中长沙学者曹惠的跋文，就能解答上述这一疑问。且看曹跋[①]，文曰：

> 王翁所书《圆明园词》，余所见凡三本：其一为攸龙璋研仙书；其一为外王甥张力臣布政书（甲寅之岁，六月二十，外妯郭宜人曾以所书给我，是夕壬儿生，命之曰"壬"，所以记物也。为败子盗去，今不知归于何处）；一即此册。

---

① 此册诸家题跋，原文俱无标点，笔者酌加整理，施以通行标点。

价蕃者，族曾王父知府君字也。子孙世宝，传为秘本，诚以自注故实，多外间所不闻，视张、龙所藏，尤难得矣。知府君家世清贫，今子孙益不能耐，乃以银一百元因惠转鬻于石门唐荣阳晋棠，晋棠与惠同学相好，知其能为典史故也。

昔郭丈家镛告余，《湘军志》一朝典册，何能如《圆明园词》任意出入。壬秋脱略不顾，亦殊可惜。郭史所谓任意出入，不知所指。若《湘军志》云云，犹《湘军志》平议又一家言矣。昨月门人龚心桂来，言有人纠正《圆明园词》载之某杂志，心桂不能竟举其词，不知眠徐叔鸿叙如何言之。一朝典册，传闻异辞，意中事耳。

湘绮楼刻本，如"圆明始赐在潜龙"，此册作"圆明拜赐本潜龙"；"上东门开"，此册作"东门旦开"；"丞相迎兵生取节"，此册作"祗握节"（"生取节""死当门"偶语合也，当以改本为是）。虽字句之迹，不干大旨，然校雠之学不绝，必有以此为枕中书者，岂独白头宫女仞为故锦奇觚邪。晋棠保之，身死之后，仍当归诸识者。庚申秋，长沙曹惠。

据上述曹跋内容可知，王闿运生前曾誊抄过三份《圆明园词》赠送友朋。受赠者除了萧价藩之外，还有两人，一为湖南攸县人龙璋（1854—1918，字研仙），一为湖南湘阴人张自牧（1832—1886，字力臣，亦作笠臣）。

1914年8月11日（甲寅六月二十），张氏所藏的那一份，曾辗转归于此跋作者曹惠。恰巧当日晚间曹氏之子诞临，取名为"壬"，就是为了纪念得到这份王氏誊抄本。遗憾的是，此件后来被曹家"败子盗去，今不知归于何处"。至曹氏题写跋文之际，存世的《圆明园词》作者亲笔誊抄本，其已知可见的应当也就只有萧氏所藏的那一份了。

不仅如此，萧氏所藏的那一份，可能还是三份中唯一有王氏自注者。因为曹跋中有言，"诚以自注故实，多外间所不闻，视张、龙所藏，尤难得矣"，所以萧氏所藏者"子孙世宝，传为秘本"。可惜的是，因为"知府君家世清贫，今子孙益不能耐，乃以银一百元因惠转鬻于石门唐荣阳晋棠"。

五、银圆一百，自注本终归唐副司令

这里提到的"石门唐荣阳晋棠"，即本文前边提到的在王氏誉抄本右下侧钤上"唐荣阳印"的，继萧价藩之后的第二位藏家。

据查，唐荣阳（1878—1932），名福德，字晋棠，号荣阳，出生于湖南石门泥市平峒。曾官至澧州镇守使、陆军副司令等职，在当时的湖南军政界有相当声望。1911年辛亥革命之后，历任湖南省警察勤务督察长、湘军总司令部参谋官兼北伐军前卫指挥官、湖南省防勤务督察长兼警务教练陆军上校加少将衔，授四等文虎章、四等嘉禾章。

1920年谭延闿入主湖南之际，唐氏又出任为陆军十一区副司令，加任湖南省警察厅厅长，驻省督办湖南警务。联系到《湘绮楼自书圆明园词》封面题签者为谭延闿，唐荣阳通过同学曹惠购得王氏自注誉抄本，极可能正是1920年其出任陆军十一区副司令期间。

曹跋前文交代了王氏自注誉抄本的来龙去脉，后文又有相当篇幅提到了誉抄本有别于通行本的种种"异辞"之价值。跋中称"虽字句之迹，不干大旨，然校雠之学不绝，必有以此为枕中书者，岂独白头宫女仍为故锦奇舰邪"，意即研究这些与通行本有微妙差异的"异辞"，势必会在将来成为学者校勘研究的重要细节。至于"晋棠保之，身死之后，仍当归诸识者"，这一誉抄本原件在唐氏之后又归藏于何人，如今虽无从确考，可当年付诸影印出版，确实是有功于后世学林之举吧。

应当说，曹氏实为《圆明园词》王氏誉抄本缘起流转的重要见证人，对于原藏者与递藏者的生平故事都了如指掌，其本人也曾收藏过其中一份。那么，在此也就有必要略微了解一下其人生平梗概了。

曹孟其（1883—1950），原名惠，字孟其，湖南长沙人。曾任湖南都督府秘书、国民革命军前敌总指挥部秘书。后投身慈善教育事业，创办湖南省孤儿院，自任院长；并兼长沙广益中学、三峰中学校长。其人工书法，以北碑而参颜体，学金冬心、郑板桥又别开生面，其古拙独特的书体，时人称为"童体"。仅从《湘绮楼自书圆明园词》中所附印的曹跋书迹而言，其文字就呈现出一种稚拙钝滞的观感，确实形态独特，迥异于常规书体。

曹跋之后还附印有湖南善化（今湖南长沙）人汪诒书（1865—1940）的题诗一首，诗前有序称"晋棠以善战称，工诗，好收藏，顷得湘绮自书《圆明园词》"云云，时间落款为"庚申孟冬"，略晚于曹跋的"庚申秋"。汪氏题诗之后，则为著名书法家曾熙（1861—1930）于1921年正月间的题词。原文如下：

> 小雅刺君，不伤忠厚。任意出入，子长已然。游观之乐，太平盛业，无伤治体。上林有赋，相如不死。愿晋棠先生重宝之。辛酉孟陬，熙。

六、序文究竟为何人所作

曾氏题词之后，为曾三次出任湖南督军、省长兼湘军总司令的谭延闿题跋，篇幅之巨，可谓此册诸跋之冠。谭跋分为跋文、附记两个部分，足见谭延闿对此王氏自注誊抄本之珍视与宝爱，更兼其曾亲历圆明园故址，难免睹物忆往，百感交集，遂落笔千言，无以复加。且看跋文，原文如下：

> 余年十七，得读湘绮翁此词。闻有自注，求之不得，后乃得徐叔鸿序，意未尽也。及见湘绮翁长沙，亦云徐序乃就自注演成，因欲求观，则久删弃不可得矣。去岁归沪上，见家弟有钞本，即此册，积想廿余年，始获见之。己未（1919）二月，曹君孟其寄此册来，为晋棠索题，乃知已为晋棠所藏弃，留案头匝月，谨题记还之。辛酉（1921）惊蛰前三日，延闿。

这百余字跋文，透露出一个重要历史信息，即"徐序乃就自注演成"。简言之，徐序的内容，完全是根据自注本内容演绎而来的，至于是王氏自己预行演绎而成序文且托名于徐，还是徐氏本人通览自注本之后据此演绎以成序文，跋中没有明言。不过依常理推想，或许前者的可能性更大一些，即所谓徐序，实出于王氏自撰，只不过托名徐氏而已。

跋文之末，谭延闿意犹未尽，追思前尘往事，又作附记鸿篇。原文如下：

> 湘绮翁语余："圆明园毁后，周垣半圮，乡人窃入，盗砖石、伐薪木，无过问者。然品官无敢往游，云禁地也。"尔时士（大）夫迂谨可笑类如此。延闿甲辰（1904）至京师，欲尹佩之偕往，咋舌不敢去。纵马独寻，不识路而返。辛亥（1911）夏，访陈凤光于清华园，始约同游，仍入自福园门，麦陇弥望，如行野田中，访所谓双鹤斋者，不可得。盖湖西轩亭，亦不在矣。惟极西有楼阁，以白石为之，略如今泰西制，雕镂精美，壁立如故。玲峰一石，挺然孤秀，犹矗榛莽中。
>
> 按之徐序，知湘绮翁当时未至此境也。黄泽生闻余言，欣然复偕往，是日更游颐和园。泽生问余，两游孰佳？应之曰："颐和之游，人人所同；至圆明园于瓦砾想见亭馆，于芦苇想见湖沼，于荆榛想见花树，非曾见《圆明园词》不知也。"泽生笑谓："吾意云然，君亦尔耶。"后数日见于晦若，言李合肥乙未（1895）后罢镇居京师，与人言及园居时事，凄然伤心，遂往游焉。明日为言者所劾，以擅游禁园，下吏议镌级。其时双鹤斋、采芝径长廊犹存，盖同治末曾小修葺，旋罢。庚子（1900）复被焚毁，遂荡然矣。于又言，颐和之营，即为规复圆明计，使无甲午一役，已大兴工作矣。尝戏语合肥，与其沉之威海卫，无宁置此佳也。合肥为默然。偶忆旧闻因并记之。延闿。

附记之后，谭延闿之弟谭泽闿题诗四首并注。且看诗云（每诗句末附有诗注）：

福园门内记游踪，衰草寒烟泣暮蛩。劫后昆明无一物，只余残照到玲峰。（辛亥七月曾偕仲兄朋辈游访，但见荒烟蔓草，惟玲峰片石尚映夕阳，其他诗中景物多不可识矣）

名篇传诵卅年过，成毁兴亡事已多。今日故宫禾黍外，更无健笔赋颐和。（近人作颐和园词者，无一佳制）

帝京局势汾阴体，诗格何曾到白元。却记燕居承绪论，翻阅近雅比梅村。（曾侍湘绮翁坐论及此诗，以为格律在《连昌》《长恨》之上。翁沉吟久之云："但比吴梅村少近雅耳。"）

曾写江南乞注文，已怜往事渺烟云。何当并几书千本，留与风人续旧闻。（余曾写绮翁《哀江南赋》，乞翁自注，已以时日迁迈，多不悉记，仅注大略，它时当与此本并传也）

晋棠先生得湘绮手书《圆明园词》自注本，远寄属题，漫书四绝句。辛酉（1921）惊蛰日，泽闿。

上述跋文、附记之中，无一不流露出当时已为国内军政要人的谭延闿之复杂心态与情绪。其人对王朝兴废与世事无常的感悟之言，既交融缓释又时有锋芒，令人读之有无尽感慨。

作为清末改革与变革的亲历者，当年进士出身的谭延闿，亦曾是才华横溢的英年，早年文名远扬，与陈三立、谭嗣同并称当世"湖湘三公子"，曾授翰林编修。于早年从文、矢志报国的谭延闿而言，对于圆明园罹劫的惨痛历史及有清一代王朝兴废的考察，当然是格外关切。甚至可以说，这样的关切本身，已是曾作为帝国栋梁的谭延闿生命历程中的重要组成部分。

因此，早在戊戌变法之前的1897年，十七岁的谭延闿读到《圆明园词》，听说这一作品原有作者自注的版本，便四处索求，但求之不得。后来见到徐叔鸿为《圆明园词》所作序言，据说就是根据作者自注写成的，仍觉得意犹未尽。再后来得见作者王闿运本人，遂亲自请教此事，王氏亦称徐序确实是根据其自注写成，但当时王氏手头并无自注誊抄本，因"久删弃不可得矣"。时隔二十多年之后，谭延闿在上海见到"家弟有钞本，即此册"，不禁感叹"积想廿余年，始获见之"。1919年2月，曹惠将唐荣阳购藏的王氏自注誊抄本寄至，请为之题跋，谭延闿方知此原件竟为其部下所获并入藏。

话说这睹物思往，乃人之常情。遥想一百年前，其时约为1921年3月3日（据跋文落款推算），那位谭督军、谭总司令，抚卷感怀，思如泉涌，随之伏案挥毫，落笔如注，遂有这篇幅竟超跋文的附记一则写成。

附记中先是忆及圆明园焚毁后不久，王闿运曾告知其"品官无敢往游，云禁地也"的情况，谭延闿遂联系到自己初次入京欲游圆明园时的情形，竟确如王氏所言。时为甲辰年（光绪三十年，1904年），谭延闿欲邀约友人同行游园，友人竟"咋舌不敢去"，因之"纵马独寻，不识路而返"，最终未能入园游览。时至1911年辛亥革命那一年，禁地之说已不复存在，谭延闿遂首次实现了游园的心愿。园中景观与风物，谭延闿皆比照着《圆明园词》来查看，竟还看到了王闿运当年未曾

故宫博物院理事谭延闿先生小影
（原载《故宫周刊》，1929年第5期）

亲睹的景观残迹。

至于后来北洋大臣于式枚（1853—1916，字晦若）向谭延闿言及李鸿章（1823—1901）园居逸事，以及曾戏谑李氏之语等掌故逸闻，虽无关《圆明园词》创作旨趣与流播史迹，可对于了解晚清文士对以圆明园为代表的皇家园林之一般态度，还是颇具参考价值的。

圆明园残迹，其中一柱面上有游人墨笔书"天丧予"三大字
（摄于清末民初，此为美国国会图书馆藏品）

谭泽闿的四首题诗，并非全然的寄情抒怀之作，其中蕴藉着谭泽闿的史学、文学观念，透露了一些谭、王二人交往的历史细节，乃至对《圆明园词》的总体评价，带有颇为浓厚的总结意味，亦不可忽视。

值得注意的是，谭泽闿认为《圆明园词》在格律技法上，已超越《连昌宫词》《长恨歌》两篇唐人巨制。对这一评价，王闿运本人的回应，也相当耐人寻味，既不否认，也不承认，顾左右而言他地声称，只是"比吴梅村少近雅耳"。应当说，这样的自我评价，在自谦中也透露着自得。这样的自我评价，也不禁会令读者重新翻检此一影印本中附于首位的章炳麟题跋。章跋原文如下：

> 壬翁《圆明园词》，多存故实，而宫寝燕昵之事，错见其中，然未尝过为轻薄也。余每见清季人士，喜述宫庭狎䙝之情，其言绝秽，心甚恶之。夫衽席幽昧，谁所明睹，况乎夷惠腥秽，是其故常，虽世载雄狐，何足深咎，言之累幅，徒污毫楮而已。壬翁所赋，犹存小雅遗意，故可存也。若必穷究事状，则失之赋矣。庚申（1920）秋，章炳麟识。

作为一代国学名师、经史名家的章氏，对近代文学作品的直接品评并不多见，对近代诗词这类作品的评价更是严苛，可见其对于《圆明园词》有"犹存小雅遗意"的总体评价，已实属难得。联系到章跋之后，尚有曾熙题词中亦有"小雅刺君，不伤忠厚"云云，章、曾二人品评《圆明园词》的角度，可谓如出一辙。而早在章、曾二人品评之前，作者王闿运本人的自评，就已然道出其创作初旨，即力求"近雅"而不流于轻薄。

七、《圆明园词》与《颐和园词》

谭泽闿所题组诗中，第四首即最末一首诗之注释中提到，自己还曾将王氏所作《哀江南赋》抄录之后，"乞翁自注"，虽"仅注大略"，但谭泽闿坚信这一王氏自注本《哀江南赋》，"它时当与此本并传也"。只是至今尚未见此本原件存世，亦未见影印本传世，下落已无从确知了。

此外，谭泽闿题诗第二首有"今日故宫禾黍外，更无健笔赋颐和"云云，且诗句之末更附注有"近人作颐和园词者，无一佳制"之论，这倒未必是时人公论。著名学者王国维写于1912年3月的《颐和园词》[①]，亦是以皇家园林抒写王朝兴废的鸿篇巨制，当时及如今都还享有盛誉。两位王姓

---

① 详参本书《王国维：酬生唱死颐和园》一章。

学者先后所创《圆明园词》《颐和园词》，皆为近代长篇史诗中的代表作之一，不应有所偏颇。

或许，谭泽闿当时并未得观《颐和园词》，方有以上诗句与诗论。不过，即便谭泽闿已知《颐和园词》，以其个人生涯及诗文修养来评判之，并不以为佳作，这也无可厚非。毕竟，王闿运是远远早于王国维成名的一代耆儒大家，领一时文风学风的湘绮老人，颇受包括谭泽闿在内的众多同时代学者文士推崇，这在清末民初的国内文坛是常态，由来已久。且谭、王二人皆为湘人，又素有往来，在这样的时代与私谊背景之下，谭泽闿在诗论中做出上述评价，实在是自然而然、顺理成章之事了。

八、吴嘉瑞与吴恭亨跋文中的线索

谭泽闿题诗之后，影印本中还有最后两篇文章，一为吴嘉瑞跋，一为吴恭亨诗。一般而言，这最末两位吴姓文士，较之影印本中首跋章炳麟，次跋曹惠，以及随后题跋的曾熙、谭延闿等人而言，似乎声名不那么显赫，与原藏者唐荣阳也没有十分紧密的关联，故而读者往往一掠而过，不甚重视。

一百年前的读者，是否亦如笔者翻检此册时的匆促情态，自然无从确知。然而，正当笔者以为可以暂时忽略最末两篇题跋，尽快返至前边王氏誊抄本一窥其与通行本内容差异时，又忽而于转瞬一瞥之际，瞄见跋中尚有"价藩先生"与"以索价昂"之类语句，方知此跋可能尚有关涉自注本原件流转史事的一些线索可循，顿时稍敛浮躁之心，伏案细读之。

在此，为便于后文考述，且依次转录两跋原文如下：

> 此册为壬手书自注秘本，以诒吾舅父价藩先生者也。余少时即得见之，密为写出，稍流传于世。而原本则萧氏世保之，不轻易示人。前绮翁子伯谅重编《湘绮楼遗集》，求此本，以索价昂不能得，托余向曹氏写一通。今归石门唐君晋棠。曹子孟其为之跋，详书湘绮，以为逑世文学大家焉。诗尤

其雄重，为人滑稽。余尝请其学，得之于蒙庄与玩世，谑时尤于柳下惠、东方曼倩，为迹其所为，诗文特借以抒其磊落灵奇之气。此词故实是否任毫出入，不可知，然每尝闻致，可喜得此，无劳后人作郑笺，无宁第以其遗墨也而宝贵之。庚申（1920）仲冬，长沙吴嘉瑞识。

这篇书于"庚申仲冬"的跋文，如按时序列印，理应位列书于"庚申孟冬"的汪诒书题诗之后，曾熙题词、谭延闿题跋、谭泽闿题诗之前。可事实则相反，此吴氏题跋列印于曾氏、谭氏兄弟之后。笔者一度以为，这样的情形可能与吴氏当时的个人名望及社会地位，都逊于曾氏、谭氏兄弟有关。

据查，吴嘉瑞，字吉府，号雁舟，湖南长沙人。光绪十五年（1889）进士，散馆授编修，充光绪十九年（1893）云南主考官、光绪二十一年（1895）会试同考官，官至贵州贵东道。吴氏与谭嗣同、梁启超为至交，谭嗣同曾撰《送吴雁舟先生官贵州诗叙》，从中可见二人交谊。光绪二十二年（1896）9月25日，吴嘉瑞与谭嗣同、梁启超等"维新七贤"在位于上海外滩附近的光绘楼照相馆合影。吴嘉瑞曾一度大力支持和积极参与维新活动，在贵州贞丰州城文昌阁内创立仁学会，对维新思想在偏远西南一隅的贵州之传播有过相当贡献。后出任湖南高师校长，晚年修佛，自号宝觉居士，与八指头陀相友善。

仅从上述生平履历可知，吴氏也曾为叱咤风云的一代名士，其思想行迹也曾与近代政界有过密切关联，似亦并不逊于曾氏、谭氏兄弟。究系何种原因致此，殊不可解。姑且搁置跋文列印时序问题，反观吴跋内容的历史价值何在，考察一下此跋透露出来的历史信息有哪些值得关注。

首先，据吴跋可知，《圆明园词》作者誊抄本原件的原藏者萧价藩，乃吴氏舅父，因此亲戚之便，吴氏早年即得见原件真迹，并抄录副本，于外界有所流传。那么，本文前边提到的谭延闿跋文中所言"余年十七，得读湘绮翁此词。闻有自注，求之不得"云云，即获得了证实。这就说明早在戊戌变法前后，少年吴氏所录副本，于外界即有所流传，故当时亦为少年的谭延闿方才会"闻有自注"。

汪康年、孙宝瑄、宋恕、梁启超、胡庸、吴嘉瑞、谭嗣同七人
（由后至前排，从左至右次序），于1896年9月25日拍摄的合影

其次，原件转售唐氏之前，萧氏确实秘藏不宣，外界无从得见。即便王闿运逝世后，其子王伯谅着手"重编《湘绮楼遗集》"，"求此本，以索价昂不能得"，因此还托吴氏再抄录副本一通。这些历史信息都表明，影印本正式出版之前，原件内容因萧氏始终秘藏不宣，外界确实知之甚少。但与此同时，原件内容还是有所流传的，可能就源自吴氏所录副本，只是流传范围极其有限，相当私密，即便谭延闿早年也只是"闻有自注，求之不得"。

至于原件中王氏自注内容的可信度，吴氏表达了不同于前述题跋诸人的态度，即"此词故实是否任毫出入，不可知"。可也不得不承认，"然每尝闻致，可喜得此，无劳后人作郑笺"，这又是对当年一般文士与读者的一种评述了。

吴嘉瑞题跋之后，影印本列印的最末一篇为吴恭亨所书题诗三首，总题为"题晋棠司令所藏湘绮先生手书圆明园册子三首"。题跋时间落款为"中华民国十年一月"，时为1921年1月，亦比列于前位的曾熙、谭延闿、谭泽闿三人题跋时间稍早一些。

据查，吴恭亨（1857—1937），字悔晦，号岩村，湖南慈利人。以游幕、教读为业，能诗文、工联语。生前创作颇丰，曾自撰联语讥刺袁世凯，挽念宋教仁，一时传为文坛奇士。著有《悔晦堂诗集》《悔晦堂丛刻》《悔晦堂对联话》等多种，大多均已印行传世。此影印本中所印题诗三首，是否已辑入其诗集或丛刻之中，尚待查考。

题诗中最末一首，对作为湘军将领的唐荣阳购得昔时文坛巨擘王闿运自书《圆明园词》原件，对这样一段军中武人珍藏文人墨宝的奇妙因缘，予以了总结式的颂赞与概括，既颇合时宜，亦颇可视作此册的"压轴"之献。诗云：

> 湘绮文称万人敌，礮边（晋棠诗集名）勇号万夫雄。
> 文人武士萍逢合，共有千秋尺册中。

九、作者自注之研讨，始于瞿兑之与黄秋岳

《湘绮楼自书圆明园词》印行十五年后，时至1936年，对这一影印本予以学术研讨并公开发表者，始于湖南善化人、知名文史学家瞿兑之[①]所撰《王湘绮先生（闿运）圆明园词自注》一文。

此文刊登在北平《新民》杂志第2卷第4期《文苑》栏目中，其后尚附有瞿氏整理校印的徐树钧序，以及据影印本转录而来的、带有作者自注的《圆明园词》全文。

这样一来，为一般读者与研究者提供了极大便利，也基本上对坊间传闻多年、文坛学界关注多年的，关于《圆明园词》作者自注究竟如何，及其与徐序的关联若何，给出了较为明确的解答。瞿文开篇即语：

---

① 瞿兑之（1894—1973），原名宣颖，字兑之，以字行，又名益锴，晚号蜕园。湖南长沙人，清末军机大臣瞿鸿禨之子。

> 湘绮先生《圆明园词》刻本有冠以序者，题曰徐树钧
> 撰。十年前，石门唐氏得先生手写本有自注者，曾景印分赠知
> 好，而所传未广。

显然，撰发此文的瞿氏，当时已得观《圆明园词》的两种版本。一为
"冠以序者"，即成都志古堂1933年刻印本；一为"有自注者"，即1921
年震亚书局影印本。从其行文语气揣摩得到，这两种版本似乎都"所传未
广"，于20世纪30年代的一般读者而言，还都不易获见。为此，方有瞿氏
既撰文介绍研讨，又特意从影印本中转录校印原文之举。

因为有幸获见过这两种"所传未广"的版本，通过比勘考察之后，瞿
文里有了明确判定：

> 检核其文，与徐序大抵相类。盖序行则注不行也。先生
> 此诗作于同治之季，文网犹密，未敢显斥以贾祸，故既假名于
> 徐，以序其事。晚年定本遂复刊落，而自注本则专贻友好，不
> 以入集。

此论可谓将《圆明园词》的版本概况一语点破，至为明了。只是"假
名于徐"之说，应当是采信了谭延闿跋文中所述"及见湘绮翁长沙，亦云
徐序乃就自注演成"云云，方才推出了这一大胆假设。

本文前边已经提到，徐树钧实有其人，曾与王氏同游圆明园之事，或
亦可信。但因谭跋所述，《圆明园词》的所谓徐序，极可能就是王氏"假
名于徐"之作，而并非徐氏本人所作。这一假设，因有序文与词注之间的
"互文"关联，更兼谭跋所述故实，两相结合之下证据确凿，仿佛确可
成立。

不过，联系到有清一代"文祸"之惨烈、"文禁"之严苛，王氏既要
"假名于徐"避祸，又如何可能"假名"于实有其人之名？试想，如果真
有因诗罹祸，构成"诗案"的那一天，对簿公堂之际，王氏岂非以假托之
名，将友人徐氏亦牵连其中了吗？这样的"假名于徐"，岂非"嫁祸"？

此举于情于理，都并不合乎人之常情、世之常理。

瞿氏之所以做出王氏"假名于徐，以序其事"这样的大胆假设，可能从很大程度上出自对序文本身的旨趣及其所表达的主要观点之考察。不难发现，徐序确实与《圆明园词》的作者自注太过相似，简直可以说是一种改写。即便没有谭跋所述的那一段故实，但凡观览过附录徐序的刻印本与自注本之影印本者，几乎都会做出这样大胆的假设。

不过，一如前述推想，若王氏确曾"假名于徐，以序其事"，此举或为自己规避"文祸"而起，可这样一来，因假托之名实有其人，岂非"嫁祸"？因此，这样的大胆假设，似乎很难解释得通。所以，如果这一假设能够成立的话，则只能勉强推定徐氏本人知晓此事，且亦认同序文中所言，对此是默许支持的。这样的推定，是在一个假设里边又套入一个假设，即为使前一个假设成立，不得不再设置一个假设性前提罢了。

几乎与瞿氏同时或稍晚，瞿氏友人、曾经的北平才子、梅兰芳的资深票友黄秋岳[1]，也曾接触到了《圆明园词》自注本与徐序，并将其相关见解载入了所著《花随人圣庵摭忆》之中。在这部记述了大量清末民初京城风物掌故的笔记体著述中，专列有"圆明园被焚之记载""徐叔鸿《〈圆明园词〉序》""徐叔鸿家世"三条，加以专题研讨，持续记述。

概观《花随人圣庵摭忆》中这三条记述，可知黄氏本人既激赏《圆明园词》本身的文采，也基本赞同这一作品所透露出来的观点与立场。黄氏文中明确表示，不但读到过自注本，也十分关注徐序。除了对徐序有所认可，称其"叙述详晰，可传也"，还不惮劳烦，将徐序全文抄录了一遍，并略加考述。

值得注意的是，黄氏还是从徐序中甄别出了一些史实讹误，并且认为"纰缪若此"，"则湘绮《祺祥故事》中讹董元醇为高延祜，抑又不足怪矣"。简言之，此序虽大体精详可信，但其中亦不乏张冠李戴的讹误，而这些讹误很容易令人联想到王闿运（湘绮）另一部著述中的同类型讹误。

---

[1] 黄秋岳（1891—1937），本名黄濬，字秋岳，以字行。

瞿兑之

（1933年存照，时任河北省政府秘书长）

黄秋岳

（原载《青鹤》杂志，第4卷第14期）

　　言下之意，似乎是有徐序与王氏文风相类的暗示，但也可理解为友朋相交甚契，更兼皆为湘人，学风、文风或亦近似。因为紧接着"徐叔鸿《〈圆明园词〉序》"一条之后，"徐叔鸿家世"一条，即对徐氏生平有所考察。如此看来，黄氏虽然对徐序与王氏"自注"之间的关联已有洞察，但还并未抛出王氏"假名于徐，以序其事"的假设来，其根本原因，恐怕就正在于徐氏实有其人，若"假名于徐"，则无异于"嫁祸于徐"，至少也可以说是如有祸端，必当"延祸及徐"吧。这样的假设，于情于理都很难令人接受。

　　由于黄氏这些记述曾"逐条刊登杂志"，"阅时既久，积成二巨帙"。可能黄氏曾希望瞿氏为之校订一番，故曾将这些"剪报"，由其任职的所在地南京，邮递至北平瞿宅。当这些刊发过的"剪报"一并寄至之际，瞿氏也确曾有过为之校订之举，"乃稍纠其笔误数处，并志所疑于眉端"。孰料事过不久，在任职南京政府行政院秘书期间，黄氏因犯"泄密罪"，于1937年8月被处决，其人生前自然再也无法实现将这些"剪报"结集出版之凤愿。后来，黄氏家人自费印行遗著，又请求瞿氏为之赐序，于1943年终于一并交付初版①，此即为以近现代史事掌故为主体内容的著名笔记体著述《花随人圣庵摭忆》之初版。因此书属"私印本"性质，更兼时局艰险，初版数量极少，不过百余部，故此书当年也少为人知。

综上所述可知，徐叔鸿实有其人，已有黄秋岳考索。对于是否有王氏"假名于徐，以序其事"的可能性，通篇抄录并仔细研读过徐序的黄氏，却没有给出十分明确的观点。可能略早于黄氏接触到自注本与徐序的瞿氏，之所以做出这样的大胆假设，一方面可能与考索史料未详有关，另一方面则可能与笔者前述的所谓"假设性前提"有关，即瞿氏也以此勉强推定，王氏"假名于徐，以序其事"之举，徐氏本人是知情默许的。

此外，还需加以说明的是，《花随人圣庵摭忆》曾"逐条刊登杂志"之说，即指其内容曾逐条连载于南京《中央时事周报》之上。据查证，该周报第6卷第4期，曾载"从王湘绮文集、李莼客日记中考证圆明园被掠经过"，"徐叔鸿《〈圆明园词〉序》及叔鸿所得《鸭头丸帖》与园之关系"两条，时为1937年2月6日；紧接着的第6卷第5期，曾载"记徐寿衡叔鸿家世逸事"，时为1937年2月13日。这三条连载内容，无论是题目还是内容，在最终结集出版时，应当都有了一定程度上的校订。校订者极可能正是瞿兑之，或者说付印时校订者所依据的，极可能源自当年瞿氏"乃稍纠其笔误数处，并志所疑于眉端"的一些内容吧。

不妨设想一下，瞿氏看到友人黄氏的诸多细致考索之际，是否会为此前自己径直推出的王氏"假名于徐，以序其事"之假设，略微感到有些不妥呢？如果在论文中再附带说明一下，徐氏本人对此可能知情默许，实质上乃属默认授权，这样一来，是否会因假设性前提的存在，使立论显得更为妥洽一些呢？当然，这已是题外话了。

返归正题。接下来，再概览瞿文的评述，则基本皆为表彰与印证王氏诗文及其"自注"了。瞿氏评述开首即有"观其自注"，"斯非熟精一朝掌故，明于得失之故，卓然有史识者，其孰能言之乎"的评价。这样的评价，是对作者学识与史识的充分肯定。对于作者胆识人格，更有激赞称：

① 参见《花随人圣庵摭忆》（中华书局2008年版）上册"整理说明"及瞿序。

"此则香山乐府所不敢斥言者，二千年来无此作矣。"

瞿文末尾，有总评之语称：

> 先生之诗，托体雅正，直掩唐贤。以词采而论，已非后人所得望其项背。若其识议精微，乃于今升《晋纪·总论》之遗，虽唐贤未之有也。先生尝自云，不敢望连昌、津阳，但比梅村为近雅耳。自谦之词尔。……徐序大体已在注中，然其文亦纡徐尔雅，宛有唐人风格，故并列之。

可以说，瞿氏这样的评判，乃是对《圆明园词》撰成之后六十多年间的公论之总结，也是时人对这一作品展开研讨的认知前提与研究基调。这一评判，即便时至《圆明园词》撰成一百五十余年的今天，也基本没有变动，对这一作品所蕴藉的文史诗词水准的认可与赞同，对作者自注与徐序之间确实存在的"互文"演绎之关联，仍是后世读者与研究者所普遍习知的共识。

十、"假名于徐，以序其事"的可能性

前文已经大致考述，"假名于徐，以序其事"的可能性极大，大到几乎可以成立，只需再设置一假设性前提即可。

首先，徐树钧实有其人，无论经黄秋岳考定，还是后世研究者查证，都是绝无疑问的。但当时可能限于条件，撰发论文时间略早于黄氏的瞿氏，并未展开对徐树钧生平的充分考察，只是通过"互文"关联的体察，更兼采信谭延闿跋文所言故实，即公开提出了这一大胆假设。

事实上，对徐氏是否确有其人持怀疑态度的，同时代学者中还有钱锺书之父钱基博（1887—1957）。其著《现代中国文学史》①载《圆明园

① 钱基博：《现代中国文学史》，上海世界书局，1933年。

词》全文并序，附有钱注曰，"序之署名为长沙徐树钧"，予人以不能确
定是否实有其人，仅署名如此之意。

以钱著成书时间推算，当钱氏翻检到1933年的成都志古堂刻印本《湘
绮楼诗五种》，即刻将其中附录的徐序转录于其著述之中，此举已然相当
迅速，自然也略显仓促，短时间内无法也不可能随即查考到徐氏生平，并
即刻在著述中予以确定了。

不过，徐树钧实有其人，这是无可争议的事实。且这一事实之下，
"假名于徐，以序其事"的可能性，于情于理而言，都不得不重新加以揣
度。不妨就以新近现身的一张晚清诸多名公巨宦的合影为例，即可从中窥
见，徐氏与这些朝廷重臣要员之间过从密切，绝非泛泛之辈，并非一般闲
吏可比。如此这般境况之下，"假名于徐，以序其事"之举，以此全身避
祸，自无可能；如是"借重"造势，似乎反倒说得通了。

只不过，二人同游清漪园遗址之际，俱值中青年时代，皆未功成名
就，还谈不上谁借重谁的名势。待到1907年《圆明园词》初版之时，二人
各有各的成就，且王氏的文坛声誉更隆，似亦无必要以"假名于徐"的方
式来加以借重。更何况王氏生前刊行个人诗文集的各种版本也均未附印徐
序，"借重"之说，自是无从说起了。

因此，此序或为徐氏早年所撰，这一可能性也不能完全说没有。徐、
王二人个性、观点、文风俱相契相近，早年交游兴发之际，一诗一序的唱
和，完全发乎自然心性，应当没有什么异议。至于王闿运曾向谭延闿所云
"徐序乃就自注演成"之语，亦可理解为徐氏读过王氏自注本之后，完全
接受其观点与立场，遂将自注本中的主旨加以演绎，撰成序文。

再说后来若隐若现、遮遮掩掩，徐序也并不易得见，王诗刊行之际
也不附录徐序的情形，应当既有王氏自己的某种考虑（已享文坛盛誉，不
必节外生枝），也有徐氏本人的一些顾忌（已为朝廷大员，不愿因言招
忌），这些因素掺杂在一起，遂形成了令后世读者颇感疑惑，更令瞿氏这
样敏锐的学者深感其间定有隐情并进而提出大胆假设的情况。

在此，不妨再来考察一下另一张拍摄于1904年的"光绪甲辰五月江宁
公宴图"。但见照片上下错落，对应人等俱标注姓名，以示收藏此照者的

郑重其事。合影照片之上，前排中座之主位为张之洞，右起为张謇、盛宣怀；左起为魏光焘、缪荃孙；后排立者地位稍逊，右起分别为胡延、徐树钧、黄建莞、蒯光典、魏允恭，共计十人在南京合影。照片左侧有原藏者于1936年7月2日所写题记，文曰：

光绪甲辰（1904）五月江宁公宴图

此摄景中之十人，俱逊清末叶有关我中夏兴废之人物，而世人徒知若辈之姓、名、字，而于若辈之身躯仪容则未之睹，故虽近世之人氏，犹纸上之古人也。甚哉，我中国光书摄景业及刷印业之孤陋，而卒使文明之大道蔽塞，故虽硕大疆土之中国，竟漫无精神为之主宰也。呜呼！伯伦，民国廿五年七月二日。

题记者落款其名"伯伦"，可能是历史学家雷海宗（1902—1962，字伯伦）。据其题记中的一番感慨，以及合影人物确实难以完全辨识的实情揣度，必得如雷氏这样的历史学家，或者说有如雷氏这样水准的专业学者，方才能够将这张合影照片中的历史人物逐一辨识并标示出来。对于普通民众乃至一般学者而言，要将合影中十位人物完全指认出来，恐怕几无可能。尤其是后排站立的，地位稍逊的，包括徐树钧在内的五人，更是难以辨识。因此，这张合影旧照的原藏者，才会发出如其题记中所抒写的那些感慨来了。

最能印证这番感慨的，前边已经提到，比此原藏者题记时间稍早接触到"徐树钧"之名的两位知名学者，钱基博与瞿兑之，也曾一度不能确定此"徐树钧"是否实有其人，也还曾推想徐氏之名或是"署名"，或是"假名"。

据考，这张照片见载于《缪荃孙日记》，拍摄时间应为光绪甲辰年（1904）农历四月初五。合影照片中的诸人姓名均详细记载其中，并且可知当日为魏光焘宴请张之洞而设的宴席。据照片中的楹联内容，"早年即梦想江南，真个来钟阜褰帏，青溪系艇；此地是前朝邸第，多少事绿杨眼见，红烛心知"，可知拍摄地点为江安粮道署，即在时任江安粮储道胡埏（研孙）官邸内。

其时，张之洞为湖广总督，魏光焘为两江总督，盛宣怀为工部左侍郎，黄建莞为江宁布政使，魏允恭为江南制造局总办，徐树钧为江南盐巡道。此番众人合影之机缘，缘于张之洞赴南京会商江南制造局移建新厂事宜之机，缪荃孙、张謇、胡埏、蒯光典均系张氏重要幕僚，其余诸人则亦因会商事宜方才得以同一天聚首一处，这实在是难得的一次定格于合影中的历史机缘。

除了这张珍贵的合影旧照足证徐氏实有其人，且仕途亦颇有成就之外，关于徐序究竟是何时公之于世的，在王诗并不附录徐序的情形之下，徐序又是通过什么途径令钱基博、瞿兑之、黄秋岳等学者知悉的，也需要更为切实的实例予以佐证。窃以为，于1933年由成都志古堂刻印本附录的徐序，恐怕并不是徐序公布出来的最初途径，应当还有比之更早的出版物存在。只有这样，在解释钱基博所著、于1933年9月初版的《现代中国文学史》中何以竟能即刻转载徐序时，方才会令人感到不那么牵强。

遗憾的是，据查证，徐氏诗文专集《宝鸭斋集》中并没有收录此序。

翻检寻觅徐序更早出现的实例之努力，似乎可以到此为止了。孰料，就在笔者以为此事只能告一段落之际，新近竟又发现一部少为人知的文献，这一发现，足可将徐序公之于世的时间提前到1921年，与王诗自注本影印印行的时间，竟然可以一致。

这是一部题为《湘绮楼手迹》的影印本，卷首牌记印有"辛酉仲夏渭南严氏景印于成都时过学斋"篆文字样，可知其印行于1921年夏。册中影印有王闿运寄赠严雁峰的文稿、诗札等手迹多种，其中两种有"辛巳十月""甲寅除夕"的时间落款，可知至少在1881年至1914年间，王、严二人俱有交往。

此册首页，即王闿运手书《〈圆明园词〉序》，且明确署有"徐树钧序"字样，这份书件由湘绮老人不多见的楷书写成，字形端庄方正，笔力遒劲，书写均匀工整，似为其早年的誊清稿。因此件无时间落款，故保守估计，应当略早于此册中有时间落款的年代最早的那份书件，即书写时间可能略早于1881年。

据考，此件原藏者严雁峰（1855—1918），名遨，字雁峰，以字行，别号贲园居士，陕西渭南县人。早年就读于成都尊经书院，卒业后定居成都，成为当地著名的藏书家与刻书家。一生聚书十一万卷，并筑"贲园书库"以藏之。曾校刻《关中金石记》《毛西河四种》《明四子诗集》《戴东原文集》《医学初阶》等多种，其刻书用纸、刻工、装帧均为上乘，为近代蜀中刻书之佼佼者。

此册《湘绮楼手迹》为1921年夏印行，此时严氏业已逝世三年之久了。册末有其子严式诲[①]跋一通，提及王闿运与其父生前交谊甚笃，王氏甚至还将代表作《湘军志》的稿本赠予其父，"惟《湘军志》以篇幅太繁，未及景印"，有"仍期异日付诸剞劂，以公同好"云云。由此不妨推想，既然卷帙浩繁、内容庞杂之《湘军志》稿本都可赠予严氏，那么，此赠予严氏的王氏手书《〈圆明园词〉序》，或亦当年拟付刻印底稿之誊清稿，亦不足为奇了。

---

① 严式诲（1890—1976），字谷声，又作谷孙。

于此，更可进一步推知，《〈圆明园词〉序》确为徐树钧本人所撰，王氏"假名于徐，以序其事"的假设，虽有极大可能，可事实上，却因徐氏实有其人不容置疑，更兼王氏书件署明徐氏的有力佐证，已然确证这一假设实无成立之可能了。

另外，也正因这一王氏书件的现身，表明徐序至迟于1921年夏即于四川成都影印行世，1933年成都志古堂刻印本所录徐序，应当也是据此转录的。与《湘绮楼手迹》同一年现身的，时间上可能稍晚两三个月的前述那一册《湘绮楼自书圆明园词》，即所谓自注本之影印本，十分巧合地先后出现于成都与上海两地。当年若有心搜求，如钱、瞿、黄等学者，各版本应可齐备①。

故于20世纪30年代间，用于授课的学术著述《现代中国文学史》、用于文化研究的《新民杂志》、用于信息交流的《中央时事周报》之上，先后均出现了关于《圆明园词》自注本与徐序的相关介绍与研讨。

尤其值得注意的是，《圆明园词》的王氏自注本，还曾出现于1931年营造学社举办的"圆明园遗物与文献"展览上②。作为参展重要文献之一，王氏自注本可能借此机缘，为观展者所知悉，其公共知名度也随之有所提升；且此次展览时间为1931年3月21日，早于上述各类记述与论文的正式发表时间。那么，前述钱、瞿、黄等学者，是否正是通过此次展览知悉王氏自注本的存在，并据此做出了后来一系列的研究论述，也是颇值得探究一番的话题。不过，因相关史料未详，且更因限于本文主题及篇幅，这一话题只能留待来日考索了。

十一、王闿运为什么主张迁都

接续前议，返归正题。话说除了学识、史识、胆识之外，瞿兑之还更看重王氏自注本中对时政的一个建议。瞿文中这样写道：

---

① 瞿文中有明确交代，所观为志古堂刻本与自注本之影印本。

② 详见本书《向达：名园罹劫费思量》一文。

然吾尤重其移都之议也。其自注曰："自安史以来，燕地利久废，民教不修，本非宅京之所。以明太宗先建藩国于此，又知江南之不可都，而惮于改作。当国盛时，无敢建言移都者，及夷兵将入，欲往长安，而督抚言不便，至今益无可往矣。余欲建言及今迁都，以大臣庙谟皆无远略，两宫九重不得引对，徒上封事无益众议也。"此在七十年前，不得不讶为石破天惊之论矣。

从上述这一段引论王闿运"自注"的内容来看，瞿氏对于王氏"移都之议"，是颇感惊叹兼有叹服之意的。随后，瞿氏则将燕京之地由盛转衰的历史变迁过程，以及时至晚清确实积重难返而有"移都"之必要的观点，充分阐发了出来。这一段记述摘录如下：

燕京之形势尤重于天下，实自安史。安史败而降将承其余绪，擅兵甲形胜以控全局，以至于辽。中原迭乱，文物渐骧，惟燕京独安，颇存故唐之遗。金元踵事，益乘中国多故，粉饰崇侈，极尽王制巨丽。明太宗习于胡俗，狃于霸基，因故元之宏规，兼东南之奢丽，数百年来，莫有能易。

……其实腥膻窟穴，风俗偷堕，生计壅塞，久辱首善之称，徒容政本之蠹，有识者早知其不可久也。燕京之弊，极于明代。盖漕南米以饷坐食，蠹其中者愈多，而生计愈废。万历中，徐贞明请大修畿辅水田而停漕米，时论群起挠之，盖宁使畿辅荒芜而不肯捐坐食之便也。雍正中，当宁睿明，知水利不修，水害将见，将为根本之患。以亲王介弟督其事，辍台阁侍从预其谋，乃不旋踵亦为庸臣所坏。自此极保定以南，皆为浮沙所没，而永定时虞泛滥，步縻巨金，民患昏垫，莫之能救。辇毂之地，黄埃蔽日，道路不可修治，疾疫因之而作。

……有清之季，后先生而废迁都之论者，有南海康氏，惟我先公亦尝抗疏，而廊庙不省，至庚子而已无及矣。

可以说，瞿文有近半数篇幅皆用于阐述王氏"移都之议"的历史必然，对这样的远见卓识予以了极为详尽的考察与验证。行文将末，又提出晚于王氏有"移都之议"者，还有康有为，并捎带出"惟我先公亦尝抗疏"的史事来。

这里提到的瞿氏先公，即指瞿兑之的父亲瞿鸿禨（1850—1918），字子玖，湖南善化（今长沙）人。同治进士，曾任内阁学士，先后督河南、浙江、四川学政。1900年"庚子国变"，随慈禧逃至西安，因"护驾"有功，晋工部尚书、军机大臣，兼政务处大臣，后任外务部尚书，恩宠优渥，常常独承召对。后曾参与筹划预备立宪，因直言触怒慈禧，以揽权恣纵罪斥罢回籍。瞿文中所言"惟我先公亦尝抗疏"的史事，可能即与此事有关，但与"移都之议"无关。瞿氏行文至此，恐怕亦是睹词忆往，禁不住将其先公遗事随笔抒发一下罢了。

话说这瞿氏先公，与王闿运既属同时代同朝中人，政见或亦相近，且又皆为湘籍同乡，自然还多少有些交谊。据查，就在辛亥年春，即1911年

瞿鸿禨、王闿运、王先谦等人于湖南长沙瞿宅超览楼前合影（摄于1911年春）

春，瞿宅超览楼中，齐聚湘籍学界文坛"二王"，一为王先谦，一即为王
闿运，更兼日本学者村山正隆等人，是为"超览楼禊集"，可谓晚清湘籍
文士群体的一次重要聚会。

当时王闿运弟子齐白石（1864—1957），也曾应其师之邀一道参加
了此次聚会。齐氏因之"得见超览楼诸公子"，与瞿兑之初晤于此。二人
年岁上虽然相差整整三十岁，却因皆曾师从王闿运，仅就同为王氏门下而
言，二人确还有着同门师兄弟的一份特殊关联。此次聚会之后，二人结下
的忘年之交，也随之延续久远。

此次聚会中，王氏曾嘱齐氏为此次聚会绘图纪念，但因种种原因，
齐氏未能即刻完成画作。此事遂一度搁置达二十余年。直至1939年，瞿兑
之登门访晤，出示瞿、王二人诗集，以之重提旧事，齐氏为之感怀之际，
抱病挥毫，终于勉力绘成一幅《超览楼禊集图》。图卷末端有齐氏长跋一
通，原文如下：

> 前壬子①春，湘绮师居长沙，予客谭五家，一日湘绮师笺
> 曰：明日约文人二三，借瞿超览楼宴饮，不妨翩然而来。明日
> 饮后，瞿相国与湘绮师引诸客看海棠，且索予画禊集图，予
> 因事还家乡，未及报命。后二十七年②，兑之公子晤予于古燕
> 京，出示相国及湘绮师超览楼禊集诗，委予补此图。予复题三
> 绝句：
> 忆旧难逢话旧人，阿吾不复梦王门。追思处处堪挥泪，
> 食果看花总有恩。（前甲辰，予侍湘绮师游南昌七夕，师以石
> 榴啖诸门客，即席联句）
> 送老还乡清宰相，居高飞不到红尘。一日楼头文酒宴，
> 海棠开上第三层。（相国自谓海棠树高花盛，长沙无二）
> 清门公子最风流，乱世诗文趁北游。二十七年浑似昨，

---

① 齐氏记忆有误，原跋文"壬子"应为"辛亥"。

② 齐氏记忆有误，原跋文"二十七年"应为"二十八年"。

海棠开候却无愁。

　　己卯秋九月大病后，手不应心，强涂塞责。白石齐璜。

　　虽则抱病挥毫，可忆及前尘往事，追怀无尽、感慨万千之际，下笔千言，仍是难免。一幅《超览楼禊集图》，看似构图简单，寥寥数笔，仿佛"强涂塞责"之作，可这题于画卷末端三百余字的长跋，却又将这简单画面中并不简单的历史背景如数家珍，娓娓道来。

　　长跋中所附"三绝句"，第一首为侍游王闿运时的旧作，权作怀缅先师之意；第二首为追忆瞿宅海棠花树，是为忆念与瞿氏故家旧时交谊之意；第三首则是题赠"清门公子"瞿兑之，专为酬答这份忘年交谊而作的。

　　综上所述，可见这瞿氏先公与王闿运的交谊，乃至瞿兑之曾师从王氏的故实，借由此次超览楼禊集的事迹，以及齐白石为之所绘《超览楼禊集图》并跋文题诗的内容，俱已可见一斑。此外，齐氏生前自撰自书的带有个人简传性质的《白石自状略》稿本中，也明确述及超览楼禊集事迹，以及瞿兑之访晤并补绘《超览楼禊集图》一事，足见其人对这一关涉自己早年生涯的事迹之重视。

　　由上述这些故实、事迹、画作、诗文着眼，亦可知瞿兑之撰成《王湘绮先生（闿运）圆明园词自注》一文，并非出于纯粹的学术兴趣或治学旨趣，个人深为先师史识与政见所感佩，有意为之阐发弘扬的心态，也是蕴含其中的吧。

　　话返原题。且说这王氏"迁都之议"固然确为有清一代罕见之先声，瞿氏对此极为看重，也着重予以考证和抒写，似亦符学术常理。可与此同时，也应当注意到瞿文写作的历史背景，时间恰为七七事变爆发之前一年。瞿氏行文之际，日军发动全面侵华战争之势已路人皆知，中国全民族抗战大幕也即将开启。

　　事实上，早在1932年一·二八事变爆发之后，南京国民政府就曾决定迁都洛阳。同年3月1日，国民党四届二中全会曾在洛阳召开，决定以洛阳为行都，以西安为陪都，并开始了陪都筹建工作。所以，还曾一度有迁都西安之议。只不过时至同年5月5日，因与日军签订《淞沪停战协定》，又将政府机关迁回南京，"迁都"时间仅仅维持了四个月左右。瞿文撰发后一年，七七事变爆发，基于国内资源布局与战略部署考虑，南京国民政府最终又决定，将政府主要机关迁至西南大后方——重庆。重庆也因之一度成为陪都。

而且，当时的中国政局之下，不仅仅是社会各界关注与热议的"迁都"问题，几乎与之同时出现的问题，还有抗战中的北平故都文物及故宫文物，是否也需要"南迁"以避战火焚掠。这一问题，又几乎与当年圆明园罹劫是否可以预先避免的问题，有如出一辙的意味，又似有古今同理的规律了。

因此，瞿文看重并着重抒写王氏自注中出现的"迁都之议"，并非全然着力于文史考证，而应当是有着某种"借古鉴今"的现实关照之意的。文中本亦有"借题发挥"之语称：

> 吾尝经行燕赵名都，然迁都于平日，素有预备，可也。因兵革以迁之，则无益而滋害也。……必欲迁都，常（尝）法魏孝文之迁洛阳，隋高祖之作大兴耳。是事豫则立之效也。

至于当时坊间民众、文坛学界皆颇为关注，且传播已久的圆明园罹劫实为"由奸民勾结敌兵为之"的故实，大都以为源于且仅见于《圆明园词》的观点，瞿文也有明确回应。对此，瞿氏以为"此说亦见他家私纪，当为官书所讳，乌得疑而诋之"，并附注称此说亦见于钱基博《现代中国文学史》，意谓默认这一故实者，学界多有其人，并非其一面之词。

毋庸多言，因《圆明园词》作者自注本的存世，对这一作品的创作动机及历史背景，于当世及后世读者而言，确能有更为深入与充分的认识。可因其"事严语秘，未应广传"，作者生前明确称"自注之文，不登己集"，当时欲从正式出版物中，一窥此王氏自注本真容已无可能。

其间，有王闿运友人徐树钧为《圆明园词》撰序，此序主要观点确为据王氏自注本演绎而成。当世文士因欲睹王氏自注本而不得，转而研读徐序者亦复不少，以此揣测自注本内容，一时传闻蜂起，众说纷纭。

事实上，王闿运生前可能曾誊抄三份《圆明园词》，分赠友朋。其中，仅有一份私赠友人萧价藩者，乃是带有自注的誊抄本，至为难得。萧氏对之极为珍视，一直秘藏不宣，偶有萧氏亲属抄录副本流传。坊间对此早有传闻，可当世文士却仍难得一见。即便如谭延闿这般名士，也曾念想二十余年不得一睹。对于相当一部分关注这一版本的时人而言，只是仅知其存世，却终不见真容。

1921年，因萧氏家道败落，自注本转售于湘军将领唐荣阳，复又转托曹惠遍索名家题跋之后，终于将原本付诸影印传世，题名为《湘绮楼自书圆明园词》。可是，此影印本亦非大量出版可随意购置之普通读物，即便如知名学者瞿兑之也称此本"曾景印分赠知好，而所传未广"。

1936年或稍早，瞿氏获见此影印本之后，深感有将之化身学术公器，付诸学界广泛研讨之必要，遂撰发《王湘绮先生（闿运）圆明园词自注》一文，并将据影印本转录而来的、带有作者自注的《圆明园词》全文附后，一并发表。

然而，瞿文发表一年之后，七七事变旋即爆发，刊发瞿文之《新民》杂志也随之停刊。刚刚开启的学术研讨之发端，瞬间因国难中断。此后，国人历经八年艰苦浴血奋战，终获抗战胜利，孰料迅即又入内战困局。在此变幻莫测之历史剧变中，不仅自注本原件下落不明，即便影印本《湘绮楼自书圆明园词》也渐为罕见之物，遑论展开充分研讨，即知见此本者也实不多矣。

笔者有幸，于《圆明园词》及自注本撰成一百五十年、《湘绮楼自书圆明园词》印行一百年后，终于获见全帙，实在是欣快无已。为此，草撰本文，初步勾勒出自注本百年流转之传奇历程，寄望更多读者与研究者了解这一版本的历史价值，以期为更进一步研讨重启新的路径。

附录：

圆明园词（并序）

　　圆明园在京城西，出平则门三十里，畅春园北里许，世宗皇帝藩邸赐园也。圣祖常游豫西郊，次于丹棱沜，乐其川原，因明武清侯李伟清华园旧址，筑畅春园，藩邸赐园，故在其旁。雍正三年，乃大宫殿朝署之规，以避暑听政，前临西山，环以西湖。湖水发源玉泉山，曰瓮山，度宫墙东流入清河，《水经注》所谓"蓟县西湖，绿水澄澹，燕之旧池"者也。东流为洗马沟，东南合高梁之水，故鱼稻饶衍，陂泉交绮。

　　高宗皇帝嗣位，海宇殷阗，八方无事，每岁缔构，专饰园居。大驾南巡，流览湖山风景之胜，图画以归，若海宁安澜园、江宁瞻园、钱塘小有天园、吴县狮子林，皆仿其制，增置园中。列景四十，以四字题匾者为一胜区，一区之内，斋馆无数。复东拓长春，西辟清漪，离宫别馆，月榭风亭，属之西山，所费不计亿万。园地多明权珰别业，或传崇祯末，诸奄皆以珍宝窟宅于兹，乾隆间浚池，发金银数百万，时国运方兴，地不爱宝，上心悦豫，殚精构造，曲尽游观之妙，元明以来，未之闻也。每岁夏幸园中，冬初还宫，内廷大臣，赐第相望，文武侍从，并直园林，入直奏对，昕夕往来，络绎道路，历雍乾嘉道，百余年于兹矣。

　　文宗初，粤寇踞金陵，盗贼蜂起，上初即位，求直言，得胜保、曾国藩、袁甲三三臣，既以塞、程、徐、陆，先朝重望，相继倾覆，始擢用前言事者，各畀重任，三臣支柱，贼不犯畿。然迭胜迭败，东南数省，蹂躏无完土，上悯苍生之颠沛，慨左右之无人。九年冬，郊宿于斋宫，夜分痛哭，侍臣凄恻。大考翰詹，以宣室前席发题，忧心焦思，伤于祸乱，然后稍自抑解，寄于文酒。以宫中行止有节，尤喜园居，冬至入宫，初正即出。时园中传有四春之宠，皆汉女，分居亭馆，所谓杏花春、武陵春、牡丹春、海棠春者也。然上明于料兵，委权阃外，超次用人，海内称哲。而部寺诸臣，无所磨励，颇袭旧敝。晚得肃顺，敢言自任，故委以谋议。先是道光二十年，英吉利夷船，至广东香港，求通商不得，又以烧烟起衅，执政议和，予海关税银千八百万。英夷请立约，广督耆英，与期十年。届期而徐广缙督两广，夷使至广州，拒不许入，以受封爵，夷酋恨焉，志入广州。咸丰元年①，英吉利、法兰西、美利坚各国，乘粤寇鸱张，中国多故，复以轮舶直入大沽台。王僧格林沁，托团练之名，焚其二船，尽击走之。夷人知大皇帝无意于战，特臣民之私愤，乃潜至海岸，买马数千，募群盗为军，半年而成，再犯天津，称西洋马队，闻者恐栗，夷马步登岸，我未陈而敌骑长驱矣。十年六月②十六日，上方园居，闻夷骑至通州，仓卒率后嫔幸热河，道路初无供帐，途出密云，御食豆乳麦粥而已。十七日，英夷帅叩东便门，或有闭城者，闻炮而开，王公请和，和议将定。十九日，夷人至圆明园宫门，管园大臣文丰当门说止之，夷兵已去。文都统知奸民将起，环问守卫禁兵，无一在者，乃自索马还内，投福海死。奸人乘时纵火，入宫劫掠，夷人从之，各园皆火发，三昼夜不熄，非独我无官府诘问，夷帅亦不能知也。初英夷使臣巴夏里，已拘刑部，和议成，以礼释囚。于是巴夏里与夷帅，各陈兵仗至礼部，订约五十七条，予以海关税银三千六百万，而夷人抵偿圆明园银二十万。王公奏言，未敢斥夷，文丰与主事惠丰，同死于园，不称殉节，但言遭兵燹而已。

---

① 原文"咸丰元年"误，应为"咸丰九年"。

② 原文"六月"误，应为"八月"。

十一年七月，文宗晏驾热河，今上即位，奉两宫皇太后还京，垂帘十载，巨寇削平。而夷人通商江海，往来贸易，设通商王大臣，以接夷使。然常言某省士民毁天主教堂，某省不行其教，某省民教构衅，日以难我，应之不暇，盖岌岌乎华夷杂处，又忽忽十有一年。园居荒墟，鞠为茂草，西山大寺，夷妇深居，予旅京师，恻然不敢过也。同治十年春，同年王壬父重至辇下，追话旧游，张子雨珊亦以计偕来，约访故宫，因驻守参将廖承恩许为道主。四月十日，命仆马同过绣漪桥，寻清漪园遗迹，颓垣断瓦，零乱榛芜，宫树苍苍，水呜呜咽。由辇路登廊如亭，南望万寿山，但见牧童樵子，往来林莽间。暮从昆明湖归，桥上铜犀卧荆棘中，犀背御铭，朗然可诵。明日访守园者，得董监，自言："年七十有余，自道光初入侍园中，今秩五品，居福园门旁。"导予等从瓦砾中循出，入贤良门而北，指勤政、光明、寿山、太和四殿遗址，前湖圆明寝殿五楹，后为奉三无私殿、九州清晏殿各七楹，坏壁犹立，拾级可寻。董监言："东为天地一家春，后居也；西为乐安和，诸妃嫔贵人居也；洞天深处，皇子居也。清辉殿为文宗重建，与五福堂、镂月开云台、朗吟阁皆不可复识。"镂月开云者，即所谓牡丹春者也。世宗为皇子时，迎圣祖至赐园，而高宗年十二，以皇孙召侍左右，三天子福寿冠前古，集于一堂，高宗后制诗，常夸乐之。经其废基，裴回悆焉。东渡湖，为苏堤、长春仙馆、藻园，又北为月地云居、舍卫城、日天琳宇、水木明瑟、濂溪乐处，仅约略指视所在。东北至香雪廊，阶前茅荻萧萧，废池可辨，有老监奉茶自池畔出，讶客所从来，颇似桃源人逢渔郎也。渡桥循福海西行，为平湖秋月，水光溶溶，一泻千顷。望蓬岛瑶台，岛上殿宇，犹存数楹，惜无方舟不达。其下流水潺湲，激石成响，董监示予："此管园大臣文公死所也。"西北至双鹤斋，又西过规月桥，登绮吟堂，经采芝径，折而东，仍出双鹤斋。园中残毁几遍，独存此为劫灰之余，乱草侵阶，窗棂宛在，尤动人禾黍悲耳。双鹤斋西，为溪月松风，翠柏苍藤，沿流覆道，斜日在林，有老宫人驱羊豕下来。东过碧桐书院，地跨池上，东为金鳌，西为玉蛛，坊楔犹存。又东去，皆败坏难寻，遂不复往。暮色沉沉，栖乌乱飞，揖董监，出福园门，还于廖宅。廖，沣州人，字枫亭，少从赛尚阿、僧格林沁军，亦能言行间事，感予来游，颇尽宾主之欢。既夕言归，则礼部放榜日也。雨珊既落第南去，予与壬父每相过从，念言园游，辄惘惘不自得。壬父又曰：“园之盛时，纯皇勒记，必殷殷踵事之戒，然仁宗始罢南幸，宣宗尤忧国贫，秋狝之礼，辍而不举。惟夫张弛之道宜及，嘉道时，补纯皇倦勤之功，而内外大臣，惟务慎节，监司宽厚，牧令昏庸，讳盗容奸，以为安静。八卦妖徒，连兵十载，无生天主，教目滋繁，由游民轻法，刑废不用故也。江淮行宫，既皆斥卖，国之所患，岂在乏财。”又曰：“燕地经安史戎马之迹，爰及辽金，近沙漠之风矣。明太宗以燕王旧居，不务改宅，仍而至今，地利竭矣。又园居单外，非所以驻万乘，废而不居，盖亦时宜。”

予曰：“然。前年御史德泰，请按户亩鳞次捐输，复修园宫。大臣以侈端将启，请旨切责，谪戍未行，愤悔自死。自此莫敢言园居者。而比年备办大婚，费以千万，结彩宫门，至十余万，公奏朝廷动用钱粮，婚以成礼，岂在华饰？若前明户部司官得以谏争，予且建言矣。又予闻慈安太后在文宗时，有脱簪之谏，《关雎》《车辖》之贤，中兴之由也。又园宫未焚前一岁，妖言传上坐寝殿，见白须老翁，自称园神，请辞而去，上梦中加神二品阶，明日，至祠谕祀之，未一期而园毁，岂能定欤？子能诗者，达于政事，曷以风人之意，备《繁霜》《云汉》之采？”于是壬父为《圆明园词》一篇。而周学士①、潘侍郎见之，并叹其伤心感人，笔墨通于情性。予以此诗可传后来，虑夫代远年逝，传闻失实，词中所述，罔有征者，乃为文以序之。同治十年立秋日，长沙徐树钧撰。

宜春苑中萤火飞，建章长乐柳十围。
离宫从来奉游豫，皇居那复在郊圻？
旧池澄绿流燕蓟，洗马高梁游牧地。
北藩本镇故元都，西山自拥兴王气。
九衢尘起暗连天，辰极星移北斗边。
沟洫填淤成斥卤，宫廷映带觅泉原。
淳泓稍见丹棱沜，陂陀先起畅春园。
畅春风光秀南苑，霓旌凤盖长游宴。
地灵不惜瓮山湖，天题更创圆明殿。
圆明始赐在潜龙，因回邸第作郊宫。
十八篱门随曲涧，七楹正殿倚乔松。
轩堂四十皆依水，山石参差尽亚风。
甘泉避暑因留跸，长杨扈从且弢弓。
纯皇缵业当全盛，江海无波待游幸。
行所留连赏四园，画师写仿开双境。
谁道江南风景佳，移天缩地在君怀。
当时只拟成灵囿，小费何曾数露台。
殷勤毋俟箴骄念，岂意元皇失恭俭！
秋狝俄闻罢木兰，妖氛暗已传离坎。
吏治陵迟民困痛，长鲸跋浪海波枯。
始惊计吏忧财赋，欲卖行宫助转输。
沉吟五十年前事，厝火薪边然已至。
揭竿敢欲犯阿房，探丸早见诛文吏。
此时先帝见忧危，诏选三臣出视师。

---

① 周学士即大学士周祖培。

宣室无人侍前席，郊坛有恨哭遗黎。

年年辇路看春草，处处伤心对花鸟。

玉女投壶强笑歌，金杯掷酒连昏晓。

四时景物爱郊居，玄冬入内望春初。

袅袅四春随凤辇，沉沉五夜递铜鱼。

内装颇学崔家髻，讽谏频除姜后珥。

玉辂旋悲车毂鸣，金銮莫问残灯事。

鼎湖弓剑恨空还，郊垒风烟一炬间。

玉泉悲咽昆明塞，惟有铜犀守荆棘。

青芝岫里狐夜啼，绣漪桥下鱼空泣。

何人老监福园门，曾缀朝班奉至尊。

昔日喧阗厌朝贵，于今寂寞喜游人。

游人朝贵殊喧寂，偶来无复金闺客。

贤良门闭有残砖，光明殿毁寻颓壁。

文宗新构清辉堂，为近前湖纳晓光。

妖梦林神辞二品，佛城舍卫散诸方。

湖中蒲稗依依长，阶前蒿艾萧萧响。

枯树重抽盗作薪，游鳞暂跃惊逢网。

别有开云镂月台，太平三圣昔同来。

宁知乱竹侵苔落，不见春风泣露开。

平湖西去轩亭在，题壁银钩连倒薤。

金梯步步度莲花，绿窗处处留赢黛。

当时仓卒动铃驼，守宫上直余嫔娥。

芦笳短吹随秋月，豆粥长饥望热河。

上东门开胡雏过，正有王公班道左。

敌兵未燕雍门获，牧童已见骊山火。

应怜蓬岛一孤臣，欲持高洁比灵均。

丞相避兵生取节，徒人拒寇死当门。

即今福海冤如海，谁信神州尚有神！

百年成毁何匆促，四海荒残如在目。

丹城紫禁犹可归，岂闻江燕巢林木？

废宇倾基君好看，艰危始识中兴难。

已惩御史言修复，休遣中官织锦纨。

锦纨枉竭江南赋，鸳文龙爪新还故。

总饶结彩大宫门，何如旧日西湖路。

西湖地薄比邨墟，武清暂住已倾家。

惟应鱼稻资民利，莫教莺柳斗宫花。

词臣讵解论都赋，挽辂难移幸雒车。

相如徒有上林颂，不遇良时空自嗟。

第二章
王国维：酬生唱死颐和园

　　1912年2月12日，即清宣统三年十二月二十五日，末代皇帝溥仪颁布《清帝退位诏书》，标志着自秦始皇创立皇帝制度以来的中国历史上最后一位皇帝，就此退出历史舞台。大清帝国至此彻底覆灭，中国帝制时代也就此结束。

1912年2月12日，爱新觉罗·溥仪颁布退位诏书，宣告中国帝制时代结束。此为次日袁世凯由北京传至上海的电文之油印件

一、"辞""退""逊""废"，溥仪移居颐和园

这一天，清帝退位的消息，对于上海报界而言实属突发新闻。由于并没有预先收到什么新闻通稿之类，报界并没有将这一具有重大历史意义的新闻迅即刊发出来。

即便如此，对时局稍有敏感度的市民读者，从2月12日当天的《时事新报》头版居于版首位置的两条联袂刊发的广告上，也应当能感受到一些关涉时局的正在发生的异常变化。

这一条广告是"本馆代售临时政府公报"，另一条广告则是"中华民国教育部征集国歌"。根本不用去琢磨这两条广告本身的含意，也不用真去买一本什么政府公报来学习，只需将两条广告合在一起瞄一眼，就什么都明白了——这"临时政府"也有了，国号"中华民国"也有了，还开始"征集国歌"了，革命快有结果了。

不过，因为正值农历春节前夕，各大报馆照例也将安排放假，假期将从两天之后，即2月14日开始，至2月21日止。这就意味着会有整整一周的时间，上海大众读者可能都将无报可读。在这段时间里，无论什么新闻，也可能都会无报可报。在这报刊从业者按下暂停键的常规时段即将到来之际，能够打破这一常规的，必定是至关重要、非常必要的关系到国计民生的重大事件。

显然，"清帝退位"这一事件意义实在重大，确实非同一般，让广大读者周知的重要性与必要性，也是不言而喻的。清帝退位次日，即2月

1912年2月13日，上海《时事新报》转发译自西报之关于清帝退位的最新讯息

13日，时事新报社就设法从北京当地的一些外文报纸中获取相关信息，并迅即将其翻译了出来，集为一组简讯性质的报道，总题为《西报记退位诏书之宣布》。这组简讯报道，可能是关于清帝退位的国内（或北京之外地区）最早报道。

不过，报社方面也坦陈并未获见诏书全文，对读者有"清帝退位诏书，已于北京宣布，惟尚未至沪"云云之交代，因此只能根据外文报纸上的报道做简要译介。因为考虑到后续报道之必要，即诏书全文及相关函电之披露等，时事新报社果断决策，取消当年的春节假期，从2月14日开始，每日都印发"号外"临时增刊一种，以此满足广大读者亟待了解时局进展的需求，也以此举来见证这一重大历史事件。且看增刊首期头版头条刊有"本馆特别广告"一则，文曰：

> 报界停板期内，清帝逊位之诏已下，急电要函，络绎不绝。若待至一星期后，始行发表，实无以副阅报诸君先睹为快之意。故本日特出临时增刊一张。每张售铜元一枚，关怀时局之君子，当亦有取于斯。

值得注意的是，这首期增刊的头版之上，广告里说的是"清帝逊位"，《电报》一栏头条又名为《清廷退位之谕旨》，第二条里又有《关于大清皇帝辞位之后优待之条件》的标题，那么，"逊位""退位""辞位"三种措辞，到底哪一种才是正式措辞？这三者之间又有什么联系呢？

据考，"辞位"之说，乃是清室的正式措辞，但民国临时政府方面，概称其为"退位"，外界宣传亦通用这一措辞。不过，关于"辞"与"退"的一字之差，体现着主动与被动的格调差异，因此，清室一度坚持使用，并要求正式公布时也必须统一使用"辞位"而非"退位"这一措辞。为此，双方还曾有过谈判。虽然民国临时政府方面，表示接受清室意见，但在实际使用过程中，少见以"辞位"措辞者，仍通行"退位"之说。至于公共文化场域里的传播，则各随其便，并无明文规定，"退位"

与"逊位"之说，都较为流行。末代皇帝溥仪也随之有了新的称呼——"逊帝"或"废帝"。

王国维旅日存照（原载《东方杂志》，1927年第24卷第13期）

距中国上海约一千四百千米之外的日本京都，时年三十五岁的王国维，可能也在《时事新报》接连刊发春节号外多期之后，终于获知了"清帝退位"这一重大消息。不过，与时人还在为"逊位""退位""辞位"三种措辞再三琢磨、津津乐道不同，王氏可能对《时事新报》首期增刊第2个版面所刊载的《清室优待条件》的各款内容更为重视与关切。当看到第三款之规定时，王氏不禁为之唏嘘不已，又若有所思，一时恍若隔世。

且看此款规定，不过短短一句话：

　　大清皇帝辞位之后，暂居宫禁，日后移居颐和园，侍卫人等照常留用。

二、悼诗写尽觉罗氏末路事

　　三个月之后，一生矢志经史古物研究的王国维，写成了一篇其人罕有的，也是唯一一篇长诗《颐和园词》。这一作品的出现，或许就可以解释为何《清室优待条件》里的第三款，那仅仅一句话的条款，对当时已侨居日本京都四个月，还将在这里侨居四年有余的王国维，产生如此巨大的触动。

　　最早读到此诗初稿者，应当是王氏友人罗振玉。为之激赏不已的罗氏，将之郑重抄录下来，付诸影印，遂成此诗最早面世的单行本。据传，这一版本乃是用清宫旧藏乾隆年间（1736—1795）的高丽纸印制，纸白如玉、墨迹似漆，王诗、罗书合璧，可称精致绝伦。

　　稍后读到此诗的，应当是日本学者铃木虎雄（1878—1963），所读版本则为王国维本人誊录的稿本。后来，也即十五年后，王氏于1927年自沉身亡于颐和园昆明湖之后，铃木还将这一通王氏稿本，连同王氏致信数通，以及王氏致其他日本学者的信札，悉数影印出来，合辑为《王忠悫公遗墨》一部，作为日本学界对王氏的追怀与纪念之物。当然，这已是后话了。

王国维与罗振玉（右），
1916年春合影于日本京都净土寺

铃木虎雄画像，时值其七十七岁"喜寿"之际
（辑自《豹轩退休集》，1956年印制）

　　且说1912年4月15日①，王氏致信铃木，附呈诗稿，并为之不无自信地
写道：

　　　　前作《颐和园》一首，虽不敢上希白傅，庶几追步梅
　　村。盖白傅能不使事，梅村则专以使事为工。然梅村自有雄气

————————————

　　①　王氏此信落款署有"四月十五日"，若按农历推算，应为5月31日。《王
国维全集·书信》一书，王氏通信时间，俱将其落款视作农历，以之推算出公历时
间。不过，近年有学者指出，王氏在日本通信所署日期均为公历，而非农历。此说
详参：钱鸥《致铃木虎雄——王国维佚札七通》，原载《清华汉学研究》第二辑，
清华大学出版社，1997年。因铃木信件时间落款俱以公历纪年，仅以二人通信时间
上前后衔接而论，王氏信件时间落款亦应以公历纪年方可，故本文采用此说。

　　骏骨，遇白描处尤有深味，非如陈云伯辈，但以秀缛见长，有
　　肉无骨也。拙诗附呈，祈教正。①

　　虽寥寥数语，可见正值壮年的王国维，对其所创长诗还是颇有些自
负气壮的。信中以晚明著名诗人吴梅村②自况，自认此作虽然比不上白居
易的《长恨歌》，但还是几乎可以与吴梅村的《圆圆曲》相提并论的。且
言下之意，还认为与清代诗人陈云伯（1771—1843）的诗作及诗法相比而
言，应当已经有所超越了。

　　约三周之后，时至5月8日③，读毕《颐和园词》的铃木，复信中对此
作表达了由衷赞佩之意。信中这样写道：

　　　　日前垂示《颐和园词》一篇，拜诵不一。再次风骨俊
　　爽，彩华绚烂，漱王骆之芬芳，刷元虞之精髓。况且事该情
　　尽，义微词隐。家国艰难，宗社兴亡，兰成北徙，仲宣南
　　行，惨何加焉！高明不敢自比香山，而称趋步梅村，若陈云
　　伯，则俯视辽廓。仆生平读梅村诗，使事太繁，托兴晦匿，恨
　　无人为作郑笺者。且乏开阖变化之妙，动则有句而无篇，殆以
　　律诗为古诗矣！绣组之工虽多，贯通之义或缺。仆不学则固
　　尔，然结构措词之间，作者亦岂无一二疏虞处哉？高作则异
　　之，隐而显，微而著，怀往感今，俯仰低回，凄婉之致，几乎

---

　　① 本文所摘引王国维信文，均辑自《王国维全集·书信》，中华书局，
1984年。

　　② 吴梅村（1609—1672），即吴伟业，字骏公，号梅村，以字行。江苏
太仓人，因故籍地临娄江，自署"娄江吴伟业"，又因清初名士王士禛（1634—
1711）曾自称"余少奉教于虞山、娄江两先生"云云，故有世称"娄江先生"
者。铃木信中有"几乎驾娄江而上者"云云，即以"娄江"指代吴氏。

　　③ 据考，1868年明治维新之后，日本于1873年宣布废除原有天保历，改为
使用格里历，即公历纪年法。除天皇年号之外，月日俱以公历记录。因此，铃木
信末落款"明治四十五年五月初八日"，应即为公历1912年5月8日。

驾娄江而上者，洵近今之所罕见也。仆欲以斯篇转载敝邦一二
丛报纸上，传诸通邑大都，未知高明许之否？词中事实有蒙未
解处，则将期执谒请教。①

　　上述约三百字的信文，可以视作《颐和园词》完稿以来的首篇读后
感。铃木首先提及，此作既有初唐诗派（如王勃、骆宾王）的气息，又别
取了唐代诗人（如元稹、虞世南）的精髓，且叙事与抒情完备，微言大义
皆隐寓其中，实在是颇为完美的作品。
　　铃木表示，诗文中流露出来的王朝兴亡之感、世态沧桑之慨，颇令人
动容。这又是此诗迥异于前人，更高于今人的寄托所在。虽则如此，王国
维仍谦称不敢自比白居易，而自况可与吴梅村并论，比之陈云伯之流，当
然已是居高俯视了。
　　铃木还结合自己研读历代诗作的经验，对此诗加以比较评价，又是一
番侃侃而谈。针对王国维信中所及"梅村则专以使事为工"之语，表达了
一位日本学者的不同观点。
　　所谓"使事"，意即套用典故。简言之，即在创作时有意征引各类
前代故实及史事之类。关于"使事"的说法，常见于清代诗话文论之类
的著述之中。譬如，清代著名学者赵翼（1727—1814）在品评苏东坡与
黄庭坚的诗文时，就曾经以"使事"之法来做比较。其著《瓯北诗话》
中有云：

　　　北宋诗推苏、黄两家，盖才力雄厚，书卷繁富，实旗鼓
相当，然其间亦自有优劣。东坡随物赋形，信笔挥洒，不拘一
格，故虽澜翻不穷，而不见有矜心作意之处。山谷则专以拗峭
避俗，不肯作一寻常语，而无从容游泳之趣。且坡使事处，随
其意之所之，自有书卷供其驱驾，故无掇摭痕迹。山谷则书卷
比坡更多数倍，几于无一字无来历，然专以选才庇料为主，宁

①　马奔腾辑注：《王国维未刊来往书信集》，清华大学出版社，2010年。

不工而不肯不典，宁不切而不肯不奥，故往往意为词累，而性
情反为所掩。此两家诗境之不同也。

据赵氏评述，可知"使事"之法，乃诗作中常相运用之法。苏东坡
的用法乃"随其意之所之"，自然不着痕迹，有着天然之美；黄庭坚的用
法则"专以选才疟料为主"，"故往往意为词累，而性情反为所掩"。因
此，赵氏得出结论称："苏、黄两家，盖才力雄厚，书卷繁富，实旗鼓相
当，然其间亦自有优劣。"

铃木在信中对吴梅村诗作的评价，实则也有将王国维与之比较的成
分在里边。铃木认为：吴诗"使事太繁，托兴晦匿"，"且乏开阖变化之
妙，动则有句而无篇"；与之相较，王诗"则异之"，有着"隐而显，微
而著"之妙，且"怀往感今，俯仰低回"之间，抒写出"凄婉之致"的诗
意情调，几乎是要超越吴诗了，实在是近世今时罕见的杰作。这么一番比
较评述之后，铃木简直可以模仿赵翼的口吻，为之得出结论称：王、吴两
家，盖才力雄厚，书卷繁富，实旗鼓相当，然其间亦自有优劣。

虽则铃木最终未直接表达这样的结论，但由衷赞赏之意，还有另外一
种表达方式，那就是："仆欲以斯篇转载敝邦一二丛报纸上，传诸通邑大
都，未知高明许之否？"

铃木这是征询一下王氏意愿，希望即刻将王氏诗作交投至日本报刊，
予以公开发表，让更多的读者欣赏。

收到铃木来信之后次日，即1912年5月9日，王国维即刻复信。对这位
日本友人的诗评及征询刊布意愿等，逐一做了答复。信中这样写道：

《颐和园词》称奖过实，甚愧。此词于觉罗氏一姓末路
之事略具，至于全国民之运命，与其所以致病之由，及其所得
之果，尚有更可悲于此者，拟为《东征赋》以发之，然手腕尚
未成熟，姑俟异日。尊论梅村诗，深得中其病。至于龙跳虎卧
而见起伏，鲸铿春丽而不假典故，要唯第一流之作者能之。
梅村诗品，自当在上中、上下间，然有清刚之气，故不致如

陈云伯辈之有肉无骨也。拙词，尊意拟转载贵邦杂志，毫无
不可。

首先是表示感谢，其次是强调"此词于觉罗氏一姓末路之事略具"，
意即《颐和园词》，乃是以一座皇家园林的历史为寄托，将清代皇室由
盛转衰直至败亡末路的历史隐寓其中了，而且还透露将续写一篇《东征
赋》，要将整个国家命运乃至何以败亡的根本原因都抒写出来，只是还要
假以时日，方可告成。

言及铃木评价吴梅村的那些话，王氏表示也是大体赞同的。只是，要
想在吴诗之上更上一层楼，是不易做到的，"要唯第一流之作者能之"。
对于吴诗的品级，王氏也给出论断，称"自当在上中、上下间"，言下之
意，《颐和园词》至少也属这一品级。关于此作公开发表与否，王氏表示
乐见其成，"毫无不可"。

至于此番通信之后，铃木是否将《颐和园词》在日本报刊上发表出
来，如若发表，又是于何时何报刊予以发表的，这一系列问题，因相关文
献史料的匮乏，目前还无从确考。不过，写有铃木"读后感"的那一通致
信，与王氏表示发表"毫无不可"的这一通复信，均在王氏自沉于颐和园
昆明湖中的当年，即1927年8月，刊发在了日本《艺文》杂志（第18年第9
号）之上。

《颐和园词》与一位异邦学者的因缘，王国维与铃木虎雄的"诗
交"，也就这样借悼念之名，以这样公开刊布的方式，为日本学界所周
知了。

1913年5月13日，也即当年农历浴佛日这一天，王国维给著名藏书
家——"艺风老人"缪荃孙（1844—1919）写了一封信。信中向这位常年
通信论学的忘年至交，透露了《颐和园词》即将出版的讯息：

至东以后得古今体诗二十首，中以长篇为多，现在拟以

日本旧大木活字排印成册，名曰《壬癸集》，成后当呈教。[①]

这里提到的《壬癸集》，乃是王氏集1912年与1913年两年，即壬子、癸丑两年间的诗作二十首而成，故名。《颐和园词》作为其中创作时间最早、成文篇幅最大、最具代表性的王氏作品，在诗集里自然至为引人瞩目。从某种意义上讲，可以说翻检《壬癸集》，只为"颐和园"。

印制此诗集时，王氏特意委托日本京都圣华房，用江州旧木活字排印，且用纸、版式均由其本人指定，终印成一册颇为古雅精致的线装本。据存世的王氏致圣华房主人山田茂助的数通信札可知，这一册不过仅十余页（每页两面）的个人诗集，王氏曾亲自督印，多次就校对、用纸、版式等相关事宜通信商谈。在此，仅列举三通信札，略加考述，即可见当年王氏督印之力。转录信文如下：

1912年5月18日

拜启：来书并《壬癸集》二页已阅，中有二误字乞改正。印刷需贰百部，用纸仿《眼心抄》，印刷亦乞如《眼心钞（抄）》，用墨稍重为荷。以后排成二叶仍乞寄校，邮费加入勘定可也。此上山田茂助样。王国维，十八日。

1912年5月28日

拜启：《壬癸集》签题已写就寄上，请查收为荷，其长短亦请照此式。昨携上表纸，据罗先生言似不止百枚，请一检查。若有二百枚则表纸可用全叶，不必用半叶也。此上山田茂助样。王国维顿首。

1912年6月10日

拜启陈者：前日《壬癸集》印刷事已与罗先生相谈，其

---

① 此札原件为故宫博物院藏品。

植字台须用十行十八字者，新制二枚可也，制台后请即行植

字印刷为荷。纸之品质大小，照《文笔眼心抄》。山田茂助

样，王国维。

上述三通信札，都极简短，似纯为诗集印制工作沟通而写的便签一般。因为当时王国维的寓所与山田茂助的圣华房书店均在京都，故二人同城通信也较为便捷。为确保诗集出版品质，如这般往还纷驰的短札，王氏当年应当还写过不少，只是如今存世已知仅此三通而已。

虽然王氏信札只有一通有落款"十八日"，其余两通均无落款，所幸三通信札均附存于实寄信封中，可于信封之所盖邮戳获悉通信时间。上述三通信札之信文，即依此按时间先后排序而列。

值得一提的是，第一通信札的信封里，还附有一张圣华房印制《文笔眼心抄》的牌记页，牌记右侧有王氏小楷题记一则，文曰：

宣统庚戌秋九月日本京都大学教授内藤博士见遗，

国维。

这则题记右侧，又以墨线勾出版框，框内写有"版之高下仿此"字样。框线之外右上侧，又写有"此《文笔眼心钞（抄）》用纸"与"用纸仿此"字样。所有这些字迹，都出自王氏手笔，足见当年督印工作之精细。

一张1910年10月前后，日本学者内藤虎（1866—1934，号湖南）赠予的"纸片"，被王氏用作指示书籍版面设计"样张"，以此来向山田茂助精确示意，告知其究竟想印成一本什么面貌、什么样子的书。用纸质感、用墨程度、框格尺寸等，皆逐一明确交代，俨然"私人定制"一般。确实，此书印量仅两百册而已，基本用于馈赠亲友，的确属"私人定制"的"非卖品"。

如此精心印制的诗集，印量又不过区区两百册，更兼远隔重洋，恐怕并不是所有的国内师友都能及时寄赠。无怪乎与王氏已有一段时日未曾联

络的前清遗老劳乃宣（1843—1921，字季瑄，号玉初），也于1917年10月2日在致信罗振玉时，函末仍有询及《壬癸集》的话语，特意嘱托称：

> 静翁有《壬癸集》刊本，想代乞一本，寄下为叩。[①]

接信后，罗振玉即刻于同年11月间，向劳氏寄赠了两册《壬癸集》[②]，此时距《壬癸集》在日本京都印成，转眼已五年过去了。这一事迹表明，此集虽为王氏"私人定制"，可实际投资印制者应当仍为罗氏，故罗氏手中尚有少量存书，但凡有师友索赠者，均可一律代办。

不过，当时的国内读者若想读到《壬癸集》，至少还有两种途径，不必完全寄望于这一册在日本京都印制的、仅有两百册的单行本。因罗氏于1914年在上海法租界印行的《国学丛刊》第一集中，辑入了《壬癸集》，遂使此集及《颐和园词》稍为国内专业领域读者所知悉。

罗氏又于1915年前后印制《雪堂丛刻》，在这套大型丛书里，也辑入了《壬癸集》。不过，因这套丛书以学术著述为主，乃是小字铅印的常规书籍，《壬癸集》只有区区十二页，二十四面，自然无法单独成书，只能作为王氏所著《国朝金文著录表》的书末附录，勉强付印。因《雪堂丛刻》卷帙浩繁，附录其中的《壬癸集》及《颐和园词》不易翻检得到，因之普通读者对此往往无从知悉，而专事学术研究者对此又往往忽略。此集若想通过《雪堂丛刻》在公共文化场域里产生影响几无可能，其传播效率与效果，应当还不如1914年的《国学丛刊》第一集。

上述四种早期版本，应当都无法起到较好的传播效果。或因印量极少，或因远隔重洋，或因翻检不便，种种不利因素之下，注定王氏颇为自得的这一诗集，在国内一度还鲜为人知。

---

① 韩行方、房学惠：《劳乃宣致罗振玉书札十六通》，《文献》1999年第4期。

② 据劳玉初于1917年11月20日致罗振玉信，有言"承惠王静翁《壬癸集》两册"云云，推测罗氏寄赠时间约为1917年11月间。详参：马忠文《王国维致缪荃孙、劳乃宣未刊书札笺释》，《文史哲》2010年第4期。

《颐和园词》在国内传播效率与效果并不理想的状况，恐怕还得待到一部名为《清朝野史大观》的通俗丛书出版发行，方才有所改观。时为1915年12月，这套以迎合国内大众读者口味为主要诉求，以汇编形式印行的野史掌故类丛书，由中华书局隆重推出。丛书以"清宫遗闻"两卷、"清朝史料"两卷、"清人逸事"四卷、"清朝艺苑"两卷、"清代述异"两卷，共计十二卷十二册的规模，为读者全方位呈现"清朝野史"，可谓名副其实的"大观"之作。

正是在这样一部完全面向大众的通俗读物里，《颐和园词》可谓首次面向民国世界里的普通读者。丛书编选者也颇有巧思，将此诗作安排在"清宫遗闻"两卷近百条内容的最后一条，是为该主题的"压轴"之作；且改题为《颐和园长诗》，还特意加有一句"编者按"称：

> 海宁王国维长词一首，佳丽无伦，以长庆之清词，写开元之艳迹，缠绵往复，感慨淋漓，诚此题之绝作也。

这里提到的所谓"长庆清词"，即唐代元稹的《连昌宫词》。这里将王国维的《颐和园词》，明确地与《连昌宫词》相提并论，比后来陈寅恪（1890—1969）的同一观点还早了整整十二年。[①]

试想，当《颐和园词》随着《国学丛刊》与《雪堂丛刻》的出版，面向国内小众，随着《清朝野史大观》的出版，面向国内大众，词作应该渐有反响。奈何经年搜寻，似乎一时还很难寻获在王国维自沉亡故之前，即1927年之前在国内公开发表过的任意一份"读后感"。

由此，又不由得令人联想到同样也是借园抒怀、托园言志的，同样也是长诗体裁、可称空前的另一首诗作——王闿运所作《圆明园词》。《颐和园词》是一首七言长诗，共计一千零八字，成一百四十四句。仅就篇幅而言，其与王闿运所作《圆明园词》完全一致；再就主题考察，二者皆是

[①]　王国维于1927年自沉于颐和园昆明湖之后，陈寅恪为之撰有《王观堂先生挽词》："曾赋《连昌》旧苑诗，兴亡哀感动人思。岂知长庆才人语，竟作灵均息壤词。"

以清室御苑为特定场域，抒写故宫禾黍之思的长诗。两位王姓作者，一前一后创作如此体裁与类型皆近似之作品，仿佛是冥冥中有联袂之约一般。

这一对可以视为近代故宫史诗双璧的杰作，无论是两篇诗作，还是两位作者本身，命运却似大不相同。《圆明园词》文风苍凉激昂，却又不得不因顾忌文祸而有所遮掩，可即便如此，还是在作者生前即已盛名远扬，海内传诵。《颐和园词》亦堪称绝代之作，作者本人也颇引以自得，此作在异邦已初获盛誉，国内却几无反响，至少作者在生前并未因之享誉一时。

与笔者持有同样观点者，在民国初年，即《颐和园词》在国内刊行并传播初期，恐怕也有一些。只不过，因为没有撰成"读后感"付诸发表，或者虽有"读后感"但并未付诸发表，故至今无从寻访这些反响与回应。

幸运的是，后来笔者在一份1920年12月20日印行的上海《时事新报》之上，终于寻获了一则关于《颐和园词》的"读后感"。这一发现，也令王国维生前几乎未见有国内公共文化场域（都市主流媒体）品评此作的通行观点，略微可以修正一下了。

报纸刊发的内容，乃是一部名为《达化斋日记》的私人日记的摘录，其中就有品评《颐和园词》的内容，原文转录如下：

> 王国维《颐和园词》，较胜于湘绮之《圆明园词》。余曾见《静庵文集》，不以文学家许之，今读此诗，乃大有文学之价值。

日记刊发时署有"杨昌济遗著"字样，可知即为毛泽东之师、杨开慧之父、知名湘籍学者杨昌济（1871—1920）所写。杨氏日记从1920年12月8日起在《时事新报》刊发，断断续续连载至1921年6月11日。

据编选刊发这些日记的版面主编，即著名的《学灯》副刊主编、同为知名湘籍学者的李石岑（1892—1934）介绍称，这些刊发出来的日记，是从杨氏1902年至1919年冬的日记中摘录的。因为"卷帙甚繁"，"若循序发表，必非短期间所能尽"，所以"择最近者先行披露"，故1920年12

月8日这一天首先刊发的日记内容，是从1919年10月19日至24日的杨氏日记摘录。至1920年12月16日，1919年的杨氏日记刊发完毕。1920年12月17日，又选刊1914年3月18日的杨氏日记；1920年12月20日这一天，刊发的日记内容则为1914年5月22日至28日的杨氏日记。品评《颐和园词》的内容，出自1914年5月28日的杨氏日记。

据以上考述可知，杨氏品评《颐和园词》的日记内容，虽然是1920年末发表的，可实际写成的时间应为1914年5月。联系当时杨氏尚在湖南高师讲学，且与王国维、罗振玉等人并无交谊，其人读到《颐和园词》的版本，则极有可能正是前述于1914年在上海印行的《国学丛刊》第一集，甚至还有可能是在日本京都印制的"罗书初稿本"与《壬癸集》单行本。

当杨氏于1914年5月28日将品评《颐和园词》的内容写入日记，面对这只言片语时，他可能并没有想过这些文字会在六年之后，即1920年12月20日这一天，刊发在了他生前经常展读翻检的《时事新报》之上。

世事往往难以预料，日记也并非私隐。也正是这倏忽间化私隐为公器的微妙世缘，方才使得如笔者辈后世读者知道，王国维及其《颐和园词》在国内刊行未久，即遇上了这么一位远在湖南的知音。可惜的是，其人也在刊发其日记的这一年逝世，否则也不会令公众知道这隐藏在私人日记里的读诗心得吧。

约莫二十年之后，本书前一章提到过的，对《圆明园词》有过翔实考述的黄秋岳，可能也开始研读《颐和园词》了。其著作《花随人圣庵摭忆》专列条目"王静庵《颐和园词》"，篇幅相当可观，内容可谓充实，堪称同时代读者中对《颐和园词》考察最为深入者，亦可与王国维引为旷代知音。且看黄文，开篇即语：

> 近人为长庆体者，不多觏。樊山自是能手，但用典微伤芜杂，又短于情韵。……前于樊者，唯湘绮，后则王静庵。两王长篇，一以《圆明园词》著，一以《颐和园词》著。

这样的评价，恐怕是后世将"两王"并列、"二词"并称"合璧"之滥觞吧。接下来，黄文还特意提到了一位名叫"边敷文"的遗老为《颐和园词》作长篇注解之事，且郑重其事地将这一注解，连同《颐和园词》原文，全部抄录了下来，并将"所订正者"附后。在抄录"边注"之前，黄文中略有交代称：

> 《颐和园词》刊于《观堂集林》中，六七年前，有边君敷文，字太初，为作注。

仅此一句话的交代，即已透露出，黄氏乃是通过《观堂集林》一书读到《颐和园词》的。此书有王氏生前印成的二十卷本与王氏死后印行的二十四卷本两种。二十卷本中，并未收录《颐和园词》，故黄氏所读当为二十四卷本。而这一版本，又分为两种，一为罗振玉于1927年编印的《海宁王忠悫公遗书》，一为赵万里于1940年编印的《海宁王静安先生遗书》。显然，仅以黄氏生卒年为限，即可知其人读到的乃是罗氏印本。

至于黄氏何时开始研读这一版本，则可据《花随人圣庵摭忆》部分篇章曾于1935年至1937年前后刊发于《中央时事周报》的时间来大致推算，或亦正在1935年至1937年间。而边注的时间在此"六七年前"，则可大致推定为1928年至1931年间。

虽然边注早于黄文写成有六七年时间，但从其后黄氏修正

王国维《颐和园词》首页
（辑自《海宁王忠悫公遗书》）

边注近半数的篇幅来概观，仅就清室故实、皇城掌故而言，边注实不及黄文"后出转精"。且除了修正边注之外，黄文末段对《颐和园词》及其作者还有颇为精妙的总结之语，这更是纯作诗注者无法企及之处了。且看这位较王国维年少十四岁的京城才子有何精妙之语，摘录原文如下：

> 静庵咏颐和园，而身自沉于昆明湖，亦是一预谶。更推论到末段以定陵与十三陵相较，不止兴亡之可拊膺。天寿山明陵至今无发冢者，那拉后十余年已破棺暴骨，虽曰天道不诬，而当时诗人之比兴绾合，已俨及之，其足感喟因果者，可堪觇[1]数。

黄氏总评有两大要点，先是"一诗成谶"，后即"诗感因果"。王国维生前诗咏颐和园，以诗托园言志。志不成，则成仁——以杀身成仁，终自沉于此曾咏诵之园中。这是一诗成谶。

"诗感因果"之说，则是与《颐和园词》末尾两句相关照的。且看诗云：

> 定陵松柏郁青青，应为兴亡一拊膺。
> 却忆年年寒食节，朱侯亲上十三陵。

黄氏从这样的诗句中精确拈提诗义，为之强调称"以定陵与十三陵相较，不止兴亡之可拊膺"，意即将咸丰皇帝的陵墓与明十三陵比较，并不仅仅只是感叹明亡清兴——如今清亦亡，不要以为这样的诗句，仅仅只是在抒发王朝兴亡之意。

紧接着，黄氏指出了这"不止"背后的含义，"天寿山明陵至今无发冢者，那拉后十余年已破棺暴骨"。黄氏为之沉痛记述，明十三陵至今尚完好，无人发掘帝冢；可清东陵的慈禧墓，却早在1928年时就被公然盗

---

① 觇，古同"觇"，察看之意。

掘，在叶赫那拉氏死后不过十余年，即现"破棺暴骨"之惨状。这究竟是怎样的天道因果，这到底是怎样的世道人心，其实早已在《颐和园词》中有所隐喻了。

溥仪"辞位"时，光绪帝陵尚未完工，作为"辞位"交换条件的《清室优待条件》中，还郑重其事将新政权允诺续修光绪帝陵作为重要条款。溥仪"辞位"之后，虽得以暂居宫中，可实质上形同软禁，不得随意外出，连去定陵（咸丰帝陵）祭拜也难以实现……诸此种种不堪，再与有清一代近三百年力保明十三陵无虞，溥仪"辞位"不过十余年，旋即逼宫事发，继而清东陵更现"破棺暴骨"之惨状相联系，实在是无以复加地映现出，"以定陵与十三陵相较，不止兴亡之可拊膺"之论。

当然，王国维抒写《颐和园词》之际，尚未有逼宫与清东陵"破棺暴骨"之事迹，"以定陵与十三陵相较，不止兴亡之可拊膺"之论，自然可以视作后来者黄秋岳的一己之比兴浩叹罢了。对此，黄氏当然自知，因之复有"当时诗人之比兴绾合，已俨及之，其足感喟因果者，可堪缕数"的补充说明之附论，如果以此附论反观《颐和园词》，仿佛确又有某种预示一般。

或许，一诗成谶也罢，诗感因果也罢，皆是后来者演绎出来的"心史"罢了。不过，王国维在颐和园中的生死酬唱，这所园林予以其人酬生唱死的感谶因果，反观其人一生，似乎确实成立——真真是王氏自己早已在《颐和园词》中"比兴绾合"了。

"只欠一死"的苟活偷生之际，借抒写《颐和园词》酬生；"义无再辱"的杀身成仁之时，以自沉颐和园中赴死。王氏一生，如此这般——酬生唱死颐和园，有后来者敏睿如黄秋岳辈，去"比兴绾合"一番，已然有所洞察。既如此，不必再做别的什么捕风捉影、空谈玄说了吧。

三、献书感皇恩，行走南书房

王国维写成《颐和园词》那一年，是1912年，壬子年，鼠年，民国元年。

时至1924年2月5日，为农历新年，甲子年大年初一，又一个鼠年到来。

农历新年的首日之夜，王国维在灯下给罗振玉写了一封贺年信[1]。信中特别提到：

节赏已下，明晨须入内谢恩。

这里的"节赏"，是指逊帝溥仪过年时的照例赏赐；这里的"入内谢恩"，当然是指进入"内廷"，去叩谢皇恩了。

第二天，王国维"入内谢恩"，怎么个"皇恩浩大"的模样，怎么个诚惶诚恐的情状——这些细节上的史料记载，如今已不可确考。但可以确定的一桩史实是，王氏向溥仪呈献了一部自己的著作，一部刚刚印制出来的新书，也就是那部被誉为20世纪中国学术代表作的《观堂集林》。

必须附带说明的是，这部献给末代皇帝的《观堂集林》，不同于如今常见的所谓"通行本"或"定本"。这部"进呈本"，并不是罗振玉、赵万里在王氏死后着手整理印制的那两种二十四卷本《观堂集林》；这是经王氏亲自审定、著名藏书家蒋汝藻出资校印的二十卷本《观堂集林》，如今又通称为"蒋本"。

蒋本的印制没有采取当时普遍采用的高效便捷的石印法，而是选用了极为考究的"聚珍仿宋版"铅活字印制，这是由西泠印社创始人之一丁辅之（1879—1949）精心研制出来的一种印刷字体及附配版式。

这种字体精雅端庄，是从宋版书的字体直接摹写演变而来。字体再经由名师仿写、刻模，用于图书印制。使用这种字体印制出来的线装书籍，颇为古雅悦目。由于聚珍仿宋印书局设在上海，已经北上的王国维与身在上海的蒋汝藻就一北一南地通力合作，往来函札纷驰，历时三年的漫长校印工程，才终得完工竣事。

王、蒋二人多次磋商之后决定，总共刊印五百二十一部。其中普通竹

---

[1]　此处及后文摘引信文，均辑自《王国维全集·书信》，中华书局，1984年。

纸本四百部，连史纸本一百部，均用于发售；另有特印连史纸六开大本装二十部，则用于馈赠至亲密友；此外，还专门特制有一部黄绫裱装的"进呈本"，这就是准备呈献给逊帝溥仪的。

值得注意的是，蒋本，即二十卷本《观堂集林》里收录的乃王国维自选的学术著述，可以说是当时其人颇引以自得之作，但并没有收录任何一篇诗词歌赋之类的文学作品，也就是说，《壬癸集》及《颐和园词》均未收录。缘何弃绝诗文类作品，仅仅是单纯的"悔其少作"，还是担心那些吟咏故宫故国的伤悲之语，惊扰了"圣驾"，究系何种原因，都是颇堪玩味的。

话说就在那一年的除夕夜，1924年2月4日夜①，王国维心急火燎地拿到了蒋汝藻通过兴业银行由上海转运而来的"蒋本"，共计三十五部。王氏即刻郑重挑出那唯一一部"进呈本"，以"惟精惟一"之耿耿忠心，用于大年初二的"入内谢恩"去了。

过年得皇帝"节赏"，入宫献黄绫新书——王氏的这个新年过得如何，自然毋庸多言。此刻，逊帝溥仪的心情也颇佳，御笔一挥，画了一幅牡丹图，还请王氏为这"御制画"题上几首喜庆赞颂诗。王氏一口气写了九首《题御笔牡丹》诗，虽是纯为御用而定制，却在"普天颂赞"的同时，也看得出他自己的"春风得意"。谨摘录最后两首即可见一斑，诗云：

天香国色世无伦，富贵前人品未真。
欲识和平丰乐意，玉阶看取此花身。

履端瑞雪兆丰年，甲子贞余又起元。
天上偶然闲涉笔，都将康乐付垓埏。

---

① 此处及后文述及相关史事及日期等项，均源自王国维、蒋汝藻、罗振玉等人的通信内容，详参：《王国维全集·书信》，中华书局，1984年。

接下来，君臣互动，气氛热烈。溥仪又一下子画了四幅花卉，有碧桃、牡丹、藤萝和桂菊、海棠。南书房里，王国维又逐一为这四幅"御制画"题诗。接下来，其又为同僚、王爷们题诗多首，甚至还为南书房的太监朱义方也题了诗，忙得不亦乐乎。

一、左向：罗振玉 二、王国维 三、绍英 四、陈宝琛 右三、朱益藩 右四、郑孝胥

王国维与清宫同僚合影（约摄于1924年前后）

这已俨然不再是"人间词"的气象，而是"天子门生"的意气了。显然，王氏从金石甲骨的古学堆里钻了出来，在这遍是御笔奇葩的南书房中，获得了另一番勃勃生机。此时，其人在故宫里"行走"，也才刚刚八个月而已。

据载，1923年4月16日，王国维因升允（字吉甫）的推荐，作为海内遗老中的硕学鸿儒，得到了溥仪的"谕旨"钦点：

杨钟羲、景方昶、温肃、王国维均着在南书房行走。

一般而言，此刻王氏就可以因为要"当差"，随时应召出入故宫了。可事实上，王氏真正"到岗"宫中，还在近两个月之后。原来，当时其人尚寓居于上海，北京大学也想聘其为教授，并由马衡（1881—1955，字叔平）寄出了聘书。他只是回信说"当请示罗先生再定"，不久便函谢并退回了聘书，仅与罗振玉一起接受了"函授导师"的虚衔。随即也打点行装，准备北上，其间为了迁京后的寓所、治装等事宜，又多次与罗氏通信相商，并向蒋汝藻借到了觐见溥仪的朝衣朝帽。5月25日，王氏方才乘船北上，28日到天津，31日赴北京，暂居金梁寓所。6月4日，终于入宫觐见溥仪，即"到差"，方才"到岗"宫中。

王国维既得了"南书房行走"的差事，在宫中的活动区间，自然是要在南书房一带多多"行走"的。那么，南书房究竟是怎样一所建筑，又是一处怎样的权力机构，需要像王氏这样的博学名士往来"行走"呢？

其实，南书房就是皇帝的书房之一。康熙皇帝在紫禁城设了两个书房，即南书房和上书房。南书房地处康熙皇帝曾听政的乾清宫西南隅，是一排不太显眼的房舍，但其显赫历史却不容小视。

翻检《清史稿》，可知南书房设于康熙十六年（1677），撤销于光绪二十四年（1898），是康熙为了与翰林院词臣们研讨学问、吟诗作画特设的，有百余年的历史了。能在此处"行走"的臣子，才学应是当朝第一流的，即所谓"择词臣才品兼优者"入值，称"南书房行走"。

这些"行走"们，有时还要替皇上"撰述谕旨"，所以这个南书房"非崇班贵槭、上所亲信者不得入"。"权势日崇"的南书房，实际上已成为康熙一朝的权力核心。雍正一朝自军机处建立后，军机大事均归军机处办理，南书房官员不再参与机务，其地位有所下降。但由于入值者常能觐见皇帝，因此仍具有一定地位。此时，王国维以布衣之身得以入职南书房，以清末遗老的眼光看来，确属殊荣，受皇帝的恩宠程度是不一般的。

清末帝师群体及文士合影，自左至右为：清末内务府大臣宝熙、罗振玉、梁鼎芬、沈曾植、陈宝琛，清史馆编纂袁励准，清史馆总纂柯劭忞（约摄于1918年）

　　此刻，王国维也的确怀以感恩报恩的心态，严格遵照宫规，要尽忠履职，为皇室效力始终的。1923年7月14日，溥仪再度颁"旨"，为王国维"着加恩赏给五品衔，并赏食五品俸"，也明确表示了皇室对其才学的肯定。再次领受"皇恩浩荡"之后，王氏却还没有明确获知"入值"时间，也没有十分清楚如何"入值"的相关规制。简言之，其人仍然不知道该怎样"行走"，究竟又有什么具体工作。

　　三天后，内心忐忑不已的王氏，为之致函罗振玉，征询相关建议，并告知"帝师"朱益藩关于南书房"入值"办法的意见：

　　　　南斋入值办法……不以分书为然，但以每人所长者上闻，由上随意发问，即亦闲谈一切，亦无不可。盖即以此意定局也。上体小有不适，系肝家不和，故尚须数日后请旨，恐入值亦须略迟十日耳。

由此可见，"南书房行走"一职，并无实际职能与职责，每日当值之际，要么是向溥仪奏报自己所长的见解，要么就直接是君臣之间的随意闲谈。且因当时溥仪身体不适，王氏要正式"入值"履职，还得等上十日。

话说王国维"入值"南书房快一年之际，终于向溥仪接连递交了两份"入值"以来专业性最强、针对性最明确的奏折，也足以表达其人"精忠尽瘁"之心。时为1924年5月18日，王氏向溥仪呈递《筹建皇室博物馆奏折》，内中有云：

> 今有一策，有保安皇室之利而无其害者，臣愚以为莫若开放禁城离宫之一部为皇室博物馆，而以内府所藏之古器、书画陈列其中，使中外人民皆得观览，如此则禁城之内，民国所辖地面，既有文渊阁之四库全书，文华、武英诸殿之古器、书画，皆我皇室之重器，而皇室所辖地面，复有皇室博物馆陈列内府之重器，是禁城一隅实为全国古今文化之所萃，即与世界文化有至大之关系，一旦京师有事，万国皆有保卫之责。

数日后，又上书溥仪，论说中国传统的修身齐家治国平天下之道，他把孔子、老子的学说与"西学西政"做了对比，并联系近世以来中外国情，得出结论道：

> 盖与民休息之术，莫尚于黄老，而长治久安之道，莫备于周孔，在我国为经验之良方，在彼土尤为对症之新药，是西人固已憬然于彼政学之流弊，而思所变计矣。

虽然进献治国之道的奏折，于此时的逊帝溥仪而言，根本不可能再有什么实用价值，无异于空中楼阁，只能看看、叹叹而已。可王国维的那份《筹建皇室博物馆奏折》，却真可谓一篇未卜先知式的预言书。那一座

"皇室博物馆"，果然于次年即宣告诞生。只不过，它并不是皇室筹建的，且也根本不可能达到"一旦京师有事，万国皆有保卫之责"的"保皇"之诉求；恰恰相反，这座博物馆的诞生，正是为了让"皇帝"彻底搬出皇宫，让"逊帝"彻底成为"废帝"，方才催生出来的。

四、义无再辱，成仁颐和

时为1924年10月，冯玉祥率国民军发动北京政变，解散国会，软禁了贿选总统曹锟，由黄郛代行国务总理，组成摄政内阁。11月5日，内阁强行修正了《清室优待条件》，没收清宫，永远废除皇帝尊号，发动逼宫行动，把溥仪的小朝廷彻底赶出了紫禁城。政府代表随即接管皇宫，封存文物，经一年之整理，故宫博物院于1925年10月10日正式成立。

"清室善后委员会改清宫为故宫博物院，于国庆日全部开放，车马盈门，往观者四万余人"（原载《图画时报》，1925年第274期）

紫禁城收归国有，清宫旋即成"故宫"，这"故宫"还是对外开放的"公产"，因之建成了故宫博物院。这一切，或许是王国维有所预料的，否则不会在一年前的奏折中，建言尽快创立所谓"皇室博物馆"，以为此举可以达到"一旦京师有事，万国皆有保卫之责"的"保皇"之诉求。

于王氏而言，逼宫行动虽可说意料之中，可当意料中事以迅雷不及掩耳之势实现时，出其不意的那种措手不及之感，悔不当初的那种无可奈何之感，着实是令人百感交集、万念升腾却又无话可说了。

据传，溥仪被逼出宫那天，王国维侍行左右，未敢稍离。事后，其人致函日本学者狩野直喜（1868—1947），追忆了一番当天的境况，信中这样写道：

> 前日读尊致雪堂手书，以皇室奇变，辱赐慰问，不胜感激。一月以来，日在惊涛骇浪间。十月九日之变，维等随车驾出宫，白刃炸弹夹车而行，比至潜邸，守以兵卒，近段（祺瑞）、张（作霖）入都，始行撤去，而革命大憝，行且入都，冯氏军队尚踞禁御，赤化之祸，旦夕不测。幸车驾已于前日安抵贵国公使馆，蒙芳泽公使特遇殊等，保卫周密，臣工忧危，始得喘息。诸关垂注，谨以奉闻。[①]

又据狩野回忆，当时曾有传闻述及王氏当时情状，虽仅一句话而已，却着实令人动容：

> 听说王君遭逢此事，悲愤慷慨，泪如雨下。

曾在日本创办《文字同盟》，当时正在北京顺天时报社工作的桥川时雄（1894—1982），在回忆溥仪移居醇亲王府的情形时，也提到了王国维

---

① 此信辑自狩野直喜所撰《回忆王静安君》一文，原载日本《艺文》杂志（第18年第8号），1927年8月。此信《王国维全集·书信》失收，是为佚信。

的激烈反应。桥川时雄忆述称：

> 我听到急报，早上八点左右赶到王府，陈宝琛、朱益藩
> 他们在门外转来转去，进到里面只见宣统帝张着大嘴，魂不守
> 舍地坐在椅子上，对面王先生一个人跪在那儿哭。

> 他对冯玉祥非常憎恶，搜集了"二马"（即"冯"）
> 的左一个右一个的坏话，送来要登在报纸上，要是没登载的
> 话，他还会写信来催促说："前天我要让听花登载，怎么还没
> 载呢？"

"护驾"也罢，"骂冯"也罢，"食君之禄，忠君之事"的本分，
王国维尽力去做了。在"惊涛骇浪"中忧心如焚，唯一可做的"忠君之
事"，只剩下以死"尽忠"而已。在此期间，王氏已经几度欲投护城河自
尽，要以一死尽臣子之忠，但皆因家人监视阻止而未果。

把"君臣"一场的名节看得很重的王国维，同样对遗留在宫中的旧
时衣冠也看得很重。当清室善后委员会已经开始点查故宫内府之际，王氏
忽然想到自己与同僚们的朝服衣冠还在宫中，即刻给当时在委员会任职，
不久即出任故宫博物院理事的友人马衡写信求助。在这封写于1924年12月
13日的信中，其以近乎哀求的口吻，请求将数套朝服衣冠归还，信中这样
写道：

> 委员会检查南书房时，弟有如意四柄（上并有姓名），
> 朝冠、披肩、朝裙各一件，同官中亦多有之，闻被封在一小屋
> 内，祈为一言诸会中，一并检交太监朱义方为感。

试想，王氏之所以在经历逼宫之变，几度赴死未成之际，还记挂着这
些旧时衣冠，难道是仍然还心存一念，期待着有朝一日能重整衣冠，再重
回宫中"入值"？恐怕不是。应当是要遵循所谓"君子死，冠不免"的古

训，已然要安排一己的堂皇死期吧。

无论如何，王国维都只能离开清宫了。这一离开，是心若死灰的永别，是视死如归的诀别。他不是日后改头换面的遗老顾问，也不是只会怀古伤今的雅士清流，更不会是那些凭票入场的游客大众。这一离开，是生离与死别，是心灵上的失魂落魄，是精神上的再无归路。

逼宫事发不到三年，时为1927年6月2日上午8时，王国维赴学校公事室，与平日无异。9时许，忽向人借了五元钱，再雇车往颐和园，购票入内，竟做了一回凭票入场的游客大众。

颐和园鱼藻轩旧影（清末民初明信片）

但见其人步行而至排云殿西鱼藻轩前，临流独立，吸尽一支烟，便纵身投湖而死。他人打捞其遗体之后，发现衣袋中有遗书一纸，是留给三子贞明的。遗书云：

> 五十之年，只欠一死；经此世变，义无再辱！我死后，当草草棺敛，即行藁葬于清华园茔地。汝等不能南归，亦可暂于城内居住。汝兄亦不必奔丧，因道路不通，渠又不曾出门故也。书籍可托陈（寅恪）、吴（宓）二先生处理。家人自有人料理，必不至不能南归。我虽无财产分文遗汝等，然苟谨慎勤

俭，亦必不至饿死也。五月初二日，父字。[①]

　　王国维的自沉身死，自然是20世纪中国学术界、思想界，乃至公共文化场域里的一大公案。无论"殉清说"是否成立，毋庸置疑的是，王国维之于"故宫"，王国维之于颐和园，二者因缘感讖，的确迥异于别的近现代学者。这样的因缘感讖，绝非学术研究或行政职务上的关联比附，而更有着骨血、灵魂乃至命运上的关照应验。

　　可以揣想，早年倾心于德国叔本华哲学的王国维，曾一度将作为意志与表象的世界，凝缩于中国古文字学与古经史学的复合体之中，在这一己之精神世界中，原本意志纯粹而专一，摒绝着诸般尘俗的表象。这时，"故宫"于其人而言，或许还仅仅只是一个可有可无的文化符号而已。或者说，这时的"故宫"，于王国维而言，还仅仅只是"近代文物"罢了，还根本无法高踞于其人心目中，那以高古文史为基石垒砌而成的精神殿堂之中。

　　可一旦当这种凝缩于两三千年时空之外的古学心境，又重新被拉回可以视作精神归宿的万世道统的象征建筑物之中，那遥视久远、冥搜世外的古学心境，顿时便与近在咫尺、触手可及的帝国道统合体归一。从此，古学与"故宫"，家国与道统——意志与表象，世外心境与道统象征，得以完美对应，足以洗心明志。在昔日的紫禁城中，在此时的南书房里，王国维灵魂重生的精神世界之中心，已经悄然降临。

　　可惜的是，作为王国维精神世界之中心的"故宫"这座精神圣殿，在其"行走"了十七个月之后，就在逼宫事件中轰然倒塌，转瞬化为乌有。一直对现实世界保持着无欲无求的王氏，其个体生命唯一能获得存在感的那个精神世界，此刻亦荡然无存。既然现实与精神世界，任何一个都无可欲求——所谓"无欲则刚"，而真正的灵魂刚强者，应当是"不成功，即成仁"者。

---

　　① 王国维投湖经过之记述，及王氏遗嘱全文等项，均辑自桥川时雄所撰《王静安先生国维蹈昆明湖自杀》，原载《文字同盟》第3号，1927年6月。

一生保持着精神洁癖的王国维，当然义无反顾、毫无留恋地要一死了之，带着为道统陪葬的意志，以及那个在心目中保持着神圣归属感的"故宫"，要在那个他早已为之抒写感讪过的颐和园里纵身一跃，沉潜离世，永远地离开这个表象纷乱、毫无意义的人间世界。

当然，若将这一切搁在"君子死，冠不免"之说的古典语境里，一番细思之下，也可以认为，王国维似乎还算不得子路般的烈士。那投水而亡的国学导师，只不过一身长袍，还看不到什么故国衣冠的痕迹。曾向清室善后委员会索要朝服衣冠的王氏，恐怕是未能索回；否则，其人一定是要穿戴齐整，要以"冠不免"的姿态，昂然离世而去的。

不过这也无妨，毕竟在"王忠悫公"的墓志盖上，"南书房行走"与"赏食五品俸"，以及"诰授奉政大夫"等一系列的帝制时代特有的荣耀之名，终于勒石不朽：以盖棺定论的方式，冠冕堂皇地见证着"主忧臣辱，主辱臣死"的良臣节操。精忠尽忠之良臣，全节成仁之死士，即这位"王忠悫公"的历史定格。

撰书这一墓志铭的，也正是曾与其人一同"行走"的同僚杨钟羲、袁励准，撰文的是"赏食三品俸"，书写的是"赏食二品俸"，官位品级都还高出"王忠悫公"不少。尤其醒目的是，在一并写入王公墓志铭里的这两位同僚的诸多荣耀头衔里，还要加上一项"紫禁城骑马"。

当"南书房行走"与"紫禁城骑马"两个名衔，三两相对，交相迭现于同一块墓志铭的框格之际，南书房与紫禁城，仿佛瞬间在那个特定时空里重逢与重现。那些在宫里房前若有若无的脚步声与马蹄声，似乎正款款而来，又渐行渐远。

王国维遗像
（辑自《海宁王忠悫公哀挽录》）

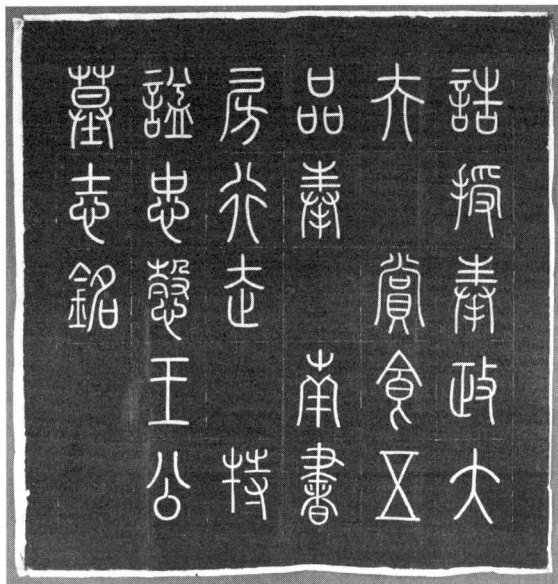

王国维墓志盖拓片

五、挽联里的"幺"字颇有深意

王国维之死，世人热议已久，其死因历来各种揣测与传说不断。殉清说、殉文化信念说、性格悲剧说、罗振玉逼迫说等，各种说法层出不穷，一时莫衷一是。当然，无论死因究竟如何，王国维死后的悼念活动是极其隆重的，学界同人纷纷致辞追挽，一时悼词悲诗纷至沓来，无不流露着痛悼叹惜之情。

其中，同为清华国学研究院导师的陈寅恪的挽联，情真意挚，为世人周知。联云：

> 十七年家国久魂销，犹余剩水残山，留与累（纍）臣供一死；
> 五千卷牙签新手触，待检幺（幺）文奇字，谬承遗命倍伤神。

关于这一挽联的深沉意蕴，研究者们已多有探讨，在此不赘。只不过，这一挽联手稿之上，尚有陈寅恪的一些注释标记与嘱语，却不太为后世读者所知晓，其含义亦久未有人道及。

当然，这份珍藏于清华大学的手稿，要想亲睹细观，实在是不太容易的。有幸的是，由清华大学和香港城市大学联合主办的"尺素情怀：清华学人手札展"，于2017年9月9日在香港城市大学展览馆开幕，展出了普通读者很难寓目的包括梁启超、陈寅恪、梅贻琦、胡适、王国维、钱穆在内的百余位有重要学术贡献和社会影响的清华学人多件手札。其中，就有著名的陈寅恪挽王国维联手稿一件。

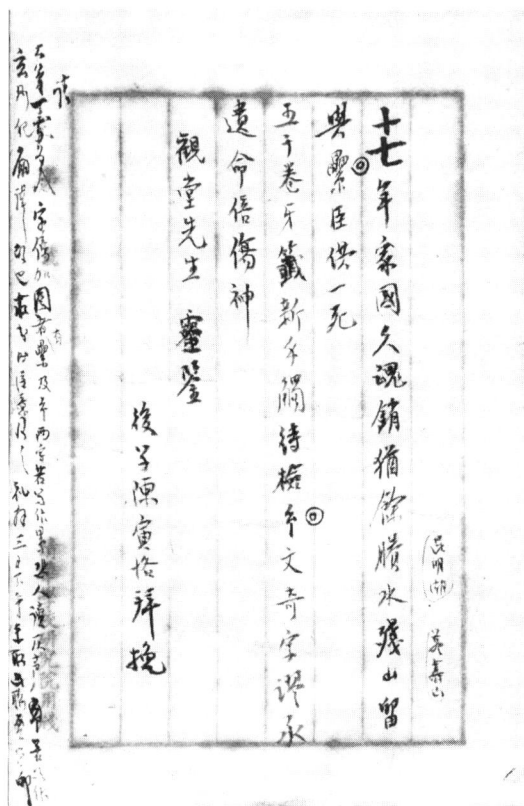

陈寅恪挽王国维联手稿

细观手稿，但见陈寅恪一笔瘦劲的小楷，书于"清华学校研究院用笺"之上。因年代久远，距展出时已整整九十年的这件手稿，笺纸边框已然漫漶，但陈氏手书依旧字迹清晰。可见联语"水"字边有注语"昆明湖"，"山"

字边有注语"万寿山"，联后署"观堂先生灵鉴"与"后学陈寅恪拜挽"两行。

联语中世人所熟悉的"累"字写作"纍"，"玄"字写作"幺"，且这两个字旁边皆标有双圈符号，意即提请注意。陈寅恪于笺纸框外写有两行小字注语，文曰：

> 字傍加圈者有"纍"及"幺"两字，若写作"累"字，恐人读仄声，"幺"若写作"玄"则犯庙讳，故也，求书时注意。及之礼拜三日下午来取书联。

应当说，陈寅恪在挽联手稿中的注语相当重要，一方面体现了其人谨严缜密的文思，另一方面更体现了对王国维个人品格与生涯行止的深刻体悟。

上联首句中，"十七年"指1911年至1927年，其间发生了多次重大世变。细数起来，大致如此：

辛亥革命（1911年）与清帝退位（1912年），民国建立不久又遇袁世凯称帝（1916年）。护国战争爆发之后，张勋又拥立溥仪复辟（1917年），一场闹剧数天即告终结。不久，冯玉祥发动逼宫（1924年），溥仪被逐出紫禁城——在此期间，王国维已有"主辱臣死"之志，曾邀约柯劭忞①、罗振玉等共投神武门外御河殉国而未果。之后，复有东北王张作霖入主北京（1926年）、北伐军进逼北京（1928年）等一系列剧变之时局。

这十七年间的世变纷扰种种，使得遗民情结颇重的王国维，自有"无可奈何花落去"的悲凉之慨，故曰"家国久魂销"。次句"剩水残山"，陈寅恪业已指明——水指昆明湖，山指万寿山，均在颐和园内，这正是留与王氏的"只欠一死"之地。

上联最后一句中的"累臣"，特指战国时代的楚国之臣屈原，这里当

---

① 柯劭忞（1850—1933），字凤荪，又作仲勉等，光绪十二年（1886）进士，历任翰林院编修、侍读、侍讲等职，还曾任京师大学堂总监督。入民国，以逊清遗老自居，独力撰《新元史》，参与《清史稿》编修工作。北伐胜利后，被聘为故宫博物院理事。

然是以沉江赴死的屈原来指代投湖自尽的王国维。"一死"则与王国维遗
书中"只欠一死"相呼应。唐筼曾录陈寅恪对这一联语的解释称：

> 王先生遗书以所藏书籍见托（书籍多有王先生批注），
> 故联语及之。元裕之诗云："空余韩偓伤时语，留与累臣一断
> 魂。"联语盖有取其词也。[1]

在联末注语中，陈寅恪特别强调了"累"字写作"纍"字的原因。因
"累"字的读音为léi、lèi、lěi，可分别组成累赘、劳累、积累等词语，而
联中读音为léi，是平声，与仄声"累"字的意思是有区别的。

"累臣"本有两个含义。一指古代被拘系于异国的臣子对所在国国君
的自称，泛指被拘系之臣。《左传·僖公三十三年》有云：

> 孟明稽首曰："君之惠，不以累臣衅鼓，使归就戮于
> 秦，寡君之以为戮，死且不朽。"

金代元好问《雪香亭杂咏》之十五，诗云：

> 白发累臣几人在，就中愁杀庾兰成。

第二个含义就是特指战国楚屈原，后人因其无罪而死，故如此称谓。
宋代方夔《重午》诗有云：

> 累臣水底沉鱼冢，玉女钗头缀虎符。

明代汪道昆《高唐梦》剧本中亦有唱词云：

---

① 陈寅恪：《陈寅恪集·诗集》，三联书店，2009年。

泽畔招魂，累臣何处悲咽？

挽联中，陈寅恪为避免书写者删繁就简，特别加以注明，正是明确取用此第二义也。

下联第一句，唐篔录用陈寅恪的释义称：

韩昌黎诗云："邺侯家多书，插架三万轴。一一悬牙签，新若手未触。"《北史·魏书·魏瞻传》，五千卷语所本也。[①]

所谓"韩昌黎诗"即韩愈所作《送诸葛觉往随州读书》一诗，诗中提到的"邺侯"乃李泌。所谓"牙签"，实乃"书签"，原指中国古代盛行卷轴装书籍之时（唐宋），在书卷上所系作为内容标识或阅读标记的签牌，这一签牌通常是用象牙、兽骨等制成，故称。

"五千卷牙签"，概指藏书规模颇丰。而"新手触"之语，乃指陈寅恪初次接触到王国维遗留的藏书。因王氏遗书中，已经明确将陈氏视作了自己的"托命人"，将生前所有藏书交予其料理。"新手触"一语，使睹遗书思故人之情，承遗命怀故人之意，悄然流露。

下联次句中"玄文奇字"，是指王国维遗留下来的藏书内容上大多古奥奇特，大多属于艰深古学。王国维精于上古史与古文字研究（甲骨、金文、简帛），这样的概括是恰如其分的。但在联语书写中，陈寅恪特意将"玄"字写作"𤣥"，且还在联末注语中，特别强调了之所以写成这样的异体字形，是因为"若写作'玄'则犯庙讳"，强调称"求书时注意"。换句话说，如果直接写成"玄"字犯了什么忌讳呢？什么又是"庙讳"呢？

所谓"庙讳"，即中国古代当朝君主及其祖辈的名字，臣民大众必须避讳。即使是已故的君主，七世之内也须避讳。这在当时官方有明确的规定与严格的制度予以执行。民间避讳常用的做法大致有：改姓氏，改名

---

① 陈寅恪：《陈寅恪集·诗集》，三联书店，2009年。

字，改地名，改官名，改物名，改书名，改干支名，改方药名，改常语，等等。陈寅恪在联语中特意将"玄"字写作"玄"，正是为避清圣祖康熙皇帝爱新觉罗·玄烨的庙讳。

依常理而言，陈寅恪书联之际已是民国十六年（1927），清王朝早已不复存在，何故又要避庙讳呢？况且陈氏本人也从未以前清遗民自况，何必要再遵前朝旧制呢？这就不能不说是陈氏的一番苦心了——既然王国维以前清遗民自居且舍身"殉清"，那么理应尊重其人这一心理身份与情怀归宿，即仍依旧制来抒写其遗民风范。

事实上，王国维死后受封逊帝溥仪所赐谥号"忠悫公"，其家属确实也照例得到了前清皇室的抚恤金；且下葬时由前清遗老杨钟羲撰文、袁励准书丹的王国维墓志铭，墓志盖上赫然也刻着"诰授奉政大夫、赏食五品俸、南书房行走、特谥忠悫王公墓志铭"字样，俨然郑重其事，一仍旧制：遗民风范，一清二楚。

值得一提的是，陈寅恪注语末尾处所称"礼拜三日下午来取书联"云云，还透露了极其重要的历史信息。首先，据此可知，陈寅恪虽撰成挽联，却未亲自书联，而是请人代为书写。再者，因为此挽联的撰成时间及使用时间，一般而言，皆以为是在王国维赴死之后不久，甚或当日即撰并书，这一注语的出现则否定了长久以来的这种推定。

《陈寅恪先生年谱长编（初稿）》[①]一书中，就将此挽联定于1927年6月2日当晚王国维遗体入殓之后，并引用姜亮夫《忆清华国学研究院》一文中所描述的场景，记载称：

> 当天晚上殡葬后，研究院师生向静安先生最后告别……
> 陈寅恪先生来后行三跪九叩大礼。

一般而言，在这样的最后告别仪式上，此挽联的出现似乎也是顺理成

---

① 卞僧慧纂，卞学洛整理：《陈寅恪先生年谱长编（初稿）》，中华书局，2010年。

章之事，此挽联似乎也理应是陈氏当天得知王国维死讯之后，迅即草撰的"急就"之作，因此，年谱编者紧接着即将此挽联置于姜氏忆述之后。

然而，仅从此次展出的挽联底稿，联末注语所云"礼拜三日下午来取书联"的行文语气来判断，亦可知此挽联底稿乃是陈寅恪事前写好，注语实际上是写给代为书写挽联者看的，是嘱托其照此书写，本人稍晚（即某个礼拜三）即要取走写成的挽联。

查1927年6月2日（王国维遗体入殓日），乃星期四而非星期三。如果依年谱编者的推定，就会生出一个无法解释的疑问：难道陈氏能未卜先知，事前即知晓王氏的赴死之举，竟能为之预撰挽联不成？这不但匪夷所思，也绝无可能。因此，年谱编者将此挽联置于姜氏忆述之后的做法欠妥。

此外，尤可注意者，尚有北京《世界日报》于1927年6月4日刊发的题为《国学家王国维一日自杀》之报道。这一报道，乃是目前所知见存的关于这一事件的国内公共媒体报道最早者。

不过，与如今通行说法不同，报道中声称王氏自沉于颐和园昆明湖中的时间实为6月1日，其尸体为6月2日上午11时被发现。当然，这一说法，当年付诸公开报道者，目前还仅见此例，或为孤例。所谓孤例不立，恐怕一时还难以成立。这虽是题外话，然亦足可从中窥见关于王氏之死的细节（诸如死期、死因等），即便当年当时在北京当地，也是众说纷纭、模棱两可的。

再者，这篇报道还明确提及了6月3日这一天，清华学校"停课一

清华国学研究院合影，前排（右起）：赵元任、梁启超、王国维、李济

日"，"以志哀悼"的内容。这又恰可证实因王氏之死，清华校内的首度哀悼活动确为6月3日星期五。这也再度确证，本文述及的这一通陈寅恪挽王国维联（手稿），不可能曾应用于此时。简言之，此联若曾书写悬挂，乃是应用于首度哀悼活动之后了。

据查，时为1927年8月14日，王国维葬于清华园东二里许西柳村七间房之原。这一天是星期日，葬礼当天应有祭悼仪式，陈寅恪有无参加无从确考。但这一天之前四日的星期三（8月10日），陈寅恪去取走自己事先写好的底稿及请人代为书写的挽联，则是有可能性的。

如果这一假设成立，那么，这应当是此挽联取走的时间上限。当然，其后对王国维的追悼活动还包括1929年6月3日（星期一），王国维逝世二周年之际，为其竖立纪念碑。那一日是否也曾使用了此挽联，虽仍然不可确考，但亦不排除可能性（因陈氏可能于此日之前的上个星期去请人代为书写挽联）。

总而言之，除非在此次展出的这份底稿之外，尚有另一份撰写时间更早的挽联底稿存在，抑或就真有由陈寅恪亲书"急就"的挽联实物存世，否则就只能以1927年8月10日前后这一时间上限来推定陈氏使用此挽联的时间了。

无论如何，陈寅恪挽王国维联手稿的公开展出，为后世解读王氏之死提供了一次难得的旁证视角。当然，如果《陈寅恪集》尚有新版重印的机会，笔者以为，不妨也将陈寅恪手稿中的这些注语及标记一一辑录，甚或直接依原件影印出来，在与广大读者共享这一珍贵文献的同时，也可为王、陈两位学术巨擘的生平事迹，再平添一篇佳话。

史學系講師
陳寅恪先生

陈寅恪（青年时期存照）

附录：

颐和园词

汉家七叶钟阳九，颁洞风埃昏九有。

南国潢池正弄兵，北沽门户仍飞牡。

仓皇万乘向金微，一去宫车不复归。

提挈嗣皇绥旧服，万几从此出宫闱。

东朝渊塞曾无匹，西宫才略称第一。

恩泽何曾逮外家，咨谋往往闻温室。

亲王辅政最称贤，诸将专征捷奏先。

迅扫欃枪回日月，八荒重睹中兴年。

联翩方召升朝右，北门独付西平手。

因治楼船凿汉池，别营台沼追文囿。

西直门西柳色青，玉泉山下水流清。

新锡山名呼万寿，旧疏湖水号昆明。

昆明万寿佳山水，中间宫殿排云起。

拂水回廊千步深，冠山杰阁三层峙。

隥道盘纡凌紫烟，上方宝殿放祈年。

更栽火树千花发，不数明珠彻夜悬。

是时朝野多丰豫，年年三月迎鸾驭。

长乐深严苦敝神，甘泉爽垲宜清暑。

高秋风日过重阳，佳节坤成启未央。

丹陛大陈三部伎，玉卮亲举万年觞。

嗣皇上寿称臣子，本朝家法严无比。

问膳曾无赐坐时，从游罕讲家人礼。

东平小女最承恩，远嫁归来奉紫宸。

卧起每偕荣寿主，丹青差喜缪夫人。

尊号珠联十六字，太官加豆依前制。

别启琼林贮羡余，更营玉府搜珍异。

月殿云阶敞上方，宫中习静夜焚香。

但祝时平边塞静，千秋万岁未渠央。

五十年间天下母，后来无继前无偶。

却因清暇话平生，万事何堪重回首。

忆昔先皇幸朔方，属车恩幸故难量。

内批教写清舒馆，小印新镌同道堂。

一朝铸鼎降龙驭，后宫髢绝不能去。

北渚何堪帝子愁，南衙复遘丞卿怒。

手夷端肃反京师，永念冲人未有知。

为简儒臣严谕教，别求名族正宫闱。

可怜白日西南驶，一纪恩勤付流水。

甲观曾无世嫡孙，后宫并乏才人子。

提携犹子付黄图，劬苦还如同治初。

又见法宫凭玉几，更劳武帐坐珠襦。

国事中间几翻覆，近年最忆怀来辱。

草地间关短毂车，邮亭仓卒芜蒌粥。

上相留都树大牙，东南诸将奉王家。

坐令佳气腾金阙，复道都人望翠华。

自古忠良能活国，于今母子仍玉食。

九庙重闻钟鼓声，离宫不改池台色。

一自官家静摄频，含饴无异弄诸孙。

但看腰脚今犹健，莫道伤心迹已陈。

两宫一旦同绵惙，天柱偏先地维折。

高武子孙复几人，哀平国统仍三绝。

是时长乐正弥留，茹痛还为社稷谋。

已遣伯禽承大统，更扳公旦觐诸侯。

别有重臣升御榻，紫枢元老开黄阁。

安世忠勤自始终，本初才气尤腾踔。

复数同时奉话言，诸王刘泽号亲贤。

独总百官居冢宰，共扶孺子济艰难。

社稷有灵邦有主，今朝地下告文祖。

坐见弥天戢玉棺，独留末命书盟府。

原庙丹青俨若神，镜奁遗物尚如新。

那知此日新朝主，便是当年顾命臣。

离宫一闭经三载，绿水青山不曾改。

雨洗苍苔石兽间，风摇朱户铜蠡在。

云韶散乐久无声，甲帐珠帘取次倾。

岂谓先朝营楚殿，翻教今日恨尧城。

宣室遗言犹在耳，山河盟誓期终始。

寡妇孤儿要易欺，讴歌狱讼终何是。

深宫母子独凄然，却似滦阳游幸年。

昔去会逢天下养，今来岁受厉人怜。

虎鼠龙鱼无定态，唐侯已在虞宾位。

且语王孙慎勿疏，相期黄发终无艾。

定陵松柏郁青青，应为兴亡一拊膺。

却忆年年寒食节，朱侯亲上十三陵。

第二部分

学者与逊帝

第三章
胡　适：三个故宫曾步入

一、大清皇帝约见新文化领袖

《胡适日记》，1922年5月17日记：

> 今天清室宣统帝打电话来，邀我明天去谈谈。我因为明天不得闲，改约阴历五月初二日去看他。（宫中逢二休息。）

这短短两句话的记录，为一百年后的读者留下了一份珍贵的史料。日记里的这一记载表明，作为那个时代中国大学里的一位青年教授，胡适首次接到紫禁城内皇帝的电话，虽实属难得的人生经历（此事若搁在十余年前，简直可以称为中国帝制时代里"破天荒"的事件），可作为现代学者的胡适，并没有因之诚惶诚恐、受宠若惊。

因为次日要在北大监考及讨论招考简章方案，胡适"不得闲"，还为之提出"改约"，将"进宫"时间推后。同时，却也相当重视这次面晤末代皇帝的机缘，于5月24日提前做了相关信息搜集，以确保"进宫"时的得体适宜。他在当天的日记中写道：

我因为宣统要见我，故今天去看他的先生庄士敦[①]，问他宫中情形。他说宣统近来颇能独立，自行其意，不受一班老太婆的牵制。前次他把辫子剪去，即是一例。上星期他的先生陈宝琛病重，他要去看他，宫中人劝阻他，他不听，竟雇汽车出去看他一次，这也是一例。前次庄士敦说起宣统曾读我的《尝试集》，故我送庄士敦一部《文存》时，也送了宣统一部。这一次他要见我，完全不同人商量，庄士敦也不知道，也可见他自行其意了。庄士敦是很稳健的人，他教授宣统，成绩颇好；他颇能在暗中护持他，故宣统也很感激他。宫中人很忌庄士敦，故此次他想辞职，但宣统坚决不肯放他走。

1925年，溥仪与庄士敦合影

1922年5月30日，时年三十一岁的胡适如约前往故宫面见溥仪。这是中国现代学者首次应召"进宫"，当然，也是中华民国的教授首次面见大清帝国的皇帝，还是新文化运动开创者之重要一员，头一遭直面封建文化最高缔造者……很多为此次会见赋予的重大历史意义，都可以定格在这一天。

---

① 庄士敦（R.F.Johnston，1874—1938），英国苏格兰人，末代皇帝溥仪的外籍老师。毕业于爱丁堡大学和牛津大学，1898年赴中国，先后在香港、威海卫的英殖民政府任职。1919年，应邀至紫禁城担任溥仪的英语、数学、地理等西方学说老师。1930年返回英国，在伦敦大学任教。著有《儒家与近代中国》、《佛教中国》、《紫禁城的黄昏》（溥仪编撰《我的前半生》一书时，绝大部分史料即参照此书）。

胡适本人的"史料癖"也在这一天得到空前满足，日记中也详细记载了胡博士"进宫一日游"的全过程。且看日记原文：

今日因与宣统帝约了去见他，故未上课。

十二时前，他派了一个太监，来我家接我。我们到了神武门前下车，先在门外一所护兵督察处小坐，他们通电话给里面，说某人到了。我在客厅里坐时，见墙上挂着一幅南海招子庸的画竹拓本。此画极好，有一诗云：

写竹应师竹，何须似古人？

心眼手如一，下笔自通神。

道光辛丑又三月，南海招子庸作于潍阳官舍。

招子庸即是用广州土话作《粤讴》的大诗人。此诗虽是论画，亦可见其人，可见其诗。

他们电话完了，我们进宫门，经春华门，进养心殿。清帝在殿的东厢，外面装大玻璃，门口挂厚帘子；太监们掀起帘子，我进去。清帝已起立，我对他行鞠躬礼，他先在面前放了一张蓝缎垫子的大方凳子，请我坐，我就坐了。我称他"皇上"，他称我"先生"。他的样子很清秀，但单薄得很；他虽只十七岁，但眼睛的近视比我还利害；穿蓝袍子，玄色背心。室中略有古玩陈设，靠窗摆着许多书，炕几上摆着今天的报十余种，大部分都是不好的报，中有《晨报》、英文《快报》。几上又摆着白情的《草儿》、亚东的《西游记》。他问起白情、平伯；还问及《诗》杂志。他曾作旧诗，近来也试作新诗。他说他也赞成白话。他谈及他出洋留学的事，他说："我们做错了许多事，到这个地位，还要糜费民国许多钱，我心里很不安。我本想谋独立生活，故曾要办皇室财产清理处。但许多老辈的人反对我，因为我一独立，他们就没有依靠了。"

他说有许多新书找不着。我请他以后如有找不着的书，可以告诉我。我谈了二十分钟，就出来了。

当胡适进宫面见"皇上"的消息传出后，据溥仪在《我的前半生》中的回忆，宫内保守势力对此极为不满，深恐宫外的"新文化"污染了宫内的"王道"，各种议论在宫中像炸开了油锅似的。而在紫禁城外，各种揣测与传闻也蜂起，诸如"胡适请求免拜跪""胡适为帝师"等小道消息不绝于耳。

溥仪着朝服（1922年存照）

胡适着长衫（1922年存照）

关于"胡适请求免拜跪"之说，可能源自1922年上海《星期》周刊（第21期）上的一则"花边新闻"。虽然是极简短的一通闲侃，却说得活灵活现，仿佛作者窃听了胡适与溥仪的电话一般。且看报道原文：

溥仪与胡适

清溥仪，日前在琉璃厂买书，偕行者有庄斯敦等。溥爱读《胡适文集》，于翌日打电话约胡入宫，胡要求免跪拜。溥自接电话，谓君为新学泰斗，当然不能跪拜。胡遂入谈甚久。溥劝各师傅去辫，袁珏生以民国十一年老资格之辫子，亦已奉旨去掉。胡已赴皖讲演，溥欲延为师，胡允为友，而一般宫中的旧脑袋，则大发牢骚。

至于"帝师"一说，更有报纸言之凿凿地称，溥仪将请胡适进宫，做自己的哲学老师。1922年6月21日的上海《时事新报》第10版版面一角，就有一则相关报道，原文如下：

宣统聘胡适之授哲学
系英人庄士敦推荐
宣统以电话邀胡入宫
接见时之新礼节
顷有北京归客，谈及北京在直系空气弥漫之下，政局时事，真相颇难搜讨。惟有一消息，有报告之价值。至北京大学教授胡适之，现为清室宣统聘充哲学讲师。至其被聘原因，据云因宣统思多研究新学，询其英文教师英人庄士敦，中国新学家以何人为最？庄氏以胡适之对。次日，胡家中即有电话，请其相谈。谈者语不易懂，历久始明为宣统自宫中打来，约其往宫中细谈。胡即往，相谈甚得，后即被聘为教授。且闻胡初次进宫时，向宣统行一鞠躬礼，宣统称为胡先生云。

上述两百余字的简要报道，绘声绘色地描述了胡适进宫及受聘的全过程，当年应当招徕了不少读者。然而，消息来源为一位没有透露身份的

"北京归客"，报道内容主体乃是"据云"与"且闻"而来，简言之，没有明确来源，全是道听途说。

此篇报道登载一个月之后，时至1922年7月22日，也即胡适进宫五十多天之后，南北各地相关传闻仍未平息。为此，胡适不得不专门撰写一篇《宣统与胡适》，将日记中的内容全盘照搬出来，略加修订，次日就刊登在了自己主编的《努力周报》上。文章之末，有这样的感慨：

> 这是五十日前的事。一个人去见一个人，本也没有什么希奇。清宫里这一位十七岁的少年，处的境地是狠寂寞的，狠可怜的。他在这寂寞之中，想寻一个比较也可算得是一个少年的人来谈谈：这也是人情上狠平常的一件事。不料中国人脑筋里的帝王思想，还不曾刷洗干净。所以这一件本来狠有人味儿的事，到了新闻记者的笔下，便成了一条怪诧的新闻了。

一番感慨之后，胡适还对当时报道这一事件的国内各大媒体予以点评，流露出了一些不满的情绪。文中这样写道：

> 自从这事发生以来，只有《晨报》的记载（我未见），听说大致是不错的；《京津时报》的评论是平允的；此外便都是猜谜的记载轻薄的评论了。最可笑的是，到了最近半个月之内，还有人把这事当作一件"新闻"看，还捏造出"胡适为帝王师""胡适请求免拜跪"种种无根据的话。我没工夫去一一更正他们，只能把这事的真相写出来，叫人家知道这是一件很可以不必大惊小怪的事。

令人啼笑皆非的是，正是"捏造出'胡适为帝王师''胡适请求免拜跪'种种无根据的话"这类报道的报刊之一的上海《星期》周刊，迅即又在1922年第23期第12页上，把胡适所撰发的这一篇《宣统与胡适》转发了出来；而且把篇末的胡适的这些感慨与点评统统删除，还冠以"胡适自述"之名，竟然改头换面、堂而皇之地刊发了出来。

仅以上海《星期》周刊的这一做法来看，胡适的个人申辩也罢，公开辟谣也罢，对于已经产生各种联想与揣测的社会舆论而言，尤其是已经以讹传讹的坊间流言而言，似乎收效不大。

二、"中国人脑筋里的帝王思想"

无论公开辟谣有无实际成效，《宣统与胡适》一文发表之后，胡适个人已然表明，自己进宫既无政治目的，也谈不上什么新旧文化交锋，只是两位年轻人在紫禁城里闲聊文学与人生罢了。如果说一定要将这次面晤，赋予一点可以拔高的意义，那也仅仅局限于文学意义上的有所感触罢了。

可那个时代的都市主流媒体，尤其是传媒产业异常发达的上海的日报、周刊、月刊之类，好不容易从北京"打捞"与"炒作"出这么一桩热点新闻来，是不会那么容易偃旗息鼓的。那位还住在紫禁城里的末代皇帝与这位新文化运动里举足轻重的北大教授，既然产生了这么有新闻价值的"交集"，怎能仅据一篇自我辩白式的文章，就轻易放过呢？

果不其然。时至1922年8月4日，之前还并未掺和此事的上海《民国日报》，反倒在《宣统与胡适》一文发表之后，迅即参与了进来。更令人意想不到的是，之前曾多次刊发过胡适论文、讲演、译文及相关报道，对新文化与新文学运动俱表欢迎与支持的《民国日报》副刊《觉悟》，竟在版面常设栏目《随感录》里发难，抛出副刊主编邵力子的署名文章，予以"实名"批评。且看原文：

> **中国人脑筋的帝王思想**
>
> 　　胡适之记他和溥仪相见的称谓，"他称我先生，我称他皇上"，子通君已批评他过了。其实他那篇短文底标题《宣统与胡适》，宣统二字便有不合。宣统原是一个年号，既不是人名，也不是一种称谓。胡适之径可直书溥仪，既非君主时代，何妨直书他底名字呢？即不然，也该写作清帝；比不得

在清室统治之下，不能作此名称。至于单称"宣统"而不缀
"帝"字，在逻辑上为不通，那更不用说了。还有"他请我
坐，我就坐了"等句，也显出一种"受宠若惊"的态度。如果
是寻常朋友相见，何必用这些费话呢？"中国人脑筋里的帝王
思想还不曾刷洗干净"，胡适之底话真是不错！

力子

同样只是两百余字的篇幅，比之前述那篇《时事新报》的"帝师"报
道，邵氏此文显然针对性更强。邵氏并不是道听途说，而是就文论文，针
锋相对，笔法更为犀利。

三、"我称他皇上"，一语犯众怒

在邵文发表的前一天，也即1922年8月3日，邵氏将一篇题为《胡适底
伦理》的来稿，置于其主编的《觉悟》副刊头版头条刊发了出来，已然预
示了其人立场。此文署名"子通"，可能即后来成为哲学家的学者黄子通
（1887—1979）所撰。邵文开篇即提及的"子通君已批评他过了"云云，
即指此文。

此文篇幅可观，几乎占据了副刊头版的一半，对胡适近期评论时局
的观点逐条批驳，尤其对胡适所言"近来最可注意的是旧道德的死尸的复
活"之句，加以了"还制其身"的反击。实施这一反击的例证即：

胡适自述见宣统时："他称我先生，我称他皇上。"

即刻以这一例证，加以剖析称：

他所以敢于这样自述，自然是一方面受舆论的批评，不
能不说，一方面是引证甲国人见乙国君主底礼仪。

接下来，黄氏对自己给出的这一剖析，对自己揣度出来的胡适之言行动机，续有更为犀利的追问与总结。文中紧接着这样写道：

> 殊不知：
> 一、溥仪与胡适果真是卖国底人吗？
> 二、复辟的勾当平息还没多时，纲常之说还支配一般旧社会的人心，胡适这种称呼，不是给他们一个强有力的暗示，以助长期复活的势力吗？
> 总之：说"伦理话"的人，要时刻以"诚实"反省。用政客的手腕，作伦理的批评，总不会对的。我还望胡君自省。

应当说，这一系列反击、剖析、追问与总结，可谓鞭辟入里，在逻辑推演上也相当严密，胡适在"他称我先生，我称他皇上"这个环节上，确实犯了冒天下之大不韪的失误。在刚刚推翻帝制仅仅十年时间，其间更有袁世凯称帝、张勋复辟等丑剧交迭上演的中国，"皇上"一词，从作为新文化与新文学运动代表人物的胡适口中称呼而出，确实犯了众怒，免不了是要被责难的了。

次日发表的邵文，显然还有意要延续"子通"的责难，还要再次给胡适敲响警钟，发出再一次的严重警告。只不过，再要铺陈一番并不容易，可以切入与发挥的攻击点已经被前人用尽，几无可用之处了。于是乎，邵文就抓住《宣统与胡适》一文的题目问题来略做文章，借题发挥了一番。邵文针对"宣统"二字的词性问题，咬文嚼字，"咬"得还似乎恰到好处，"嚼"得还好像正是痛点。

的确，"宣统"是个年号，既非人名，亦非帝号，以之直接指代溥仪本人确实讲不通。诚如以"开元"代指唐玄宗，以"大观"代指宋徽宗一般，确实无此先例。然而，自明清以来，由于皇帝在位时大多只使用一个年号，可以与之形成专名指代关系，故渐有以某个年号指代某位皇帝的民间简称之习。

譬如，称明神宗为万历皇帝、万历帝，称明思宗为崇祯皇帝、崇祯帝，称清高宗为乾隆皇帝、乾隆帝，称清德宗为光绪皇帝、光绪帝之类，即是如此。值得一提的是，明清皇帝死后才用上的所谓庙号，民间并不十分通行，普通民众也并不十分了解，故明神宗不如万历帝，清德宗不如光绪帝来得通俗易懂。

而且，在某些更为轻松的语境与场合中，比方说一些通俗小说及说唱文学作品中，由于多次提及同一位皇帝，往往也径直简称为年号而不再加"帝"字。况且，溥仪当时健在，即便死后也没有什么庙号可用，直呼其名，在辛亥革命之后自然没有任何问题，但称其为"宣统帝"或"宣统"，似特意要保留其末代皇帝的那么一点历史特征，似乎也无大碍。

邵力子当然是通晓这些道理的，且身处于那个帝制刚刚推翻不过十年光景的时代，应当比百年后如笔者辈这般的后世读者，更能充分体味与了解这些道理与说辞。可也正因为如此，其对"宣统"这样一个年号的词性及其应用语境也十分敏感，比之今人更为反应激烈。因此，邵氏死死咬住这一无可无不可的词性问题，来拈提出他想指示出来的应用者之思想倾向，那就是胡适也与许多同时代国人一样，"脑筋里的帝王思想还不曾刷洗干净"的。

至于胡适自述的一些细节，诸如"他称我先生，我称他皇上"，"他请我坐，我就坐了"之类，邵氏从中读出了"一种'受宠若惊'的态度"，似乎本也无可厚非。但若联系到《宣统与胡适》一文的撰发，乃是为了公开澄清事实真相，尽可能真实充分呈现入宫面见溥仪细节的话，那么，胡适着力写出这些对话与行为细节，着力体现出两位陌生主宾初次交往时的"现场感"，同样也是无可厚非的。

那么，要怎么样才不会有"受宠若惊"的读者观感呢？不妨假设一下，换作邵力子入宫面见溥仪的话，溥仪也称呼他一声先生，他又该如何称呼溥仪呢？难道说，一定要直呼其名，或者根本不予理睬，才能彻底摆脱"受宠若惊"的观感评价吗？再者，若溥仪请其坐下，他竟不坐下，或者说在溥仪还未起身相迎的情况下，就旁若无人地径直坐下，才会显得不那么"受宠若惊"而"大义凛然"吗？

简言之，在既有的，哪怕是已形同虚设，名誉上还暂时保有的权力与地位面前，并不是人人都能免俗的，大多数人采取"随俗"的方式，至少是一种维系表面礼仪的方式，实在是没有什么可以大惊小怪的。当然，这样的评价与持有这种评价的心态，放在当时的历史背景与政治语境之下，并非全然客观，也不一定适宜。邵力子之所以挺身而出，来做出这样一番看似不那么"客观"的评价，只因当时当地当年的境况之下，站在《民国日报》之《觉悟》副刊主编的立场上，他必得做如此的公开表示。

说到这里，为充分理解邵氏何以必得抛出这么一篇文字，就还有必要约略介绍一下该报及其副刊的历史背景了。

据考，时为1916年1月22日，以讨袁为主旨的《民国日报》在上海创刊。该报是中华革命党在国内的主要言论阵地，创始人是中华革命党总务部长陈其美，主编为叶楚伧、邵力子。同年6月，该报总经理邵力子开辟《觉悟》副刊并自任主编，力邀《共产党宣言》中译本先行者陈望道加盟，协助编辑事务。如此这般的办刊阵营之下，从开办伊始，所刊文章即呈现出提倡推翻旧文化、旧文学、旧制度，向往新文化、新文学、新文明的倾向，号召广大青年积极抗争，主张妇女解放、男女平等的全新风貌。

邵氏一度每日亲撰短评、时论，大力宣传马列主义，传播革命思想。当时《民国日报》及其《觉悟》副刊，立足以上海为中心的东南地区，有着辐射全国的传播之力，在社会各界产生了强烈影响。1924年中国国民党第一次全国代表大会后，该报成为中国国民党的机关报，对第一次国共合作也曾有过积极宣传与响应。

正是在这样的历史背景之下，《民国日报》及其《觉悟》副刊，不但必须得旗帜鲜明地反对北洋政府及其派系势力，还得时刻警惕仍居于紫禁城内，时不时还要闹一闹"复辟"丑剧的溥仪及其所依附的封建残余势力。因此，《宣统与胡适》一文的撰发，虽然在政治文化方面并无实质性的消极影响，可由于撰发者、当事人乃是新文化与新文学运动的代表人物胡适本人，就还必须得有所回应与批评了。

为此，邵氏独辟蹊径，并不以道听途说的小道消息来调侃胡适，而是直接以胡适本人的文章来指摘，且别出心裁，抓住了胡文标题的"宣统"一词的词性来借题发挥了一番。

四、"其实我的话正中他们的要害"

对于邵氏的借题发挥，胡适没有回应。翻检其日记，可知从邵文刊发的8月4日至13日期间，胡适一直忙于讲学、授课、撰文及相关学术活动。只是在8月13日这一天的日记里，提到过因其发表的另一篇文章，引起了国民党人的"大反对"，并称"他们的《民国日报》日日骂我，前日有位'恶石'骂我'丧心病狂'！"云云。可胡适对这样的报刊攻击，有着自己独到的见解与承受能力，在日记中甚至还颇为自得地这样写道：

其实我的话正中他们的要害，故他们这样痛骂我。他们的骂我，正表示他们承认这一点的有力。

可想而知，邵力子的那篇短文，恐怕胡适根本就未曾注意到，或者说一掠而过，毫不在意。因为即便日日骂他，骂他"丧心病狂"的文章，在胡适眼中，却"正表示他们承认这一点的有力"。即便对这样明确的舆论攻击，胡适都没有直接回应，更何况那篇《中国人脑筋的帝王思想》呢？

入宫面见溥仪引起的诸种风波，撰发《宣统与胡适》一文，于胡适而言，即可视作告一段落，不再纠缠其中了。可对溥仪其人其际遇，对这样一位当时还生活在帝制时代末梢记忆里的年轻人，胡适富于同情而非仇视，有所祝愿而非攀附，确实也迥异于同时代人的立场与心态。

入宫首次面晤溥仪一周之后，时为1922年6月6日，胡适还曾在日记中写了一首诗来纪念这次面晤，抒写自己对这位末代皇帝的一番感想。诗文如下：

有感

咬不开、捶不碎的核儿，

关不住核儿里的一点生意；

百尺的宫墙，千年的礼教，

锁不住一个少年的心！

溥仪站在宫室屋脊间（辑自庄士敦《紫禁城的黄昏》）

　　由此可见，对于溥仪其人其际遇，胡适没有同时代人那种非此即彼的评判，既没有窥探或攀附帝室生活的虚荣之意，也没有必须得打倒、推翻再踏上一只脚的革命之慨。从某种程度上讲，胡适对溥仪的同情与祝愿，甚至可以视为源自两人初次面晤所带来的某种发自内心的感动。当然，这也为后来有人向溥仪奏报胡适已为"皇上所化"，也因之又成了溥仪复辟"罪证"清单上的重要人物埋下了伏笔。

　　此外，胡适对初次进宫时观赏到的那一幅"南海招子庸的画竹拓本"非常喜爱，每每忆及，意犹未尽。后来，他曾将此画上的招子庸题诗转抄，用于题赠艺术界的友人，至今尚存有一幅题赠刘海粟的手迹。

另据庄士敦回忆[①]，1924年3月27日，胡适又一次进宫面见溥仪。不过，此次见面为时甚短，胡适也没有将之载入日记之中。不过，这一次会晤之后，有一通溥仪致胡适的信稿流传了出来，可为鉴证。信稿中还有相当多的"国事"欲询胡适意见，颇可见这位少年逊帝对胡适的倚重之意。信稿中这样写道：

先生：

久欲见先生，今日相见深为欣快，上次先生给吾之大作《胡适文存》，良深钦佩，文学盖今世与古世不同，不当定照旧制，应随时变通，可见真正古代明达之人，并非拘定旧章。古人还说过达时务者为英雄，不过后代一班穷酸腐儒，造出许多谬论，无论何事，均当守旧，视维新如仇敌，中国数十年来所用事者，止此班守旧人耳。无论何事，不知变通，以致受外人之侵侮。如胶州湾为德所占，威海卫为英所占，朝鲜、台湾为日所占，安南为法所占；中日之战，赔偿二百兆；庚子之役，西后信义合[②]团之邪教，与世界各国宣战，以致帝后蒙尘。吾民何罪，遭此毒酷，此则不得不归罪于清朝太后矣。且太后用海军费修颐和园，只图一己之私欲，对于人民置若罔闻，独不思一草一木从何而出，正吾民之脂膏耳！彼以此等倒行逆施，万恶愚妇，原不足论，独惜我堂堂中华大国，为一二守旧人所坏也。德宗本欲变法，太后不惟不允，反出帝于瀛台，百般虐待，此非外人所能知也（详言情形）[③]。后来，中国国民知此守旧之朝廷，绝不能持，故有革命之思想。

---

① R.F. Johnston, *Twilight in the Forbidden City*, London: Victor Gollancz Ltd, 1934.

② 此处"合"字应为笔误，实为"和"字。

③ 此处括号内容，刊发时原文如此。

余甚赞成彼等之国家主义，不惜身命而改革此旧腐政治。余虽满人，绝持公论，绝不能已为满人不道满人之短处也。日本不过中国之一二省地方，彼睹西欧科学及制造之精进，不惜巨费，立派人留学泰西，不数年归国，改革一切政治，遂一跃而为大国。中国数十大倍于彼，而受欺于彼，此维新与守旧之别也……

据说，溥仪的这一通致胡适信稿，于1924年末因冯玉祥逼宫不得不迁出紫禁城之后，被发现于养心殿中。1925 年，《南开周刊》（第1卷第13号）将此信稿的部分内容付诸发表。

信稿中提到的慈禧太后如何虐待光绪皇帝处，以"（详言情形）"的方式予以省略，恐怕要么是有不便于公开发表的内容而有所避讳，要么则是刊发者觉得此处内容无关宏旨，不必全部发表出来。再者，若此"（详言情形）"四字，不是刊发者所拟，而为溥仪所拟的话，则可能说明此处内容如何表述，溥仪自己还未完全考虑清楚，故暂以空缺加注予以提示的方式留在了信稿之上，留待书写正式信件时再行录入具体内容。如这一假设成立的话，也足见溥仪对这段历史的重视与郑重其事，希望能对胡适细加讲述一番。

仅从发表的这一部分信稿内容来考察，不难发现，溥仪是将胡适引为知己，颇有共鸣。对于清末政治腐败与国家变法图存的认识，这位曾经的末代皇帝向胡适几无保留地倾诉了自己的"痛定思痛"之政治见解。

此外，已然于辛亥革命之后即被迫宣布退位，形同软禁于紫禁城中的溥仪，早已没有参与国家政治的可能与实力，所以此信稿的内容还是颇耐人寻味的。

不妨推想一下，此信稿的完整内容，是否有可能是向胡适表达某种政治上的"问策"之意，是否有可能是向胡适表明亟愿尊其为"帝师"之意，这些可能性无论是否确实存在，都是极容易令人产生联想的。不过，此信稿究竟是否真的写成通信实寄，是否确曾寄至胡适处，胡适对此是否知晓，如果知晓是否又有所回应，等等，这一系列疑问，至今尚无确切解答。

此外，令人深感诧异的是，仅据笔者所见，此信稿在当时京沪各地报刊中均未见载，却唯独由《南开周刊》这样一份天津南开学校的内刊发表了出来，个中缘由于难以考索，也难免令人揣测无尽，却又百思不得其解。

五、冯玉祥逼宫，胡适抗议遭"围攻"

前边已经提到，就在胡适第二次进宫，与溥仪有过短暂面晤之后不久，即发生了所谓逼宫事件。也正是因这一突发事件，溥仪致胡适的那一通信稿才被搜寻了出来。那么，这一事件的来龙去脉如何？胡适在这一事件中，究竟又有何表现呢？

时为1924年10月，冯玉祥率国民军发动北京政变，解散国会，软禁了贿选总统曹锟，由黄郛代行国务总理，组成摄政内阁。11月5日，内阁强行修正了《清室优待条件》，没收清宫，永远废除皇帝尊号，并把溥仪的小朝廷赶出紫禁城，限当天全部搬出。

1924年11月5日下午，已经两次进宫见过溥仪，对这位少年逊帝印象并不算坏的胡适，突然听闻了冯玉祥兵占故宫的消息。他为之愤愤不平，当即给内阁外交总长王正廷写信，抗议民国军队以强暴蛮横的姿态驱逐逊帝，背弃了早已签订的《清室优待条件》，强调说这一事件实为"民国史上的一件最不名誉的事"。他要为那百尺宫墙内的寂寞少年鸣不平、讨公道、要说法，在信中慷慨陈词如下：

儒堂先生：

先生知道我是一个爱说公道话的人，今天我要向先生们组织的政府提出几句抗议的话。今日下午外间纷纷传说冯军包围清宫，逐去清帝。我初不信，后来打听，才知道是真事。我是不赞成清室保存帝号的，但清室的优待乃是一种国际的信义，条约的关系。条约可以修正，可以废止，但堂堂的民国，欺人之弱，乘人之丧，以强暴行之，这真是民国史上的一件最不名誉的事。今清帝既已出宫，清宫既已归冯军把守，我很盼望先生们组织的政府对于下列的几项事能有较满人意的办法：

（一）清帝及其眷属的安全。

（二）清宫故物应由民国正式接收，仿日本保存古物的办法，由国家宣告为"国宝"，永远保存，切不可任军人政客趁火打劫。

（三）民国对于此项宝物及其他清室财产，应公平估价，给与代价，指定的款，分年付与，以为清室养赡之资。

我对于此次政变，还不曾说过话，今天感于一时的冲动，不敢不说几句不中听的话。倘见着赓白先生，我盼望先生把此信给他看看。

胡适敬上　十三，十一，五

胡适的这封信，径直刊载于1924年11月9日的北京《晨报》之上，直截了当地成了公开反对政府、支持清室的"话柄"。一时舆论大哗，对胡适的口诛笔伐接踵而至，大有人人得而诛之的情势了。

胡适此信公开后次日，上海《民国日报》即刻予以强烈反应。该报头版刊出《胡适之亦对清室煦煦为仁》的大字标题，对胡适致信当局表示抗议这一事件，予以了简要却醒目的报道。再次日，11月11日的头版头条之《言论》一栏，刊发以《清室与胡适之》为题、署名为"泽民"①的一篇时评文章，明确表达了批评与斥责之意。文中旧事重提，将胡适入宫面见溥仪与此次公开抗议逼宫两件事联系了起来，为之这样写道：

---

① 泽民，即著名作家沈雁冰（茅盾）之弟，中共早期领导人沈泽民（1900—1933）。

> 胡适之先生和溥仪似乎特别有缘。记得一年以前，胡先生入宫和溥仪见礼，溥仪降阶相迎，称为先生，胡适鞠躬如不胜焉。现在冯玉祥等勒令溥仪出宫，胡先生又似乎深为溥仪惋惜，而以"《清室优待条件》有关国际信义"为辞，一若溥仪很应该享受这毫无理由的优待的样子……文学革命的先锋的胡适之，现在对于全国民众所高声大喊的国民革命不闻不问，而对于溥仪废号出宫独深致其惋惜，这在思想界是何等的不幸呢？

复又过了一天，11月12日，仍是头版头条之《言论》一栏，署名为"春木"①的《取销清室优待条件与"国际信义"》一文，再度对胡适所谓"《清室优待条件》有关国际信义"一语，予以强烈谴责与反复批驳，进一步将之定性为几近"卖国"的程度了。文中有这样的话语：

> 泽民君在昨天本报的《言论》中说，胡先生反对取销优待清室条件是遗老式的见解，我说胡先生的见解还是洋奴式的哩。或者信仰胡先生的人要说我太糟塌文学革命的胡先生了，但是胡先生这种怕伤及"国际信义"因而反对国内行政上正当的办法，不免是牺牲中国，以趋奉外人。

这一天的第7版《杭育》②副刊头条，同样留给了批评胡适的文章，题为《胡适之"努力"哉！》，出自该版主编何味辛，即后来的儿童文学家何公超（1905—1986）之手。

两天之后，11月14日，《觉悟》副刊再度重磅出击，同日推出《呜

---

① 春木，即中共早期重要领导人和著名政治活动家、宣传家张太雷（1898—1927）。

② 《杭育》副刊名称及办刊旨趣，应当来自鲁迅的影响，语自《且介亭杂文·门外文谈》。

呼！胡适！》[1]《胡适之今昔》[2]两篇长文；11月15日，又推出《"国际信义"与"卖身契约"》[3]一文，展开更大规模、更为密集的批判行动。

事情发展到这样的地步，恐怕也是胡适本人始料未及的。再怎么自信的青年才俊与学术偶像，因为私人方面的同情心与坚持信守法则与契约精神，竟然闹出了这么严重的社会反响，时年仅三十四岁的胡适，因"感于一时的冲动"，"不敢不说几句不中听的话"，此时却已无话可说，也无法说话了。

值得注意的是，即便在这样被动不堪的情势之下，胡适可能还曾致信冯玉祥，表达了与前述致信王正廷等当局首脑相似的意见，仍旧对逼宫一事表示强烈抗议。此事见载于1924年11月15日的《时事新报》第4版头条，报道原文如下：

胡适之为清室抱不平

致书冯玉祥

冯玉祥修改《清室优待条件》，胡适之致书与冯，大表不然。原函如下：

我是不赞成清室保存帝号的，但《清室优待条件》乃是一种国际的信义，条约的关系。条约是可以修正或废止的，但欺人之弱，乘人之丧，以强暴行之，这真是民国史上一件最不名誉的事。

寥寥数十字的信文，无头无尾，似是摘录，又如摘要，且内容与前述胡适致王正廷信文几乎完全相同，故令人不免产生疑问，即这则简讯是否有"王冠冯戴"之嫌，是否将先前胡适致王氏的那一通公开信，误认为是

---

① 此文署名"尚志"，即何尚志（1897—1931），陕西耀县（今铜川市耀州区）人，曾参与中共早期革命行动。

② 此文署名"由庚"，详情待考。

③ 此文署名"存统"，即中共最早的党员之一，早期领导人及活动家施复亮（1899—1970），其原名为"存统"。

致冯玉祥的抗议信了。

不过，当时胡适正备受《民国日报》的抨击，几乎每日都有大小文章对其致信王氏的事迹予以指摘，此间一直持中立态度，没有对胡适进行攻击的《时事新报》，对这一事态及其进展不可能一无所知。这样看来，"王冠冯戴"的可能性就不大了。或许，胡适确曾致信冯氏，之所以信文前后一致，可能源于其本即以寄发公开信的方式抄录过多份，同时向当局当事人多次寄发。

据查，《胡适全集》《胡适书信集》等基础文献资料中俱未收录此信，《胡适年谱》《胡适之先生年谱长编（初稿）》等相关研究资料中也从未提及此信，故如此信确实存在，亦可视为弥足珍贵的失载于传世文献的"佚信"了。

关于抗议逼宫一事，一方面，是以《民国日报》为首的各大报刊铺天盖地的抨击批判之声浪，需要胡适具备强大的心理承受能力；另一方面，胡适还将陆续接受友朋的质疑与规劝，还必须得做出耐心又不失风度的回应。

当时与胡适在新文学运动中关系颇为密切的周作人，就曾率先来信，尽早地表明了反对意见：

> 这次的事从我们秀才似的迂阔的头脑去判断，或者可以说是不甚合于"仁义"，不是绅士的行为，但以经过二十年拖辫子的痛苦的生活，受过革命及复辟的恐怖的经验的个人的眼光来看，我觉得这乃是极自然极正当的事，虽然说不上是历史上的荣誉，但也决不是污点，在这一点上我觉得不能和你同意。①

---

① 关于周作人对待逼宫事件的态度，详见本书《周作人：谈虎谈龙谈奴气》。

1924年9月，北大国学门同人在三院译学馆原址合影

（左起一排：董作宾、陈垣、朱希祖、蒋梦麟、黄文弼；左起二排：孙伏园、顾颉刚、马衡、沈兼士、胡鸣盛；左起三排：常某、胡适、徐炳昶、李宗侗、王光传）

同为北大教授的李书华、李宗侗[①]，也曾联名致信胡适，信中明确质疑了胡适的公开信，更为直接地指出：

> 我们读了这段新闻以后，觉得非常骇异，这种议论，若出于"清室臣仆变为民国官吏"的一般人，或其他"与清室有关系"的一般人之口中，当然不足为怪，但是一个新文化的领袖，新思想的代表，竟然发表这种论调，真是出乎我们意料之外。

[①] 李宗侗（1895—1974），字玄伯，河北高阳人。出身于晚清世家大族，系名臣李鸿藻之孙，南皮张之万外孙，国民党元老之一李石曾的侄子。早年留学法国巴黎大学，1924年返国任教于北京大学。后曾出任国民政府财政部全国注册局局长、开滦矿务局督办、故宫博物院秘书长等，抗战时期又曾护送故宫文物南迁京沪并转运重庆。1948年受聘为台湾大学历史系教授。

在里里外外一片反对声浪中，在大多时候保持沉默，偶尔也复信友人略作申言的胡适，自始至终并没有退让与避嫌之意，始终以一己之力，在某些场合之下，还仍然强调"民国的要素，在于容忍对方的言论自由"，仍然坚持公开信中的观点与主张，要求政府遵守契约精神，善待清室与故宫资产。

在此之后一两年间，康有为四处游说，欲请溥仪还宫，章炳麟坚请政府拒还故宫等，或可视作正是胡适这封公开信所衍生出来的公共议题。

六、清室复辟密档里胡适"为皇上所化"

1925年8月6日，上海《时事新报》率先在宁沪地区公开披露了一条关于北京清室的最新消息。这一消息，在逼宫事件波澜未定之际，又迭起风波，真是一波未平一波又起。报道原文如下：

> **发觉复辟文件**
> 清委会宣言清室谋叛
> ▲本报五日北京电　清室善后委员会发表清室谋叛民国宣言。
> ▲本报五日北京电　清室善后委员会上月三十日第一组点查养心殿，在吕字第五百六十五号奏件内发现清室密谋复辟秘密文件多种。计金梁奏折二件，江亢虎请觐溥仪函二件，康有为致陈宝琛函一件。康函称去年春曾游说陕、鄂、湘、苏、皖、赣、黔、滇各省，均赞成复辟，惟浙督卢永祥反对。

可以想见，这么一条短短百余字的简讯，势必一"实"激起千层"浪"——清室复辟证据一旦落"实"，举国批判乃至讨伐的声浪势必一浪高过一浪。遥思自辛亥革命推翻两千年帝制以来，民国创建不过十三年间，已然有袁世凯称帝、张勋复辟两次帝制重演之闹剧。这次因逼宫事件，意外发现清室复辟证据，怎不令世人震惊与震怒莫名？眼看着这"三进宫"大戏险些登场演出，怎不令世人对逼宫事件之突发，大感有如神助般的及时与庆幸？于此，对逼宫事件，自然是无条件赞成与支持了。

次日，8月7日，《时事新报》上对此还有进一步的跟踪报道。当天，该报刊发了一篇题为《清室善后委员会发表清室谋叛民国之文件》的报道，内容颇为翔实，从信息来源的交代，到康有为、金梁①等人的函件奏折内容，俱有完整载录，对前一天匆促报道中的一些细节失误也续有订正与说明，向沪宁地区的广大读者做出正式介绍称：

> 1925年7月31日下午，清室善后委员会第一组点查养心殿，点至吕字五六五号时，发现秘密文件多件，内中有康有为、江亢虎、金梁等亲笔函折，及升允、陈夔龙等奏折，皆系去年旧历正月至五月时事，其中有密谋复辟之种种计划。

尤其重要的是，该报还特意安排，于同日同版紧邻这一报道，且还位于这一报道之前的版面位置上，刊发另一篇带有新闻深度解析性质的报道，题为《复辟案之内幕》。这一报道的核心内容，乃是溥仪本人对发现这些所谓"复辟密档"之后的解释与说明。报道中征引其语如下：

> 康有为、金梁等提出复辟意见书，事诚有之，但此不过个人之意见，若直以此为复辟运动，则似乎不当。

溥仪此语非常明确，意即有不少遗老表达了复辟愿望，可他本人并无此想，也并无实施计划。溥仪此语，时人作何感想，恐怕仍是见仁见智，莫衷一是。但安置这么一前一后的两篇报道，《时事新报》方面的"中立"立场还是非常明显的，即不偏不倚，既要公布清室善后委员会的点查结果，也要公开溥仪的个人声明。这样的新闻刊发策略，是要为读者诸君

---

① 金梁（1878—1962），字息侯，号小肃，晚号瓜圃老人，满洲正白旗瓜尔佳氏。

提供来源可靠且多元、信息确实且客观的新闻，在敦请公众注意并加以比较参考之外，报社方面并不对新闻本身做出非此即彼的评判。

同日，《民国日报》也有类似的新闻报道。不过，报道题目可比《时事新报》更为吸引读者，带有非常明确的倾向性，题为《清室复辟阴谋之暴露》，随后连载了六次之多，直到8月12日方才刊载完毕。

尤其吸引读者的，还在于在报道主标题之下，罗列出数个重点标记，情状如下：

▲秘密文书在溥仪卧室发见

▲牵涉人员甚多　▲二金之奏折　▲圣人之亲函

▲外加一位大使、一位博士、一位社会主义者

▲卢永祥不表同情　▲萧耀南招之即来

且看这七个以实心三角形标示的报道重点，不但可因其醒目突出吸引读者，更因此直接引导读者按照这一标示去关注那些所谓的新闻"看点"。这七个重点标记中，"一位博士"的标记，很容易令读者联想到当时早已"暴得大名"的海归博士——胡适。

果不其然，8月10日这一报道的第四次连载中，的确出现了"胡适"的大名。原来，在此次点查清宫的过程中发现的一组清室复辟密档中，有一张"金梁为江亢虎请觐函"，其中提到了胡适。此函原文如下：

臣金梁跪奏。为复旨事：昨蒙传旨带领江亢虎赏游御花园，江亢虎知为异数，感幸非常，并言其祖父江澍畇，曾值南书房，颇念旧恩。臣初以江亢虎言满天下，中外知名，在臣前陈可用增名之列，今知读书种子，尚不忘本。在新学少年中，可称难得。皇上以德服人，昔胡适既见后，为皇上所化，今江亢虎未见前即为所化。皇上圣德感人，古今未有。乃前日初传旨时，左右诸臣，过于谨慎，谓不可见。一若有不测者，然危言耸听，未免可笑。臣以江亢虎见否无足重轻，唯值

此时局，宜开张圣听，恢宏志士之气，以收人心。诸臣以省事为主，不识时务，难与有为。臣此中实大有苦衷。愚昧之见，是否有当？伏乞皇上圣鉴训示！谨奏。宣统十六年二月十五日，头品顶戴总管内务府大臣金梁跪封。

这是一通写于1924年3月19日（即宣统十六年二月十五日）的函件，乃是当时的"头品顶戴总管内务府大臣"金梁，向溥仪荐举江亢虎的函件。函中恳请溥仪接见江氏，有"昔胡适既见后，为皇上所化"云云，来表明"宜开张圣听"，达到"恢宏志士之气，以收人心"的用意。

此函内容主题非常明确，报道中冠之以"金梁为江亢虎请觐函"，也颇为准确。可因为此函提到胡适"为皇上所化"这么一句话，虽然只是金梁个人观点而已，却俨然成了报社方面认定的所谓新闻"看点"之一了。不但在主标题下边设置了重点标记，还在版面上特意将关涉胡适的这句话，排印成了大号字，以此提醒读者注意。

七、北京与武昌，"驱胡"与"批胡"

这么一番媒体操作，在引起读者注意，引发社会关注之后，胡适自然再度被推到了社会舆论的风口浪尖之上。《民国日报》这篇报道刊发两周之后，时为1925年8月25日，北京传来消息，一个名为"反清大同盟"的貌似社会组织的所谓"团体"，主张驱逐胡适，令其即刻离开北京。这一消息，两天后（8月27日）刊发在了《民国日报》上。报道原文如下：

反清大同盟主逐胡适
请警察赶他出北京
二十五日京讯　此次清室善后委员会发现复辟证据，即向高检厅请求提起公诉。嗣高检厅根据大赦令，予以不起诉处分。反清大同盟为此事，特于昨日召集会议，佥以此事异常重大，非大赦令所可赅括，拟再请法院予以特别注意。并闻该会

以北大教授胡适，于前此逐溥仪出宫时，昌言反对，此次露布
复辟文件，又发现全梁奏折中有"昔胡适既见皇上，为皇上所
化"等语，实于复辟谋有相当嫌疑，拟呈请警厅，将其逐出
北京。

据查证，所谓"反清大同盟"，极可能只是一个子虚乌有的、捏造出
来的名义，实际上并没有这样一个社会组织，因以"反清大同盟"名义出
现的社会新闻，目前仅见此一条而已。试想，若真有这样一个社会组织存
在，不可能20世纪上半段整整五十年的时间里，在各大报刊上仅此一条关
涉其名的新闻存在。应当是有人借此名义以壮"驱胡"之声势，虽这一事
实因史料匮乏，无从确考，可也由此可见，当时社会各界反对胡适，乃至
有意抨击胡适的社会群体确实存在，且随时会以胡适与溥仪之间的关系来
大做文章，来借题发挥，且随时可能发动"总攻"。

这次对胡适发起的"总攻"，或正是以"反清大同盟"发布"驱胡"
信号开启的，随后是南北各地报刊发表的，虽查无实据却言之凿凿的各类
读后感式"批胡"文章。

是年9月，应武昌大学与武昌商科大学之邀南下武汉讲学的胡适，在
当地各大报刊上还是看到了当地报刊大量激烈抨击他的文章，甚至还当面
收到了一些带有攻击诋毁性质的通告与函件。在这些"全是谩骂"的文章里，
胡适特意挑选出若干张，将其间主要内容摘录到日记中，聊作备忘。

当时还有一位自称"从美国回来"的武大职员，特意致信呈交，胡适
"看了就撕了"，"后来颇悔不曾保存此信给湖北的朋友们看看"。"幸
而汉口的《晨报》登出此信来"，胡适自称"很高兴转载其中用大号字排
印的一段"，并将这一段报道内容摘录到了日记本上。

接下来，"还有一个湖北青年团体联合会印送了一张《欢迎胡适之
先生们的通告》，胡适"也保存其中的一段"，也是将之摘录到了日记本
中。这一段话中竟然有"胡先生是参见溥仪叩头称帝，感怀圣德，反对取
消《清室优待条件》的人"等一系列诋毁之言。类似的报道，接下来胡适
还选录了不少。对于这样的状况，胡适在日记中略做总结称：

歷久、得此席者當爲姜登選、鮑貴卿
兩君成過去、勢難實現、但中央既介
吳新湘督豫、如驟請另畀諸姜、似嫌
突兀、須待與蘇督發表出連帶解決、
方無痕跡、故閩橋督蘇姜皖兩令、
冀同時併下、

反清大同盟主逐胡適

▲請警察趕逐出北京

二十五日京訊、此次清室善後
委員會發現復辟證據、即向高檢應
請求提起公訴嗣高檢應根據大赦令
予以不起訴處分、反清大同盟爲此
事、特於昨日召集會議、僉以此事異
常重大、非大赦令所可賅括、擬再將
法院予以特別注意、並聞該會以北
大教授胡適回國、於前此溥儀出宮時
昌言反對、此次溥布復辟文件、又發
現企梁泰招電中有「胥胡適既見且上

國民第二軍全部離陝

二十五日京訊、國民第三軍攻
下西安後、豫督岳維峻即將往陝
軍、全部撤回河南、幷派員與孫岳協
商制定長安以西四十二縣爲孫軍防地
、孫因範圍太小、不敷維持、故特派
人前往陝南與新田部接洽、請孫
出漯中遄北防地、日下雙方正在交
涉中、至孫所以突然聯絡吳部者、實
因此次三軍入陝、本借二軍之力、今
二軍既已同陝、本身勢力斷孤、外
控制全陝、與其兵連禍結、與苦軍民
、何如乘風轉舵、向各軍協商和解、
像得保存實力、留爲將來之用、此項
提議、若得吳方贊同、即於局前途
常可即就敉平、

《反清大同盟主逐胡适》报道（原载上海《民国日报》，1925年8月27日）

　　我这回来，挨了不少的骂。……以上反对的言论，我决不认为代表武汉听讲的学生。这回几次讲演，听众是再好没有的了。每次都是人满的，并且一个半钟头之中绝少先走的。……所以湖北学生界对我的态度，是很好的。我在上文保留了一些妙论，并不因为我对湖北学生界不满意，只因为有些话太妙了，我舍不得割爱。①

　　①　以上胡适日记内容，引自《胡适日记全编》第4册，安徽教育出版社，2001年。

八、胡适反对故宫文物南迁

诚然，这一场从私人交往蔓延到社会公共场域里的争端，因胡适的"感于一时的冲动"，及其敢于也甘于冒天下之大不韪的"逆行者"姿态，更兼以《民国日报》为代表的报刊媒体的有意发起与故意制造，终究发展成为群体声浪完全淹没个人表达、集体无意识完胜个体话语权的局面。

虽然胡适自始至终认定，自己在这场争端中的言行，既合乎情理又合乎法理，虽然溥仪当时对外也公开宣称，愿意成为国家公民，并没有复辟计划，所谓的复辟密档，皆是前朝遗老们的一厢情愿罢了，可逼宫事件，但终究还是以溥仪被迫迁出、故宫收归国有而告终——个别学者的思想立场与一己之诉求，最终未能撼动"国民"意志与"公论"力量。

同时，也应当注意到，在这一场时间不算长也不算短（前后约两年）的公共争端之中，胡适以一己之力，敢于也甘于冒天下之大不韪，公开呼吁善待清室，这一呼吁所间接倡举的善待国家文化遗产、慎管故宫古物的动议，多多少少还是对当局起到了鞭策、触动与监督的作用。

北京故宫博物院于1925年10月10日成立，六年之后，却还不得不面临何去何从的问题。只不过，这一次逼宫的并不是国内军阀，而是日本军队。原来，自1931年九一八事变以来，侵华日军不断向关内渗透，平津局势危急。当时的故宫博物院院长易培基，请求南京政府尽早将故宫文物南迁，以免大量国宝落入敌手。至此，故宫文物南迁之说广为传播，引发社会各界热议。

此时已出任故宫博物院理事会理事的胡适，这一次依旧与当局意旨背道而驰，在故宫文物南迁的议题上，再一次投了反对票。不过，这一张反对票，倒是与北平大多数民众的意见一致，也与当时国内相当一部分知识分子的意见相似，不再是冒天下之大不韪了。只是，胡适的反对意见所要表达的核心内容，并不是故宫古物原封不动待在原地，保持原样，而是尽可能在国内各地分散储藏。

原来，胡适担心数量甚巨的古物，在移出北平城途中难免丢失或受意外的损坏，认为最好的办法是在京沪设两个博物院，将故宫所藏类型相同的文物逐一清点整理之后，再分送各地妥善储藏。

1933年1月31日，山东《民国日报》以《胡适亦反对古物南迁》的醒目标题刊发一组简讯，头条即征引胡适意见。报道中声称：

> 胡适谈古物南迁，余亦反对，设中途损坏，或遇临城类似事件，谁负此责，如在京沪设两博物院，将古物重复者送往陈列，则较妥当。

然而，随着中日战局日益激烈，至1933年初，南京政府已明确表示力排众议，坚主故宫文物南迁。自第一批两千余箱故宫文物于1933年2月7日出发，2月9日即抵达南京之后，故宫文物南迁之旅已然开启。

胡适任北大文学院院长时存照（约摄于1934年）

时至1937年七七事变爆发，胡适临危受命，出任驻美全权大使，开始了九年流寓海外、从事外交活动的生涯。1946年归国赴任北京大学校长的胡适，终日忙于校务与社交，似乎与故宫已再无瓜葛。然而，随着国内战局又起，1948年故宫文物迁台计划实施，胡适与故宫又生因缘。

九、胡适主持台北故宫古籍摄影录副

原来，早在故宫文物南迁之际，曾任北平图书馆委员会委员长的胡适，因担心馆藏珍本古籍随之迁徙恐有散失毁损，故另辟蹊径，将原国立北平图书馆甲库善本妥善转移至上海租界保存。1941年太平洋战争爆发前夕，日军时常进入上海租界搜查劫掠，这批善本的命运也变得岌岌可危。在此危急关头，胡适与美国政府斡旋，将这批存沪善本寄存于美国国会图书馆。

胡适任驻美全权大使期间，曾主持这批远渡重洋的珍本古籍的摄影录副工作，并由此引发了对包括故宫所藏善本、珍本、档案及相关史料文献进行摄影录副的系统工程之筹划与初步实施。

所谓摄影录副，即将古籍或文档以摄影方式逐页留存其影像，贮存于缩微胶卷之中，留存备用。当时并没有普遍可供使用的扫描仪、电子档等数字化手段，胡适在美国曾予试用并拟回国推广的这一摄影录副工作，即可视作中国古籍数字化的先声。事实证明，后来台北故宫博物院所藏中国古籍善本、珍本，的确是在胡适的参与和推动之下，完成了基本的摄影录副工作，并陆续予以数字化处理，如今皆是可以化身千万、泽被后世的学术公器了。

关于这段历史，可以参阅胡适于1953年3月8日致杨联陞（1914—1990）的信[①]。信中有这样的内容：

> 我此次在台，曾向故宫、"中央"两个博物院的"共同理事会"（我是一个理事）以书面提议，请将全台所存善本孤

① 胡适纪念馆编：《论学谈诗二十年——胡适杨联陞往来书札》，安徽教育出版社，2001年。

本及史料都缩照microfilm（微缩胶卷），分存国内外，以防危险（火、白蚁、地震、轰炸）。去年十二月二十七日的理事会通过我的提议，指定王云五、程天放、朱家骅、罗家伦、钱思亮、陈雪屏、董作宾、胡适为"摄影史籍小组委员会"，计划此事。这个小组委员会于今年一月八日在台大开会，决议："选择故宫、'中央'图书馆、台大、史语所、省图书馆、'国史馆'六机关所藏善本书及史料，预计以一千二百万为标准，摄制小型影片，以便分地保存。即请胡适理事向美国有关方面接洽筹款，购买机械器材，并派技术人员来台摄影。一俟筹募款项有着，即在台湾组织委员会，进行实际工作。

原来，在胡适的主持之下，当日（1953年3月8日）即"由王云五与董作宾两人根据文物清册，估计史料与善本书页数"。其中，与故宫相关的"故宫档案"计有八十八万页，"内阁大库档案"计有一百五十七万页，文渊阁《四库全书》计有二百万页，故宫善本书计有一百八十万页，这四项合计达六百二十五万页之巨。这一摄影录副的规模，达到了胡适预计的全台湾古籍与史料总量（合计约一千一百四十七万页）的半数以上。

为了完成这一规模空间的古籍与史料摄影录副工作，胡适在美国多方周旋，寻求美国国会图书馆方面的支持与赞助。胡适称：

> 他们已作了一个估计，计划共用六架机器，派专家一人去，共需时三年，共约需美金十五万元。（专家去三个月，训练中国人员继续办理）

为筹集经费，胡适向杨联陞建议与咨询："此事需费不多，能否由哈佛燕京学社独力担负起来？"对这批古籍与史料的重要性，特别又向杨氏嘱咐了四点，其中有两点均与故宫有关，称"我所以力持把《四库全书》算作一个单位，是因为这全部的microfilm最可以引起西洋图书馆的注意"，又称"史语所与故宫的史料特别重要"。

　　时年已六十三岁的胡适，虽暂寓美国，但对台湾的善本与史料摄影录副工作始终报以极大热情，并在后来决定定居台湾且出任台湾"中研院"院长之后，将这一巨大工程最终落实。胡适对当时暂存雾峰的故宫善本与史料有着浓厚兴趣，他晚年专注于禅宗史及水经注研究所需史料，均在此有过查阅与使用。

　　海峡一隅的台湾南港，胡适纪念馆馆藏已编目的两千余种胡适中文藏书中，编号为0367的《故宫文物浅说》一书即由胡适题写书名。这是这本由台湾正中书局于1959年7月初版的、介绍台北故宫博物院馆藏文物的小册子，也是其人最后一次为"故宫"相关出版物题写书名。不到三年，胡适即于1962年2月24日，在台湾"中研院"开酒会时，心脏病猝发，病逝于台北南港。

　　而在北京大学图书馆中，现有已编目的胡适中文藏书近六千种，是胡适1948年底离开中国大陆之际，所遗留下来的私人藏书的主要部分。这其中编号4990的藏书《太平清调迦陵音》，为北平故宫博物院图书馆刊行的线装本，是影印清宫旧藏的一部明代戏曲古籍。时为1930年6月，胡适为这册影印本题写书名，这是其首次为"故宫"出版物题写书名。这两部海峡相隔又相望的胡适藏书，以及封面上的胡适题签，时隔半个多世纪之后，后世读者观之，真是别有一番滋味在心头。

胡适晚年存照，自题"在雾峰校书"
（雾峰即台北故宫博物院早期所在地）
（摄于1959年12月17日）

　　胡适与三个"故宫"（北京清代皇宫、北京故宫博物院、台北故宫博物院）的因缘，这三个"故宫"的前世今生，仿佛就凝缩于海峡两岸特定的时空、建筑与书籍之中，不但见证着这一段沧桑剧变之历史，也等待着后世读者去发现、品读与体悟这一段可圈可点的传奇往事。

第四章
钱玄同：祝贺皇帝变平民

钱玄同（1887—1939）与故宫，似乎瓜葛不大。因为钱氏自号"疑古"，是新文化运动中最为坚决的"破旧立新"者，是一贯反对各类"复古"主张的先锋式人物，向来主张破坏过去的一切，抛弃古旧的传统。其人曾有不少惊世骇俗、至今仍感极端之论，诸如汉字书写费时应当取消，线装书应扔进茅厕坑，四十岁之后的人应该枪毙，等等。

故宫于钱氏而言，不啻一个巨大的"古董"，等同于一处标榜"复古"的超级工程，其人对此应当不会有什么兴趣，甚至会

钱玄同（辑自《北京师大毕业同学录》，1924年印制）

极端反感。然而，世事难料，更兼世事无常，钱氏与故宫的因缘，却正缘起于这份极端的反感之中。

一、公开调侃末代皇帝

1924年突发逼宫事件，溥仪被迫逃出宫外，一时间舆论大哗，各种立场、各种意见的声音此起彼伏。新文化运动阵营里，钱玄同第一个站出来拍手称快。溥仪被逼出宫次日，钱氏伏案疾书，写了一封两千多字的信，这可是致溥仪的一封公开信。十二天之后（1924年11月17日），周作人等主办的《语丝》创刊，他瞅准机会，即刻就在创刊号上发表了这封公开信，题为《恭贺爱新觉罗·溥仪君迁升之喜并祝进步》。

标题里"恭贺"二字的出现，是摆明着要欢欣鼓舞，庆祝前朝逊帝被赶出皇宫这一事件。因此，此信也可以视作新派知识分子群体对逼宫事件的一次公开表态。仅从发表时间上而言，此公开信还极可能是最早面市的一封。虽然国民党元老吴稚晖撰发的《溥仪先生》一文，篇幅与之相当，同样妙趣横生，也可以视作一封公开信；不过，其发表时间已为1925年2月22日，比之晚了三个月了。

这末代皇帝被大学教授公开调侃，若以大清帝国的"国史"观之，还真是建国三百年来头一遭。在此，不妨细读一番，原文转录如下：

> 人，总应该堂堂地做一个人，保持他的人格，享有他的人权，这才是幸福。一个人要是沦为强盗、瘪三、青皮、痞棍、土豪、地主、王爷、皇帝等等，他们的生活方面虽大有贫富苦乐的不同，但其丧却人的地位则完全一致，我认为这都是些不幸的人们。这些人们因为自己不幸而丧却人的地位，于是便不能完全享有人权，于是常常要做出许多没有人格的事来，于是好好的人们便要遭他的损害，于是他便被好好的人们所敌视了。

> 张三要损害李四，李四敌视张三，向他决斗，这是极正当的防卫，丝毫无可非议，所以一切革命反抗（不幸的人们称为"犯上作乱"）的行动，都是绝对不错的。但是再进一步想，敌人原来也是朋友！只因他一念之差以至做了不够人格的

事，别人固然遭了他的损害，他自己也是很不幸！奋斗的时候，固然应该毁灭他的武器；但武器毁灭以后，还应该救济他：恢复他固有的人格和人权。据说一千九百多年以前，有一个木厂子里的少掌柜的，叫人们要爱敌人，他的理由怎样，且不去管它，我用断章取义的办法，很赞同这句话；但我以为在敌人有武器的时候是不应该爱他的，到了敌人的武器毁灭以后便应该爱他，爱他的第一步便是恢复他固有的人格和人权。

北京城里有一位十九岁的青年，他姓爱新觉罗，名溥仪，这人便是上列各种丧却人的地位的不幸人之一。原来他的祖宗在三百年以前不幸沦入帝籍，做了皇帝，不克厕于编户齐民之列。他家父传子，子传孙，传了好几代，经了三百多年，干了许多对不住人的事体。到了十三年前，有些明白的人们起来向他家奋斗，居然把他家的武器毁灭了。但是还给这位青年留下那个极不名誉的名目，叫做什么"皇帝"的，而且还任他住在一个不是住家的房子里，还任一班不要脸的东西常常弯了腿装矮子去引他笑，低下脑袋瓜儿扮成叩头虫的模样去逗他玩，以至于把这位年龄已经到了应该在初级中学毕业的时候的青年，弄到他终日如醉如痴，成了一个傻哥儿；他在七年前还被那班不要脸的东西簇拥到外面来胡闹了一回，险些又要恢复那毁灭了的旧武器，再来做对不住人的事体。他弄到这样的地步，真是他的大不幸。你想，咱们可以自由住居，自由行动，为什么他不可以？咱们家的子弟可以入学校，得到相当的知识和技能，为什么他不可以？咱们可以得到选举和被选举的资格，为什么他不可以？在北京说北京，咱们的原籍无论是否北京，只要在北京住居几年以上，便可以得到北京市民的参政权，他家自从一六四四年到北京以来，到现在整整的二百八十年了，为什么他还得不到北京市民的参政权？他这样的不幸，不消说得，便是"皇帝"这名目害了他。"皇帝"这名目之不名誉，固与"青皮、瘪三"等等相同；而他的称号，"皇帝"之上还有"大清宣统"四字，这又好比青皮瘪三有那些"四眼狗、独眼龙、烂脚阿二、缺嘴老四"等等绰号一般。青皮瘪三改邪归正之后，总得好好地取一个平常人的名字；若仍旧称为"四眼狗"等等，怎能怪人家厌恶他，歧视他？（况且保存这种绰号，实在也真有些危险，因为他可以借此再做青皮瘪三。）由是可知十三年以前毁灭他的武器而留下"皇帝"这个名目给他，真是不彻底的办法，不但他有时要借此胡闹，弄得咱们受累，并且使他因此而不克恢复他固有的人格和人权。咱们也实在对不住他。

这几年来，我常常对人家说，我很希望这位十九岁的青年肯力图向上，不甘永沦帝籍，自动地废除帝号，刻这样一个名片：

前面：

爱新觉罗·溥仪

京兆

后面：

Mr. P. Y. Aishingiolo

Peking

以表示超出帝籍，上厕于民国国民之列。但我这希望终于希望而已。

现在爱新觉罗·溥仪君自己虽然还未觉悟，未能自动地超拔自己，而有冯玉祥君、黄郛君、鹿钟麟君、张璧君等，居然依了李石曾先生等明白人的建议，于一九二四年十一月五日派了人去劝告爱新觉罗·溥仪君："大清宣统帝从即日起，永远废除皇帝尊号；与中华民国国民在法律上享有同等之权利"；"清室应按照原'优待条件'第三条，即日移出宫禁，以后得自由选择住居"。爱新觉罗·溥仪君一一照办，立刻搬出那"不是住家的房子"，而回到他的本生的老太爷的府上去住了。

　　好了好了！爱新觉罗·溥仪君从此超出帝籍，恢复他固有的人格和人权了！爱新觉罗·溥仪君！我很诚恳地向您道喜："恭喜恭喜！恭喜您超升啦！"

　　我对于爱新觉罗·溥仪君还要说几句祝望的话："您虽然是一位十九岁的青年，可是您以前处在一个很不幸的环境里，成日价和那班不要脸的假矮子假叩头虫鬼混，读那些于您不但无用而且有害的书如《尚书》之类，您的知识和技能大概要比一般的中学生差些吧。这不必讳言，也无须追悔。'往者不可谏，来者犹可追。'我听人说，您在那不幸的环境里，居然爱看《新青年》、《晨报副镌》、康白情的《草儿》和俞平伯的《冬夜》之类，我觉得您还是一位有希望的青年。我祝望您：从今以后，可以好好地补习些初中程度的科学常识，选读几部白话文学的作品；过了一两年之后，大可去考高级中学或大学预科；将来更可上外国去留学，把您自己造就成一个知识丰富学问深造的人，您的幸福可就不可限量啦。您的先德玄烨先生在二百年以前的皇帝队里，总算是留心学问的人了，但是就现代的平民看来，他的学问也不过尔耳；您如今已经超升为现代的平民了，您肯用功上进，将来必定'跨灶'，这是无疑的。还有一层，听说您已经结婚了，而且因为您以前在那不幸的环境里，听说您已经有了姨太太了。咱们姑且'成事不说'，您既已结婚，便应该了解两性的关系，我现在要介绍两部好书给您：一部是ㄎㄚㄅㄊㄜ（卡本忒）的《爱的成年》，一部是ㄙㄊㄜㄆㄙ（司托波）的《结婚的爱》。至于'二十四史'里的皇后传、外戚传之类，于您不但毫无用处，而且还大有害处，我劝您别去看它才好！"

1924年11月6日

　　本就在辛亥革命之后宣布退位的溥仪，在钱玄同看来，理应尽早地从"龙椅"上走下来，尽快地成为中华民国国民才对。为此，逼宫事件于溥仪而言并不可怕，这一事件反倒可视作恢复溥仪人权，重得个人人身自由的重要事件，因此要向其道贺才是。

钱玄同认为独立人格和人权，远比一个子虚乌有的"皇帝"称号要重要得多；且经历过袁世凯称帝、张勋复辟种种动荡的中华民国，终于又迎来此刻溥仪的离宫而去，总算可以让广大国民安居乐业了。

不仅如此，钱玄同也为少年溥仪指明了未来的人生方向，为其给出了幸福人生指南，为之宣称道：

1921年，溥仪在庄士敦的劝导下剪掉辫子，此为剪辫后存照（美国国会图书馆藏品）

> 人，总应该堂堂地做一个人，保持他的人格，享有他的人权，这才是幸福。一个人要是沦为强盗、瘪三、青皮、痞棍、土豪、地主、王爷、皇帝等等，他们的生活方面虽大有贫富苦乐的不同，但其丧却人的地位则完全一致，我认为这都是些不幸的人们。

此外，钱氏还对溥仪爱读书、爱文学表示赞赏与鼓励，一面列了推荐书单，一面还张罗了名片设计方案。

当然，调侃归调侃，钱玄同除了表示对逼宫事件的支持之外，似乎并无别的什么更进一步的想法了。他这一辈子，不可能与什么"皇权"沾边，恐怕也没有想过，要与眼前这座已经没有了皇上主子的"故宫"有什么交道。

故宫神武门及建筑群，摄于1925年6月中旬，时值五卅惨案爆发期间，
神武门入口处外墙面上，贴有抗议标语（圈示）（美国国会图书馆藏品）

溥仪离宫之后，当局随即组建清室善后委员会，其核心任务即开始对收归为国产的清宫进行清查。清查包括清点宫内现有物品，并与宫内原有物品登记册一一查对，彻底查明清宫的"家底"。由于清查内容涉及宫内各种珍宝与文物，所以又邀请教育部与内务部联合主持清查工作。钱玄同也在受邀参与"点查"的学者队伍之中，这恐怕是他始料未及的。

据《钱玄同日记》[①]来看，其人首次"进宫"，并关注到宫内古物遗存近况的时间为1915年1月2日。这一天是公历新年第二天，他偕长子"秉雄进东华门"。其游览历程与观感如下：

———————————

① 本文所引用《钱玄同日记》内容，几乎均摘自《钱玄同日记（整理本）》，北京大学出版社，2014年。

游清三殿，又至武英殿，看古物陈列所中器物，只有磁器、漆器及字画笔墨数种而已，其他概未之见，岂尽于此乎？抑未移尽乎？抑残留此数乎？

显然，钱玄同对初次所见的清宫古物陈列之数量与质量，都是有疑问的。为此，在日记中连发三问，颇有难以置信之意。第二年，1916年元旦这一天，又去观赏了清宫古物，这一次陈列品中增添了一些古代青铜器，但他却认为：

色泽似不甚旧，恐什九皆赝器也。

看来，钱氏对清宫所藏古物是有着自己的判断与预期的，那些对普通民众公开展览的古物，激发不了他的兴趣。钱氏觉得这些随意拣选的陈列品价值并不算高，甚至还有赝品。在此后的七年间，钱氏日记中再没有提到清宫古物及其相关话题。

对游客发售的"北京故宫三大殿"（即古物陈列所）组套风景照片
（约1935年印制）

西华门，即古物陈列所大门（约摄于1935年）

1923年6月26日，钱玄同在日记中记载了一次故宫失火的情况。文中这样写道：

> 因天气热，困不着，起，见东北角红光烛天，不知何事。次日看报始知清宫大火，而溥仪辈要守他们的什么臭规矩，将神武门等紧闭，故延烧二三点钟云，哈哈！

看来，钱氏对故宫突发火灾的紧急事态，竟然是完全报以幸灾乐祸的态度，且对逊帝溥仪仍盘踞宫中颇为不满，对故宫中的古物遗宝也并没有太多的关注之情。

由此可以想见，一年之后逼宫事件的突发，钱氏自然是欣然接受、乐见其成的。至于当局稍后开展的故宫点查工作，由于对古物本身（尤其是除高古金石之外的清宫珍宝）并无多大兴趣，开始的确并不热情高涨，甚至还有消极应付的意味。

避居日使馆之爱新觉罗·溥仪先生。此照片实际拍摄地点或为养心殿，溥仪所倚石墩所置三鹤香炉，为养心殿原物（原载《东方杂志》，1925年第22卷第2期）

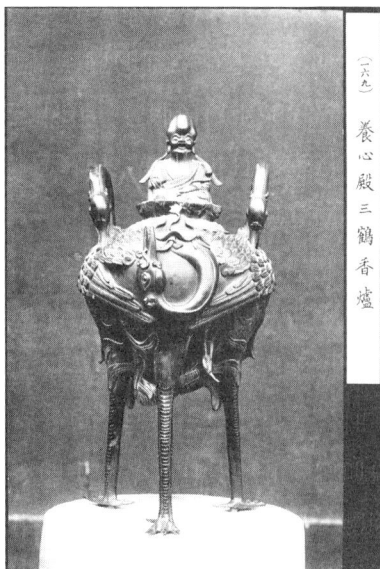

养心殿三鹤香炉（辑自《北京城写真》，〔日〕小川真一于1901年摄制）

颐和园曾经的管理者——
清代宦官（辑自《燕京胜迹》）

颐和园乐寿堂，曾辟为故宫古物陈列所第七陈列室，有军警巡逻护卫

不过，能进宫翻拣历代文献及古物，有机会近距离接触那些品级较高的文物，对于专攻古文字学研究的钱玄同而言，可能还是有一定吸引力的。毕竟，在溥仪离宫之前，"大内"禁地并不是普通学者能涉足的地界，古物陈列所的设立也属于初级阶段，并没有真正展露故宫的宝藏。故宫里究竟有什么别具学术价值的文献与文物，让包括钱玄同在内的中国学者为之神往？

1925年1月6日，钱玄同与马幼渔一道吃午饭，听说在宫里发现了新莽时期的文物，随即将这一消息记录在了日记中。在此之后，这一年日记中关涉"故宫"的相关记载逐渐增多，篇幅也开始扩容。摘录如下：

> 1月8日　下午一时到清室善后委员会查点物件。我今天第二次到（十二月廿五日未去，一月一日放假），一到，云已派作组长，其实是杨遇夫，因他不到，我是候补者，便补缺了。查乾清宫三东屋之南炕有一箱玛瑙碗，有宋砚等，有三个空箱子，箱中物当是庚子年洋鬼子拿去者。炕桌上有好几匣青玉，上刻的金字，那些狗屁诗赋之类。往往每一匣里缺了几片，内有签云"光绪二十六年八月初四日缺几页"。此必是洋鬼拿去及鬼子走后宫内人查点物件，遇有缺者，记此签也。四时毕事，回府。
>
> 2月12日　今日为溥仪退位之日，清室善后委员会放假。我本轮值，一个月未去也。今日又可豁免也。
>
> 2月19日　下午至清宫点查懋勤殿，中有百箱左右之奏表等等。今日点查了五箱。
>
> 2月25日　阅报知溥仪于前（廿三）晚由日本保护逃至天津。据《京报》所言，日人将利用之为满洲皇帝，以遂其吞并东三省之野心，使东三省为朝鲜第二。果尔，则非演三百年前之故事不可，建房又要寇边。如要以七大恨告天，中国又要派袁崇焕、熊廷弼矣……
>
> 2月26日　因咳嗽，故清宫未去。昨闻昭仁殿点查物件毕

覆勘，忽少明版《玉台新咏》一部，究竟未知如何？难道真有临时偷东西的人吗？

3月5日　整理舍中书籍者竟日，清宫未去。

3月12日　昨得清室善后委员会来信，知今日我轮到做组长，那是非去不可。上午将师大讲义略略一检，检毕送出。正拟成行，忽闻有人打电话说师大放假。据之知中山于今晨九时三十九分逝世故也。想来清室善后委员会亦必放假。但电话打不通，只好姑去一次，到则果放假。

4月16日　上午出城至舍，知今日善心爷处又派做组长，非去不可。十二时去，做第三组组长。组中除隅卿（摄影者）一人外皆不认得。点查如意轩，一间为厨房，无庸点查；一间堆了许许多多木板箱，点了两箱，皆雕漆器也（乾隆时物），其中有两箱五色墨（红黄蓝白绿），墨之一面刻一古装之人而上端书篆书"回氏"两字，不可解。四时出。

10月10日　下午一时许进城回府。二时至故宫博物院，挤得不得了，散氏盘今日方见之。出宫已六时许矣。

10月15日　午乾清门摄影、赐宴。毕，至乐寿堂参观溥仪、其妻妾之涂鸦。五时出宫回府。

11月17日　下午清宫做组长，养心殿。

据日记来看，钱玄同作为故宫点查工作小组成员之一，第一次赴故宫工作的时间原本应为1924年12月25日，但他因故并未到岗。他真正到岗，即第一次进入故宫工作的时间实为1925年1月8日，这一天的工作内容，也郑重其事地写入了日记。当天因杨遇夫（即杨树达，1885—1956）的缺席，他还被派为组长，行监督点查之职。

须附带一提的是，钱玄同缺席第一次故宫点查的情形，尚可据单士元（1907—1998）的忆述来印证。据单士元忆述，他首次进入故宫进行点查工作时，人员安排大致如下：

担任点查清宫文物的人在神武门集合，组长陈去病，负责查报物品名目的是徐鸣寅、马衡，负责写票的是董作宾、庄尚严，负责贴票的是罗亲汉、徐炳昶，事务记载是魏建功、潘传霖，照像一人，还有裘善元、俞同奎、杨树达、吴瀛、易培基负责监视。一切准备工作就绪，只因为警察没有到场，那天没有查。①

在单氏忆述中，第一次故宫点查工作的大致情形如此——行监督之职的杨树达在场，而钱玄同确实是缺席了的。当然，因为负责保安工作的警察没有到场，点查人员虽然就位，却并没有开展实际工作。

不过，当年点查清宫的实际情况，乃是举国关注的大事件。工作小组方面不敢怠慢，每进行一次都登报公示，何时何地开展，哪些人参与，点查了哪些物品，一一罗列公布，都是有案可查的，有报纸照登的。譬如，钱玄同缺席的这一次，《时事新报》就以《点查清宫物件报告》为题，于1925年1月4日刊发了工作简报，当天之所以没有顺利开展工作，可能还与清室方面并不配合有关。报道中提到：

清室方面，始终置之不理，以奉段祺瑞之命为辞，现经内次王耒设法转圜，顾二十七日日仍在继续进行中。

为加快点查进度，清室善后委员会又抽调政府各部人员，加派至点查工作团队之中。抽调的这些人员名单，也在南北各大报刊上刊登出来，予以公示。1925年1月28日的《时事新报》，即以《点查清宫助理员加多》为题，公示了这一名单。教育部加派人员中，赫然出现了"周树人"的名字，看来，当时鲁迅也曾参与其中，只不过较之钱玄同参与的时间稍晚，且属于加派助理员身份。

---

① 荷月：《单士元与紫禁城》，《文物天地》，1994年第6期。

《点查清宫物件报告》（原载上海《时事新报》，1925年1月4日）

点查乾清宫的工作任务十分繁重，直到1925年2月16日，《时事新报》仍时有刊登点查清单之类，让上海读者也尽可能及时地了解工作进展。当然，毕竟是南北遥隔，新闻报道的时间相对是要滞后一点的，加之点查的物品实在太多，要完全按照工作报告的内容刊发，只能以分日连载的方式，故而至2月16日，仍在报道1月3日的点查情况。

二、清宫发现密谋复辟文件

时至2月19日，《时事新报》于第7版头条刊发了题为《清宫点查中之骇人之发现》的长篇报道，一时引发社会各界关注，搞得沸沸扬扬。原来，因清室态度消极，进展缓慢的点查工作中竟又爆出一大丑闻，即所谓"清宫古物抵卖案"。原来，清宫中的大部分价值不菲的金器珠宝之类，早已为清室以抵押借款的方式，"抵卖"给了多家银行。据清室借款合同条款第四条"押品以金器等件存储银行作为此借款，另开清单备查"，可知这些清宫金器当时已作为"押品"搁在银行金库里，早已不在清宫各殿原地了。

抵押借款合同有许多份，报社仅从中挑出一份与北京盐业银行签订的合同及"押品"清单，刊登了出来，这已足令世人目瞪口呆，真真是

"金玉满堂"。清单开首列有"共重四千六百二两七钱"的数枚历代后妃所使用的金质印章，慈安、慈禧皇太后所用印章也赫然在列；接下来，还有"共重二千八十一两"的数部历代后妃"金册"；至于金塔、金钟、金壶、金杯、金盘等，更是数不胜数，其中单单是十六件金钟的重量，即已达十一万一千四百三十九两之多。

可想而知，困难重重的清宫点查工作好不容易开展至此，却不免令人沮丧无奈。仅据这一份与盐业银行签署合同所附"押品"清单，即可知偌大清宫在点查工作之前已几近"清空"，但凡金器珠宝等贵重物件，有相当一部分已经运出宫外，宫内反倒所剩无几了。因此，点查工作所获特件看似数量庞大，但大多属于家具及日用器皿，以及瓷器、书画、文玩等，甚至也不乏玉器，可金器珠宝之类，确已寥寥无几。简言之，点查工作组所见所获，可能都是清室与银行挑剩下的了。

此次报道之后，《时事新报》等上海报刊半年间未再刊发点查清宫的相关报道。或许，因为普通读者所关注的所谓清宫"珍宝"，无非即金银珠宝之类，既然清室以清宫金器抵押借款已经公开披露了出来，前几次点查报告中也确实很少见到金银珠宝之类，读者与报社方面对此兴味索然，已无心再予以关注与探究了。

然而，时至1925年8月20日，《时事新报》第5版头条再次将点查故宫工作进展带入了民众视野。这是一篇题为《复辟侦查移至高检厅——清委会请外部驱逐庄士敦出境》的报道，将同年7月31日点查清宫养心殿时的重大发现披露了出来。这一重大发现，并不是终于发现残存的金银珠宝之类，也不是再度发现什么数额巨大的抵押借款合同之类，而是竟然发现了"去年（1924）春夏间金梁等密谋复辟文件"。其中，"康有为请庄士敦代奏游说经过函"中，"有特可注意之数点"，据此可以判定"今庄竟以外人参预清室复辟密谋，挑拨我政潮，扰乱我治安"。因此，点查工作组人员一致认定，"照国际惯例，应即驱逐出境"。只不过，五天之后，《时事新报》又刊发简讯，称因此案正值北伐胜利之后南京政府大赦令颁布期间，故由高等检察厅宣告免诉，不予追究，就此结案。

康有为晚年存照（辑自《紫禁城的黄昏》）

徐良请庄士敦代奏康有为行踪函，复辟文证之一

（原载《故宫周刊》，1930年第40期）

这样的情形，也很容易令当时的读者联想到半年前所披露的在清宫发现清室抵押借款合同之事。仅以与盐业银行签订的合同时间（1924年5月）来看，与此次在养心殿发现"去年（1924）春夏间金梁等密谋复辟文件"，恰恰处于同一时期，"抵卖"国宝、阴谋复辟，显然是一脉相承、一气呵成的了。于此，也就不难理解前边所提到的胡适因逼宫事件向当局提出抗议，缘何会遭到南北各地各界人士如此鲜明猛烈的一致抨击了。

遗憾的是，胡适并未参与点查清宫工作，未能亲临其境、亲眼求证一番；如果假设可以的话，其人一贯提倡"有几分证据，说几分话"，应当不会再因一时"冲动"，说出那样一番甘冒天下之大不韪的话来了。如果即便这样，都还要为维护所谓"国际信义"来"抗议"一番的话，那倒真不免会令人认定，此人必定是"为皇上所化"了。

另外，从钱玄同日记考察，可知这几次重要的清宫点查工作，钱氏本人也均未参与其中，这也不能不说是另一种遗憾了。因为钱氏如果参与了这几次点查工作的话，据其所见所闻，给友人胡适捎个话提个醒，也是完全有可能的。当然，这对本文而言，已是题外话了。

话说因点查组实行轮流负责制，钱玄同曾有四次轮到做组长。首次被委派为组长的那次，故宫点查正式从乾清宫开始。从其日记来看，什么玛瑙碗、青玉片、宋砚之类，均未入其法眼。三个小时的点查，只是例行公事而已，并没有什么大不了的令其特别兴奋的学术发现。第二次轮到做组长时，又恰逢清室善后委员会放假，免司其职。但此时溥仪出逃至天津的消息传来，钱氏对这一消息极为敏感，准确地预言了日军将利用溥仪长期霸占东三省的事情。第三次轮做组长时，恰值孙中山逝世，清室善后委员会放假，暂停工作，这组长之职也就暂免。一个月后，第四次轮做组长，点查如意轩。

仅据其日记所载，在故宫博物院正式成立之前，钱氏的故宫点查工作，从1925年1月到4月，共计三次，分别在乾清宫、懋勤殿、如意轩。只有在如意轩中点查到的两箱五色墨，令其略有兴趣，因为墨上刻着"回氏"二字，让这位章炳麟弟子、古文字学专家一时竟也弄不明白是啥意思了。据查，"回氏"即"墨神"的意思，仍是中国传统思想中"万物有

灵"的思想使然，语自《说郛》卷三一，书中引《致虚杂俎》曰："墨神
曰回氏。"

1925年4月16日之后至10月10日这段时间，钱氏日记中没有再出现与
清宫或故宫相关的任何内容。这也可以视作其人参与的清宫点查工作，可
能确实已经告一段落了。接下来，无非是静待故宫博物院正式成立，清宫
向公众全面开放之时的到来罢了。

可是，清宫全面向公众开放，并非如后世读者想象的那样，就是故宫
博物院于1925年10月10日创立当天，即刻宣布全面开放的。事实上，清宫
向公众开放，基本上是根据点查工作的进度来安排的。就在钱玄同点查如
意轩毕事两天之后，即1925年4月18日，清宫即已首次向公众开放，只不
过还并非全面开放，只是将点查已经毕事的部分依次开放了。

1925年4月23日，《时事新报》第4版以可观篇幅报道了清宫开放次第
安排。在这篇题为《清宫开放部分一瞥》的报道中，开篇即简明扼要地公
布了清宫先行部分开放的这一重大讯息，原文如下：

> 京讯　清宫（室）善后委员会为应各界之请求，前月决
> 定将清宫一部分先行开放，并订有参观规则：每星期六及星期
> 日两天为开放之期，每人收券资一元。十八、十九两日，即开
> 放日期，前往参观者颇不乏人。

随后，报道逐一列举并介绍了部分开放的清宫区域，有乾清宫、昭仁
殿、弘德殿、懋勤殿、批本处、内奏事房、南书房、敬事房、上书房、端
凝殿、北小库、交泰殿、坤宁宫、宫外神竿、坤宁宫东暖殿、坤宁宫西暖
殿、寿药房、御花园等处。

故宫博物院创立后次年，即1926年，这一年钱玄同日记中没有再提到
清宫或故宫，不过，提到了"大高殿"，也算是故宫附属建筑之一。日记
中这样写道：

> 9月26日　晨八时尚未定，苏甘来谈，谓大高殿中的丘八

实在野蛮得狠，把他的东西任意拿走云。又曰今天奉军将使景
山中之毅军缴械，神武门内空气甚为紧张云。八时顷，秉雄为
其母至东笔市买笔，归言孔德迤北不通行（自三院门口起至银
闸），因今日张学良、韩麟春在孟公府吴光新家商改编毅军
事也。

　　这里提到的"大高殿"，即大高玄殿，是明清皇家道教古建筑，
位于北京皇城之内，北海公园之东，景山之西，始建于明嘉靖二十一年
（1542）。清代因避康熙皇帝玄烨名讳，去掉了那个"玄"字，民间通称
为"大高殿"。

　　整个殿宇约占地一万三千平方米，总建筑面积五千余平方米，是明清

大高玄殿旧影

（费利斯·比托摄于1860年，此为英国伦敦的维多利亚与艾伯特博物馆藏品）

时代规格最高、工艺最精、历史价值极高的宫廷宗教场所。当1924年溥仪离宫之后，即移交至清室善后委员会管辖，后又纳入故宫博物院管辖。

不过，在1926年9月时大高殿还并不属于故宫博物院直接管辖范围，直至北伐之后，1928年10月颁布《故宫博物院组织法》时，才被纳入博物院管辖范围之内。

从钱玄同在日记中提到的情形来看，大高殿当时应是被奉系军队所控制，里边有驻军，而景山又为毅军（曾为清廷的主力陆军，之后被张学良收编）所控制。因此，在奉军与毅军的对峙中，故宫博物院所辖区域随时有战火之危。当时张学良所率的奉军，强力把持着这一区域，有军事管制的特权，虽然有战火之危，但局势基本尚能管控。

北伐之后，张学良宣布东北易帜，承认南京国民政府，至此实现了名义上的南北统一。不久，张学良也被聘为故宫博物院理事之一。钱氏日记中所记载的这一史实，也将对研究大高殿与故宫博物院之间的辖属关系之变迁，提供重要佐证。

值得一提的是，在故宫博物院创立之初，大高殿还经常被用作相关工作会议场所。就在钱玄同日记提到大高殿一个月之前，1926年8月24日，这里还曾召开过一次重要会议，议题乃是清室善后委员会对政府拟接收故宫之否定及要求。

原来，当时革命军北伐军兴，北洋政府内部纷争四起，当局企图强力管控清宫遗产，并从中获取政治和经

故宫博物院理事张学良先生
（原载《故宫周刊》，1930年第16期）

济利益。在这种情势下，清室善后委员会针锋相对，绝不束手就范，为此在大高殿召开全体会议，由著名学者陈垣[①]主持，提出三大接收条件，同意后方可移交故宫的基本主张。

三、《故宫日历》的早期玩家

时间步入20世纪30年代之际，钱玄同与故宫的因缘，又集中在了《故宫日历》之上。且看其日记中跨越三个年度的如下四条记述：

> 1930年
> 10月11日　上午至故宫博物院购新印之唐人写《月仪》。
> 12月24日　午后至直隶书局购故宫月份牌，每日印一件故宫的宝物，共365件，很有意思，值一元七角。
> 1931年
> 1月7日　至商务，购得中央研究院之天文研究所所制之《周历》，以周为主，上有天文图，极精美，价一元，购二，一挂家，一挂孔。故宫是艺术的，此是科学的，甚有意思也。
> 1932年
> 12月21日　四时许访嫂，赠以《故宫日历》一，骗饭而归。

看来，至迟在1930年末，一日一图、印制精美的《故宫日历》（由直隶书局自营）已经出现。当然，钱玄同于1930年末所购者，应为1931年《故宫日历》，是为新年购置的自用品。

然而，严格说来，月份牌并不等同于日历，钱氏日记中提到的"故宫月份牌"究竟是不是《故宫日历》，抑或是某种借用故宫名义的同类型产

---

① 此次会议及相关史事，详参本书《陈垣：书山学海在故宫》一文。

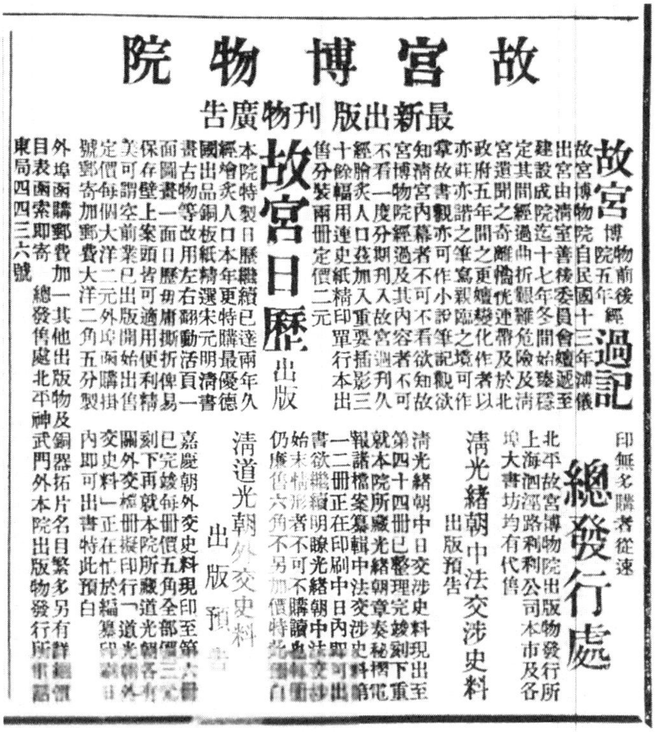

故宮博物院

最新出版刊物廣告

故宮博物院前後五年經過記

故宮博物院自民國十三年溥儀出宮由清室善後委員會嬗遞至建設成院迄十七年冬間始臻穩定其間經過曲折艱難危險及清宮遺聞之奇離倫俶連帶及於北政府五年間之更嬗變化作者以亦莊亦諧之筆寫親臨之境可作掌故書觀亦可作小說筆記觀欲知清宮內幕者不可不看欲知故宮博物院經過及其內容者不可不看一度分期刊入故宮週刊久經膾炙人口茲加入重要插影三十餘幅用連史紙精印單行本出售分裝兩冊定價二元

故宮日曆出版

本院特製日曆繼續已達兩年久經膾炙人口本年更特購最優德國出品銅板紙精選宋元明清書畫古物等改用左右翻動活頁一面圖畫一面日曆毋庸撕折俾易保存壁上案頭皆可適用便利精美可謂空前業已出版開始出售定價每個大洋二元外埠函購掛號郵寄加郵費大洋二角五分製

印無多購者從速

總發行處

北平故宮博物院出版物發行所

上海四馬路利利公司本市及各

埠大書坊均有代售

清光緒朝中法交涉史料出版預告

清光緒朝中日交涉史料現出至第四十四冊已整理完竣刻下重就本院所藏光緒朝章奏秘檔電報諸檔案纂輯中法交涉史料[illegible]一二冊正在印刷中日內即可出書欲繼續明瞭光緒朝中法交涉始末情形者不可不購讀[illegible]仍廉售六角不另加價特[illegible]白

清道光朝外交史料出版預告

嘉慶朝外交史料現印至第六冊已完竣每冊價五角全部價三元刻下再就本院所藏道光朝各有關外交一檔擬印行「道光朝外交史料」正在忙於編纂印刷日內即可出書特此預白

外埠函購郵費加一其他出版物及銅器拓片名目繁多另有詳細價目表函索即寄

總發售處北平神武門外本院出版物發行所電話東局四四三六號

1932年11月30日，北平《华北日报》刊发《故宫日历》出版广告

品，尚无法确证。要想求证这一问题，还得从《故宫日历》面市始于何时说起。

仅据笔者所见，1932年11月30日，北平《华北日报》刊发《故宫日历》的出版预告，乃是最早见诸报端的《故宫日历》之宣传介绍。为便于考述，转录这一预告原文如下：

> 《故宫日历》出版
>
> 本院特制日历，继续已达两年，久经脍炙人口。本年更特购最优德国出品铜板纸，精选宋元明清书画古物等，改用左右翻动活页，一面图画，一面日历，毋庸撕折，俾易保存。壁上案头，皆可适用，便利精美，可谓空前。业已出版，开始出售，定价每个大洋二元，外埠函购挂号邮寄加邮费大洋二角五分。制印无多，购者从速。

总发行处：北平故宫博物院出版物发行所。上海泗泾路利利公司，本市及各埠大书坊均有代售。

据此预告内容，可知至1932年印制1933年版《故宫日历》时，《故宫日历》已印行过1931年版、1932年版两种。于此，基本可以确定钱氏于1930年末购的所谓"故宫月份牌"，即为1931年版《故宫日历》，是为其初次面市的版本。

看来，钱氏不但在学术理念与个人性情上可称急先锋式人物，在接受新生事物上也是颇为迅捷的。可以说，如今见诸日记等相关文献载录的，钱氏可能是近现代学者中最早购置《故宫日历》者，至少可称为早期玩家，这是毫无疑问的了。

此外，从1933年版始，《故宫日历》新增台座式款型，"改用左右翻动活页"。这一款型，比之先前的常用作悬挂式列置，且每过一日，即得翻折或撕去一页日历的挂折式，工艺又更进一步，且更便于完整保存整部日历。当时，需要看一看样品，再决定是否购置的消费者，还可以向北平故宫博物院出版物发行所、上海泗泾路利利公司、本市及各埠大书坊索取样张。这就说明，至迟在1932年末，《故宫日历》的发售已立足北平、上海两地，且有辐射南北各大都市的市场布局了。

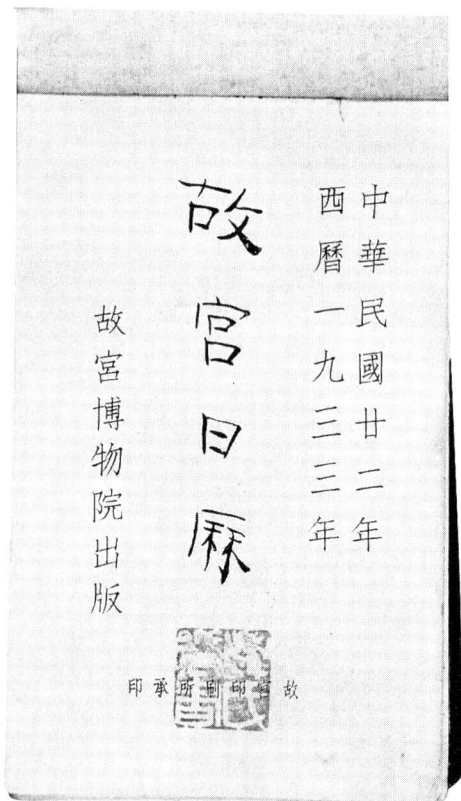

1933年《故宫日历》（挂折式），
易培基题签

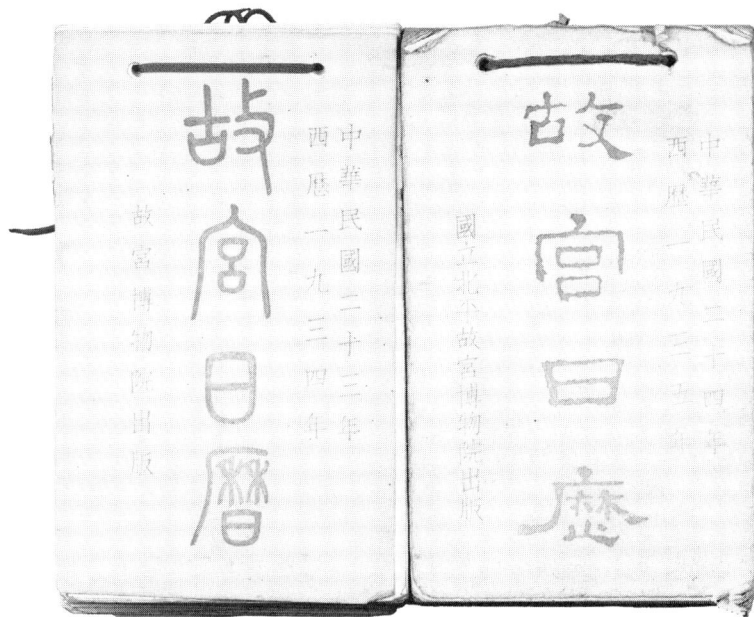

《故宫日历》（挂折式），1934年、1935年两种

事实上，不仅如钱玄同这样的新派学者对《故宫日历》颇感兴趣，别的同时代学者对《故宫日历》也大多喜爱有加，与《故宫日历》的接触时间也并不比钱氏晚多少。譬如，俞平伯（1900—1990）就曾于1932年12月间，将《故宫日历》赠予周作人（1885—1967）作为新年赠礼。又如，梁实秋（1903—1987）也收到过友人寄赠的《故宫日历》，在致友人的信中表达过赞赏之意，为之特意强调称：

> 顷接《故宫日历》一册，既有阴阳日历可察，复逐日有
> 古物照片欣赏，实日历中最佳之作，拜领谢谢矣。

概而观之，可知1930年前后，钱玄同已基本未参与过故宫博物院相关工作了，但其人对故宫博物院的出版物，却表现出了浓厚兴趣。除了日记中三次提到的《故宫日历》之外，时为1930年4月，钱氏还欣然挥毫，为故宫博物院图书馆出版物《柳贯上京纪行诗》题签，展示了一位古文字学

《故宫日历》（挂折式），
1935年元旦页面

《故宫日历》（挂折式），内页每
日一图，此为故宫博物院藏乾隆窑
珐琅彩山水瓶

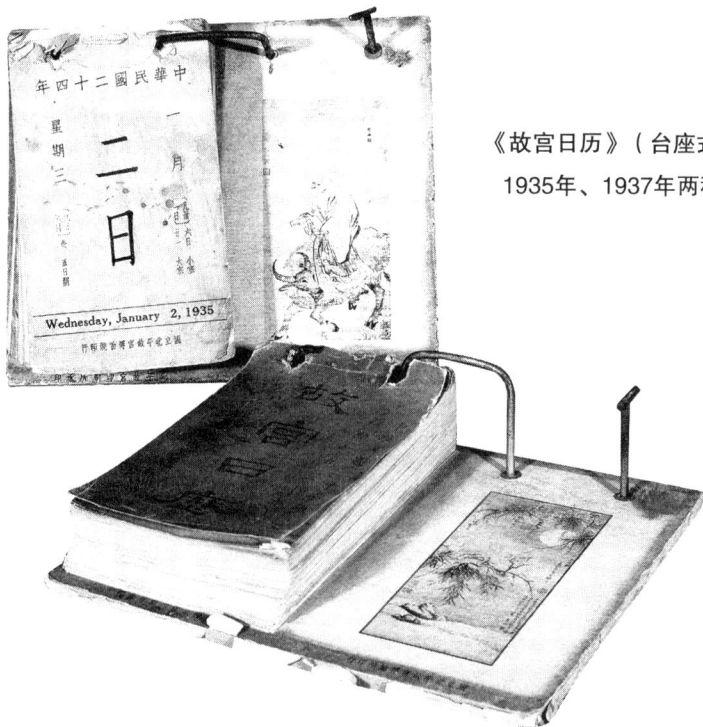

《故宫日历》（台座式），
1935年、1937年两种

者的书法功力。除却封面上的楷书题签、扉页上的篆书题签，还在牌记页上郑重题写了出版机构名称及出版时间，这可以视作钱氏生前为故宫博物院——曾亲自参与并见证其创立的这一时代新生事物，所留下的最后一点纪念之迹。

此外，原本藏于清廷翰林院的《永乐大典》卷一三九九一残本（原件现藏台湾），因庚子之变流散于海外，后来在英国发现，并由叶恭绰（1881—1968）于1920年购回中国。因其内容为当时闻所未闻的、极其难得的宋元南戏剧本，备受学术界瞩目。1931年4月，此卷校订排印为《永乐大典戏文三种》，由北京大学马廉（1893—1935）等人发起的古今小品书籍印行会，作为马廉友人的钱玄同曾受邀为此书题签，这或许也算是其人与故宫的一点因缘使然。

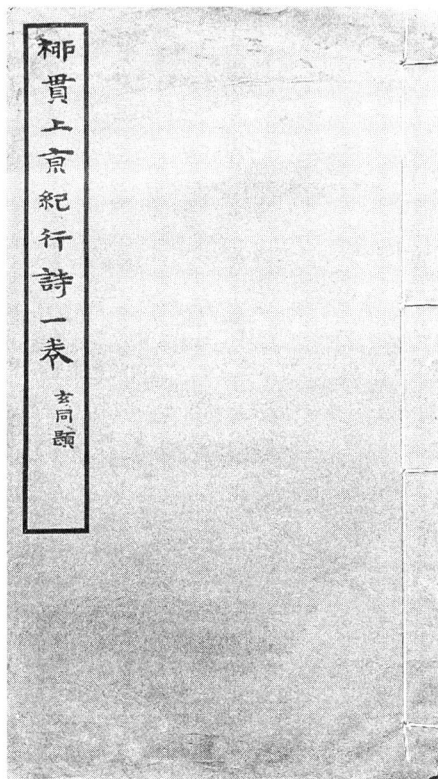

▲《柳贯上京纪行诗》，钱玄同扉页题签

◀《柳贯上京纪行诗》，钱玄同封面题签

永樂大典
戲文三種

懲古玄同題

▲《永乐大典戏文三种》，钱玄同扉页题签

民國十九年四月北平故宮博物院圖書館影印

▲《柳贯上京纪行诗》，钱玄同
　　题写的牌记页

民國廿年四月古今小品書籍印行會排印

▶《永乐大典戏文三种》，钱玄同题
　　写的牌记页

当然，钱玄同与故宫的因缘，应当还远远不止于目前所能管窥的这些史迹点滴。只不过，限于笔者的阅历与识见，只能约略考述如上。行文将尽之际，再度查阅钱氏日记，似仍有意犹未尽之处。譬如，其1939年的日记中，就还有一条关涉故宫的重要记载：

> 1月6日　下午三时顷至孔德，得故宫博物院送给我的一部《宛委别藏》，系1935年故宫取养心殿所藏《宛委别藏》160种中选取40种为未有刊本者，交商务印书馆影印成150本，今故宫见赠一部，因在孔德查点之，至六时毕事。

时为1939年1月6日，下午三点左右，钱玄同在孔德学校办公时，收到了故宫博物院赠予的一部《宛委别藏》影印本。这部清宫珍藏的皇室秘籍，说来话长，可又不得不说，只好约略概述介绍一下。

话说清代著名学者阮元巡抚浙江时，专意搜访《四库全书》未收之书，先后求得一百七十五种，依《四库全书总目》例，为每书撰写提要，随书奏进。嘉庆皇帝为这部丛书亲笔赐名《宛委别藏》，并于书中加钤"嘉庆御览之宝"，以表珍视与郑重之意。此丛书所收多为罕传珍本秘籍，或不见于公私书目著录，或补《四库全书》之缺佚。其中源于宋本三十余种，源于元本十余种。书成后一直存于清宫，世间并无刊刻流传，直至1935年，由故宫博物院甄选其中四十种，委托商务印书馆影印发行，方才为世人所知。

虽说只选出了不到四分之一的种类用于影印，可仍然卷帙浩繁，成书达一百五十册之多。作为十余年前点查过养心殿，此刻又是这部原藏养心殿的"御用珍本"影印本受赠者的钱玄同，应当还是心怀欣悦之情的。其人随即花了差不多三个小时，将这部声名远扬、秘藏皇宫的珍本文献，初次翻检了一番。

这一年的日记，八日后（1月14日）中断。关于受赠并翻检《宛委别藏》的这一记载，或许就是钱氏生前最后一次写下"故宫"二字及其相关内容。

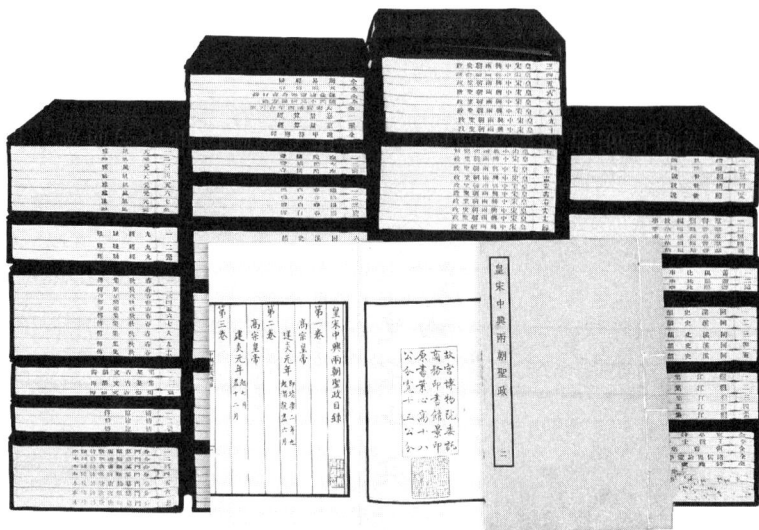

《宛委别藏》乃清嘉庆帝在故宫养心殿的藏书总称。
此为故宫博物院委托商务印书馆出版的影印本

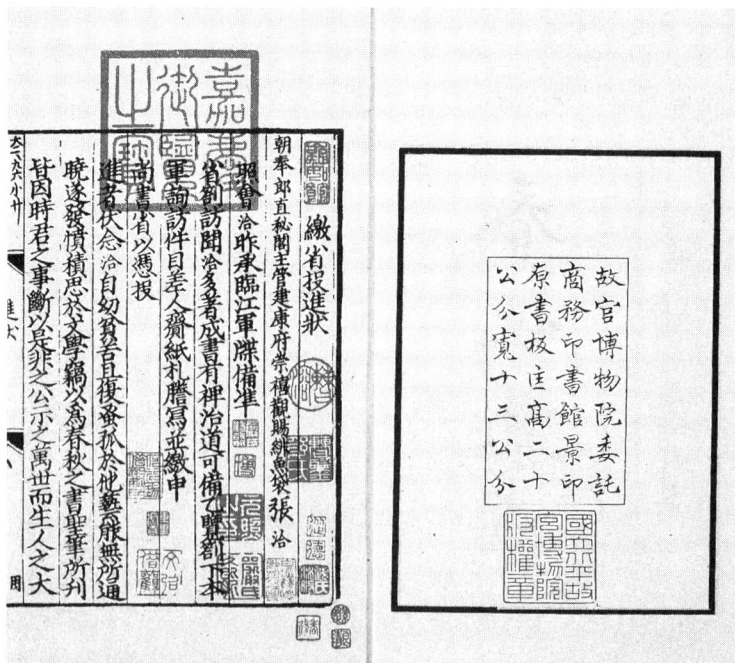

《宛委别藏》牌记页及正文首页

第五章
周作人：谈虎谈龙谈奴气

一、不赞同胡适抗议逼宫事件

1924年11月9日，因抗议逼宫事件，胡适致信时任外交总长王正廷，此信径直刊载于1924年11月9日的北京《晨报》之上，成为当天颇为引人瞩目，也由是引得舆论大哗的一通公开信。

当晚，读到这一通公开信的两位友人，即刻给胡适去信，表达了两种截然不同的观点。一位是溥仪的英文教师庄士敦，表达了满心欢喜、引为同道的欣悦之意。此信开篇即语：

> 今天《晨报》登载的那封信如果真是你的手笔，我要
> 为此向你祝贺。你正是说出了这样一件正确的事情，并且
> 用正确的方式说了出来。我相信逊帝看到这封信时一定会
> 高兴的。①

另一位则是胡适的挚友周作人，表达了委婉的批评与质疑，信文很

---

① 本文所征引周作人、胡适信件（稿）内容，凡未特别注明者，均出自《胡适来往书信选》上册，中华书局，1979年。

长，几乎是庄氏信文篇幅的三倍。此信原文如下：

适之兄：

在报上见你致王正廷君信的断片，知道你很反对这回政府对于清室的处置。我没有见到全信，不能知道你的意见的全部，但是我怕你不免有点为外国人的谬论所惑。在中国的外国人大抵多是谬人，不大能了解中国（当然是新的中国），至于报馆中人尤甚。例如《顺天时报》曾说优待条件系由朱尔典居中斡旋而议定的，这回政变恐列国不能赞同云云，好像言之成理，其实乃是无理取闹的话。倘若那条件真是由朱尔典与列国担保，那么复辟的时候他们为什么不出来说话，难道条件中有许可复辟的明文么？那时说这是中国内政，不能干涉，现在怎么可以来说废话？总之，这些帝国主义的（这里要模仿一句时髦的口吻）外国人都不是民国之友，是复辟的赞成人，中国人若听了他们的话，便上了他们的老当。清室既然复过了辟，已经不能再讲什么优待，只因当局的妇人之仁，当时不即断行，这真是民国的最可惜的愚事之一。在清室方面倘若有明白的人，或是真心同情于溥仪君的外宾，早就应该设法自己移让，不必等暴力的来到。在民国放着一个复过辟而保存着皇帝尊号的人，在中国的外国报纸又时常明说暗说的鼓吹复辟，这是怎么危险的事。这时候遇见暴力，那是谁的责任？不是当初姑息的当局（段芝泉君），不知自重的清室，以及复辟派的外国人，还有谁呢？这次的事从我们的秀才似的迂阔的头脑去判断，或者可以说是不甚合于"仁义"，不是绅士的行为，但以经过二十年拖辫子的痛苦的生活，受过革命及复辟的恐怖的经验的个人的眼光来看，我觉得这乃是极自然极正当的事，虽然说不上是历史上的荣誉，但也决不是污点（在段芝泉君也应感谢，因为这也算是替他补过），在这一点上我觉得不能和你同意。我不是反帝国主义同盟员，却也不是讲仁义的理想家，我想孔老先生所说的以直报怨最为不错，所以对于清室问题是这样的看法。我与清室及国民军均无关系，不想为那一方面辩解，只是直抒所感，写给你一看罢了。

作人，九日

此信抄给晨报社，或者发表一部分，也未可知。[1]

这一通近八百字的长信，依周作人的原意，应当也是一通"公开信"，曾经是希望公开发表出来的。信末曾写有一行字：

此信抄给晨报社，或者发表一部分，也未可知。

这一行字后被周氏涂抹掉了，尚依稀可辨，足见确曾有过拟付发表之意。可能因为考虑到私谊或别的什么原因，决定先行寄呈胡适，即刻就其对逼宫事件的抗议之举，进行一次私人之间的对话与沟通。

周作人的意见，非常明确，无法赞同胡适的抗议之举。个中理由，陈述得十分清晰，总结得也颇为妥洽。信中有这样一段话，可谓表述充分得当。原文如此：

中国文学系教授周作人
（辑自《北大生活写真》，1921年印行）

---

[1]　此信文内容由笔者据《胡适遗稿及秘藏书信》第二十九册（黄山书社，1994年）原件影印图像重新整理录入。

这次的事从我们的秀才似的迂阔的头脑去判断，或者可以说是不甚合于"仁义"，不是绅士的行为，但以经过二十年拖辫子的痛苦的生活，受过革命及复辟的恐怖的经验的个人的眼光来看，我觉得这乃是极自然极正当的事，虽然说不上是历史上的荣誉，但也决不是污点，在这一点上我觉得不能和你同意。

这一通意见明确、表述充分的致信，俨然已有"公开信"的架势，之所以还没有搞成公开表态，没有投至报社公开发表，没有对胡适予以公开批评的地步，周作人的考虑也是极为缜密的：一方面是因为"我没有见到全信，不能知道你的意见的全部"；另一方面，则是"我怕你不免有点为外国人的谬论所惑"。两方面的因素叠加起来，一是担心自己断章取义，产生误解，二是担心友人可能受了外国人的蛊惑，判断出了偏差。正是这两方面的顾虑，可能令周氏放弃了公开发表的想法。由此也可见，周氏为人处世之严谨客观，对友人也颇为挚诚。

这一通不仅有委婉批评，更兼耐心表述的长信，次日即呈现在了胡适眼中。这可能是自公开抗议逼宫以来，胡适收到的第一封友人来信。与庄士敦那一通热情洋溢的短信相比，这一通周作人的来信，可以算得上当头一盆冷水，给胡适浇了个透心凉。虽然周氏在信中的措辞，已极为收敛含蓄，甚至还不乏为其开脱之意，可胡适仍还处于"感于一时之冲动"的头脑发热状态之中，当天即刻复信，写了一通只有三句话的短信。其中，有一句话，像是"寒暄"，还有一句话，则是声明自己并未受外国人的蛊惑，连周氏信中有意无意要为其开脱的一番假设也直接给推翻了。信中这样写道：

我对于你的意见，也能谅解。但我要声明，我写给王儒堂君的信是五日晚上发出的，还不曾有机会受"外国人的谬论"的影响。

不过，这一通只有三句话的短信，没有实际寄出，仍旧搁在胡适案上，后来又自己收藏了起来，成了一通"信稿"而已。两天之后，即11月12日，胡适在这通"信稿"的基础之上，又增添了很多内容，完成了一通实际寄出的、致周作人的正式回信。这一通回信，也是自其公开抗议逼宫以来，解释最充分、解说最细致，且回应时间最早的一通私人信件。此信原文如下：

> 启明兄：
>
> 　　前晚在西山月光中写了一封信给你，昨天回来即得你的信，这真可谓"两地相思"了。
>
> 　　你的信我很能谅解。你不知道此信发于五夜十时，故疑我"不免有点为外国人的谬论所惑"。
>
> 　　我两年前见过溥仪君，他那时就说要取消帝号，不受优待费，并说已召李经迈来清理财产。其后他改派郑孝胥君，与以全权，在醇亲王之上，其意不可谓不诚。外间人说，解决此事，只有暴力一途；若假以时日，则必不成。（王正廷君对我如此说。）我不信此是实情。我以为，此次若从容提议，多保存一点"绅士的行为"，此事亦未尝不可办到。只此一点是你和我的不同之点。此外我并没有什么异议。
>
> 　　外国人与清室有关系的，如庄士敦君，我颇相熟，深知他们并没有什么复辟谬论。庄君主张取消优待条件最力；清理财产，整顿颐和园收入，皆他所主张。此外，以我所知，英文报纸上也没有鼓吹复辟的论。
>
> 　　你以为"这乃是极自然极正当的事"，这话里的感情分子之多，正与我原书不相上下。我们若讨论"什么是极正当"，那就又要引起二十五万字的讨论了。所以我不愿意讨论此语，只说明我对此事的态度。
>
> 　　谢谢你的长信。
>
> 　　　　　　　　　　　　　　　　　　　　适，十二日

胡适此信写寄次日，即1924年11月13日，周作人又写了一封信，回复胡适。信文分作两段，前一段内容算是回应胡适来信，后一段内容则已与此话题无关，谈的是办刊约稿的一些琐事。且将前一段信文摘录如下：

> 适之兄：
>
> 惠函敬悉。我那封信本想寄了发表，借以骂《顺天时报》，后来不用这个形式，只寄给你看，所以不大像一书信，而且里边大约不少"感情分子"，因为我最怕复辟，别的政变都没有什么，故对于复辟派的外国人〔《顺天时报》时说民主不适于中国，最近间接看见京津《泰晤士（报）》说中国应回复到民国以前状况〕，以及罗振玉等遗老很有反感。虽然对于满人（觉得有些地方似比汉人更有大陆国民气概）特别溥仪君是很有同情的。①

这段信文表明，周作人已然与胡适取得某种情感上的默契，达成基于同情前提之下的"谅解"。胡适复信中有言在先：

> 你以为"这乃是极自然极正当的事"，这话里的感情分子之多，正与我原书不相上下。我们若讨论"什么是极正当"，那就又要引起二十五万字的讨论了。所以我不愿意讨论此语，只说明我对此事的态度。

胡适信中这句话的言下之意，乃是坦承自己以公开信方式的"抗议"之举，确实有些感情用事，实属冲动之举；而周作人来信所认定的逼宫"乃是极自然极正当的事"，也是感情用事，也是带着冲动而来的。周氏复信中，承认并认同了胡适的这一判断。为此，还特别强调了对"溥仪君是很有同情的"。

---

① 此信文内容由笔者据《胡适遗稿及秘藏书信》第二十九册（黄山书社，1994年）原件影印图像重新整理录入。

周作人、胡适、蒋梦麟等与日本学者团合影
（摄于1924年1月，北京大学二院中日学术协会会议期间）

朋友之间的坦诚以待，可以消除误会、相互理解，并最终达成谅解。周作人与胡适在逼宫事件上，原本有着截然不同的个人立场，却以通信交流的方式达成了彼此"谅解"，并没有因之产生隔阂，更没有因之决裂。

二、也"祝贺"溥仪离开故宫

更为出人意表的是，周氏复信中特别强调了的对"溥仪君是很有同情的"云云，还并不是为表示与胡适之间确已达成谅解，随意写下的有"圆场"意味的泛泛之言，而是确有其心，且将因之有所公开表示的诚意之言。就在复信胡适二十余天之后，周氏确实还写了一通致溥仪的公开信，且郑重其事地将之选入自选集《谈虎集》①之中。

不过，谈到其自选集《谈虎集》的命名问题，周作人开宗明义地告诉读者，这本集子里的文章大多是不那么平和的，有所谓"谈虎色变"的观感。卷首序文中有言：

① 《谈虎集》，上下卷，分别于1928年1月、2月由北新书局初版。

我这些小文，大抵有点得罪人得罪社会，觉得好像是踏了老虎尾巴，私心不免惴惴，大有色变之虑，这是我所以集名谈虎之由来，此外别无深意。

周作人《谈虎集》下卷，
1928年2月初版

在《谈虎集》中，周作人自以为是的"踏了老虎尾巴"的文章中，收了这么一封写给溥仪的公开信，按照他自己的解释来推想，这恐怕就是当时普天下最"得罪"于人与社会的一篇文字了。

据考，写这封信的时间为1924年11月30日，且首发在了周氏自己主办的《语丝》第4期之上，而此刻的溥仪被冯玉祥的军队赶出故宫之后，正偕同郑孝胥、陈宝琛二人，由醇王府仓皇逃往东交民巷日本使馆。在这个兵荒马乱的节骨眼上，给落荒而逃的"皇上"写出这么一通公开信，怎么看都有点"落井下石"的意味。这样一通公开信，不妨细看，看一看、品一品周氏原意究竟如何。信件原文如下：

溥仪先生：

听我的朋友胡适之君说，知道你是一位爱好文学的青年，并且在两年前"就说要取消帝号，不受优待费"，思想也是颇开通的。我有几句话早想奉告，但是其时你还是坐在宫城里下上谕，我又不知道写信给皇帝们是怎样写的，所以也就搁下。现在你已出宫了，我才能利用这半天的工夫写这一封信给你。

我先要跟着我的朋友钱玄同君给你道贺，贺你这回的出宫。这在你固然是偿了宿愿，很是愉快，在我们也一面满了革命的心愿，一面又消除了对于你个人的歉仄。你坐在宫城里，我们不但怕要留为复辟的种子，也觉得革命事业因此还未完成；就你个人而言，把一个青年老是监禁在城堡里，又觉得心里很是不安。张国焘君住在卫戍司令部的优待室里，陈独秀君住在警察厅的优待室里，章太炎先生被优待在钱粮胡同，每月有五百元的优待费，但是大家千辛万苦的营救，要放他们出来，为什么呢？因为人们所要者是身体与思想之自由，并非"优待"——被优待即是失了自由了。你被圈禁在宫城里，连在马路上骑自行车的自由都没有，我们虽然不是直接负责，听了总很抱歉，现在你能够脱离这种羁绊生活，回到自由的天地里去，我们实在替你喜欢，而且自己也觉得心安了。

我很赞成钱君的意见，希望你补习一点功课，考入高中，毕业，大学后再往外国留学。但我还有特别的意见，想对你说的，便是关于学问的种类的问题。据我的愚见，你最好是往欧洲去研究希腊文学。替别人定研究的学科是很危险的事，因为与本人的性质与志趣未必一定相合。但是我也别有一种理由，说出来可以当作参考。中国人近来大讲东方文化、西方文化，然而专门研究某一种文化的人终于没有，所以都说的不得要领。所谓西方文化究竟以那一国为标准，东方文化究竟是中国还是印度为主呢？现代的情状固然重要，但更重要的似乎在推究一点上去，找寻他的来源。我想中国的，印度的，以及欧洲之根源的希腊的文化，都应该有专人研究，综合他们的结果，再行比较，才有议论的可能，一切转手的引证全是不可凭信。研究东方文化者或者另有适当的人，至于希腊文化我想最好不如拜托足下了。文明本来是人生的必要的奢华，不是"自手至口"的人们所能造作的，我们必定要有碗能盛酒肉，才想到在碗上刻画几笔花，倘若终日在垃圾堆上拣煤粒，那有工夫去做这些事，希腊的又似乎是最贵族的文明，在现在中国更不容易理解。中国穷人只顾拣煤核，阔人只顾搬钞票往外国银行里存放，知识阶级（当然不是全体）则奉了群众的牌位，预备作"应制"的诗文；实质上可吃的便是宝物，名目上是平民的便是圣旨，此外都不值一看。这也正是难怪的，大家还饿鬼似的在吞咽糟糠，那里有工夫想到制造"嘉湖细点"，更不必说吃了不饱的茶食了。设法叫大家有饭吃，诚然是亟应进行的事，一面关于茶食的研究也很要紧，因为我们的希望是大家不但有饭而且还有能赏鉴茶食的一日。

想到这里，我便记起你来了，我想你至少该有了解那些精美的文明的可能——因为曾做过皇帝。我决不是在说笑话。俗语云，"做了皇帝想成仙"，制造文明实在就是求仙的气分，不过所成者是地仙，所享者是尘世清福而已，这即是希腊的"神的人"的理想了。你正式的做了三年皇帝，又非正式做了十三年，到现在又愿意取消帝号，足见已饱厌南面的生活，尽有想成仙的资格，我劝告你去探检那地中海的仙岛，一定能够有很好的结果。我想你最好往英国或德国去留学，随后当然须往雅典一走，到了学成回国的时候，我们希望能够介绍你到北京大学来担任（或者还是创设）希腊文学的讲座。

末了我想申明一声，我当初是相信民族革命的人，换一句话即是主张排满的，但辛亥革命——尤其是今年取消帝号以后，对于满族的感情就很好了，而且有时还觉得满人比汉人更有好处，因为他较有大国民的态度，没有汉人中北方的家奴气与南方的西崽气。这是我个人的主观的话，我希望你不会打破我这个幻想罢。

　　　　　　　　　　　　　　十一月三十日，周作人

再者，风便祈将台甫示及，以便称呼。又及

追记：

这封信才写好，阅报知溥仪君已出奔日本使馆了。我不知道他出奔的理由，但总觉得十分残忍。他跟着英国人日本人这样的跑，结果于他没有什么好处——只有明白的汉人（有辫子的不算）是满人和他的友人，可惜他不知道。希望他还有从那些人的手里得到自由的日子，这封信仍旧发表。在别一方面，他们是外国人，他们对于中国的幸灾乐祸是无怪的，我们何必空口同他们讲理呢？我们已经打破了大同的迷信，应该觉悟只有自己可靠，……所可惜者中国国民内太多外国人耳。

十二月一日添书

这一通长信，约有一千八百字的篇幅，已是先前周氏致胡适那一通"长信"篇幅的两倍有余了。仅此一点，即可以想见，周、胡二人虽然在逼宫事件上已达成谅解，可周氏原有的立场与意见，依然不曾改变分毫，且仍是不吐不快，必欲以公开信方式一吐为快。

此信开篇已有交代，周作人是与钱玄同约好，要先后致信溥仪，为其被迫离开故宫去"道贺"的。第四章已经述及钱氏致溥仪的公开信《恭贺爱新觉罗·溥仪君迁升之喜并祝进步》，已在《语丝》创刊号上发表（1924年11月17日），同期刊物上，周氏所撰《清朝的玉玺》一文也随之刊发。紧接着，周氏"贺信"也写出来并发表了。二人一唱一和，为清宫由此成故宫，故宫从此成为中华民国的"国产"，为末代皇帝溥仪至此做平民，因此逃离"宫禁"重获"自由"，拍手称快。

三、明确站在民族主义立场上

这一通公开信写毕复又刊发，周作人仍然感到未能"尽兴"。于是乎，当年12月9日，又在《京报副刊》第5号上发表《外国人与民心》一文。文中专门针对当时一些外国人的说法予以了反击。譬如，当时有外国人称"废清帝号"是"中国要过激化了"，更据此认定逼宫事件是中国人又将远离文明社会的新表现之一。对于这种论调，周氏予以坚决反击，明确指出"此废帝号之举实出于民族革命的旧思想，新且未必，遑论激哉"，更为之特别强调称：

> 我们决不相信中国民心的真相会发现于外国的机关报之
> 上，他们所谓民心者只是顺民与西崽的话，承主人之意旨而照
> 说者耳。

同年12月27日，周氏又在《京报副刊》第21号上发表《听说商会要皇帝》一文，更为强烈地讽刺与抨击了国内的"奴气"与"复辟"诉求，为之特意加以解说称：

> 北京市民是中国人中家奴气最十足而人气最少的东西，
> 他们要是没有"主子"在上头，是天也不会亮的；他们之被强
> 迫为民国人民实在是很委屈的，真真是对不起的。

看来，先前还与胡适达成谅解，复又调侃溥仪的周作人，虽然确有冷静克制的一面，但当其面对"外国人与民心"之时，始终还是"感情分子"会更多一些。其人对于民国建立十余年之后，外国势力对中国内政的干扰，以及国内民众的"奴气"之重，是深感忧愤的。

逼宫事件的突发，由周氏看来，恰恰生动地反映出了中国社会深重的政治与文化危机。与其争论逼走一位末代皇帝是否"合法"，不如来思考如何逼走中国人骨子里的"奴气"，以及外来势力的"霸气"。为此，其人不厌其烦，孜孜以求地继续"借题发挥"，试图以一己之力，用一支笔来搅动故宫内外的悠悠众口，非得要把这一政治上的突发事件，拓延衍化为公共文化领域的持久话题。

果不其然，周作人的这种想法，即刻有所实现。已至1924年底的12月30日，《京报副刊》登载班延兆的文章《读"听说商会要皇帝"后》。该文与周作人针锋相对，认为社会上有些群体向当局呈请恢复《清室优待条件》，这一事件并不能说明北京市民的"奴气"十足，恰恰相反，这是国民思想进步、追求法治公平的体现。

当天看到报纸上这样的回应，周氏迅即撰写《答班延兆先生》一文，更为激烈地批评了北京市民，称"复辟时的欢欣，溥仪出宫的悲愤……已

经足够证明奴气之深了"；甚至还说出了相当意气用事，"感情分子"高
涨的话语，竟公然宣称：

> 我们还主张仇满，主张报"扬州十日""嘉定三屠"之
> 仇呢！

周作人的《答班延兆先生》，就写于看到班延兆发文的当天，即1924
年12月30日，可谓反应迅捷。只是发表时稍稍滞后了一点，待到新年1925
年开年之际，1月4日，方由《京报副刊》第26号刊发。二人论战还将在新
的一年中继续，时至1月11日，《京报副刊》第35号都还在刊发周氏《答
班延兆的信》。

溥仪与溥杰、润麒在御花园钦安殿后汉白　　　　溥仪宫中旧照
玉石栏上

1925年，因冯玉祥逼宫，逊帝溥仪被迫离宫出走。
在日本使馆方面护送之下，安抵天津。此为溥仪在天津张园与日本军官合影

　　不过，周氏的精力之充沛，为文之迅捷，还并不仅限于与班氏的这场论战。也就是在1925年元旦那天，其人又写了一篇《介绍日本人的怪论》，转而开始批评日本人对溥仪的同情。

　　这篇文章译录了日本《东洋文化》第11号所转载的，日文报《上海》原刊《清室之废号迁宫》一文，在译介此文的同时，周作人又加了批语，抨击该文所称清室废号迁宫即指示着"民国末路愈甚"之怪论，认为这是日本人干涉中国内政的无知与无稽之谈。

　　这篇文章于1925年1月6日，发表在了《京报副刊》第28号上。与此同时，在周氏自己主办的《语丝》上，则发表了《元旦试笔》一文。该文明确宣称"我的思想到今年又回到民族主义上来了"，并再次以逼宫事件为例，来说明其人屡经时事与时势所改造而成的、真实确切的思想立场。文中这样宣称道：

> 五四时代我正梦想着世界主义，讲过许多迂远的话，去年春间收小范围，修改为亚洲主义，及清室废号迁宫以后，遗老遗少以及日英帝国的浪人兴风作浪，诡计阴谋至今未已，我于是又悟出自己之迂腐，觉得民国根基还未稳固，现在须得实事求是，从民族主义做起才好。

应当说，一直以来对日本文化极富好感并颇为认同的周作人，当逼宫事件出现，当其敏锐地感觉到日本势力悄然渗入之后，即刻明确地站在民族主义立场之上，对外来势力干涉中国内政表现出了极为坚决的排斥态度。这一反常态的突出表现，在周氏一贯冷静克制、隐忍理智的人生表现中，是极为少见的；这对于终生亲近日本文化与文学的周氏而言，也不啻一场突如其来的"激变"。如此看来，一座清宫所牵系的国事、家事、文事，竟如此之繁复多变，恐怕还真不是历史的局中局外人，仅仅从个人立场上能够一并了解、多元理解的。

无论如何，此时的周氏立场坚决、态度鲜明，积极反对各方势力对逼宫事件加以利用，对外来势力尤其是日本势力的渗入，更为敏感与反感。当年1月13日，周氏又在《京报副刊》第35号上发表《"日本人的怪论"书后》一文，再次抨击日本《东洋文化》杂志上的《清室之废号迁宫》一文，再次强调称：

> 日本人要自省，这样的侮辱他人结果就是自侮。

周作人对逼宫事件的态度如此鲜明，也间接地影响到了身边的亲友，其子周丰一就深受感染。并不专事写作，也很少撰文发表的周丰一，在其父逼宫论战十年之后，于1935年4月1日撰发《太监》一文，交由北平《世界日报》发表。此文篇幅不长，却颇得其父笔法，娓娓道来之中笔锋凌厉。文章开篇即语：

> 中国从帝王时代变成共和国以来，那些镇日服侍宫内的

太监便失去了恩宠而作了中华民国的平民了。

此一语轻描淡写，却可谓开宗明义。接下来，文中还描述了太监"退休"之后的生活情形，有"遛鸟"的，也有"推土车"的，对此种情态，作者不禁为之感慨道：

> 虽然他们已经是一个废人，但是曾有过相当的物质生活去满足他们，又有皇帝的恩惠赐与他们，于是他们便忘了虽身为一男人而实在不如一只狗。

关于周丰一此文，虽是题外话，却足见周氏文风与家风之一贯。

溥仪夫妇与时任加拿大总督的威林顿伯爵夫妇、庄士敦在天津张园合影的原件，
照片底板左右两侧有溥仪亲笔签赠字迹

四、投日事伪，"觐见"溥仪

言归正传。也应当看到，在这场逼宫事件合法、合理、合情与否的论战中，周作人表现出了极为激烈鲜明的一面，这令稍稍了解其人其文的后世读者们，多少还是有些诧异的。

因为，这与周作人一贯以恬淡闲适之风名世的那种笔法，实在是大相径庭、判若两人。换句话说，其人一向沉稳有加，似乎从未有过如此激动的时刻；此刻的周作人，更像是那个以杂文作为"标枪"的兄长周树人了。

然而，俗话说"人生如戏"，人生的戏剧性之剧烈，总是让人猝不及防地陷入前后矛盾的尴尬境地之中。如果说挑起逼宫事件的论战，还仅仅只是拉开一段人生戏剧的序幕而已，那么，在逼宫事件十八年后，周作人一生最重的"戏份"才悄然来临。此时，其人摇身一变，不但从当年的反日反帝的文化先锋，变作了投日事伪的"周逆作人"，而且还以伪教育总署督办的身份亲自拜见了溥仪。

原来，1937年七七事变之后，北平各大高校的师生纷纷撤离，一部分去了西安，一部分去了昆明。举国一片"国难"声中，周作人却不愿撤离北平，以"家累"太重，不便迁移为由，依旧留守北平，仍在北大任教。

周作人苦雨斋中存照及签名
（原载《书人》月刊创刊号，
1937年1月1日）

东亚文化协议会第八次评议员大会合影（局部），前排正中为周作人

时至1937年7月30日，日军侵占北平；同年12月，伪华北临时政府在北平成立。经过一段时间观望权衡，周作人最终选择了投日事伪，于1938年5月出任伪国立北京大学总监督，不久即升任伪教育总署督办。1942年5月，为庆祝"满洲帝国"十周年纪念，周氏随同汪精卫赴伪满访问，在当时的"新京"、今日的长春，前去"觐见"了伪满洲国傀儡皇帝溥仪。

据《伪满宫廷秘录》①记载：时为1942年5月7日，伪中华民国政府主席汪精卫访问伪满洲国。随同来访的还有：伪外交部部长褚民谊、伪参谋总长杨揆一、伪宣传部部长林伯生、伪教育总署督办周作人、伪行政院侨务委员会委员长兼经济委员会秘书长陈君慧、伪航空署署长陈昌祖、伪外交部政务次长周隆庠、伪中央医院院长罗广霖、伪外交部顾问张超、伪行政院秘书曹宗阴、伪外交部亚洲司司长薛逢元、伪外交部总务司司长陈国丰、伪宣传部参事钟任寿、伪外交部交际科科长徐义宗、伪外交部专员汪锦元，及汪伪国民政府最高军事顾问日本陆军少将影佐、首席顾问海军少将寺冈等人，下榻于满业公馆和大和旅馆。

《溥仪外传》②则更为详尽地记载了这些汪伪政府要员拜见溥仪的细节。书中这样写道：

---

① 伪皇宫陈列馆编：《伪满宫廷秘录》，吉林文史出版社，1993年。

② 杨照远、刘晓晖编著：《溥仪外传》，吉林文史出版社，1985年。

5月8日上午9时30分，由四辆红色摩托车导引着二十几辆黑色轿车，经兴运路，驶进莱勋门，停在兴运门外。西便殿内，溥仪端坐在金龙屏风前的菊花御座上。在他左、右侧的国玺、玉玺台上放着玉制的国玺和碧绿色玉玺。

那么，曾在十八年前写过《清朝的玉玺》、十六年前还写过《谨论清宫宝物》的周作人，曾批判民众"迷信玉玺"之落后的国民性，又曾针对传闻"大批清宫宝物落入日人之手"而问责于段祺瑞政府的周作人，此刻却在日本军车的护送下，在日军一手扶植起来的傀儡政权——伪满洲国的宫殿中，亲眼见着了这些国宝重器，真不知他会做何感想。

其实，此次会见，也是周作人第一次面见溥仪。这位曾被其调侃教训过的伪满洲国皇帝，此刻就端坐于"龙椅"之上，而周作人以汪伪政权高级官员身份，毕恭毕敬地伫立在傀儡宝殿中，致礼于这位已然"独立"的傀儡皇帝，此情此景，其人又该做何感想？此一时彼一时的莫名难堪，悔不当初的权衡得失之心，恐怕多少都是会有一点的。

当天中午时分，溥仪就在嘉乐殿内设欢迎宴会，宴请汪伪政府要员一行，周作人当然也是能受用"御酒"一杯的了。1943年5月8日，溥仪为汪精卫等访问伪满一周年赠勋，还特别赠予伪教育总署督办周作人一枚"柱国章"。

于周作人而言，最富戏剧性的画面，就此悄然开启：那个曾被他公开调侃，并用以反讽国人"奴气"的末代皇帝，此刻却成了为其"外交"来访

伪满洲国"康德"元年（1934），溥仪军装肖像（辑自日本《"满洲国"皇帝陛下御来访记念写真帖》）

行动授勋表彰的"异国"主君。当年高呼"日本人要自省，这样的侮辱他人结果就是自侮"的周作人，面对悍然入侵东三省，直至并吞包括故都北平在内的整个华北地区之日军铁蹄，却不得不以"自侮"而不是"自省"的方式保全其身家性命。当然，抗战胜利之后，其人最终更因此领受"汉奸罪"的审判，这真真是意想不到的变局，更是因缘莫测的吊诡。

人生如此戏剧，历史如此反讽——即使如周作人这样的，似乎一生都洋溢着恬淡闲适之风的美文作者，也莫名其妙地逡巡穿行于这一座曾经负载着国家最高权力的故宫内外，自觉或不自觉地、有意或无意地演绎着那一桩又一桩关涉人心世道、民气国运的文化疑案。

第六章
陈　垣：书山学海在故宫

一、守护故宫，竟被"传唤"

1926 年 9 月 9 日，北京《世界日报》第 3 版的报道中，一则《故宫博物院成立点交委员会》的新闻与一则《陈垣昨早被传》的新闻并列一处。

陈垣昨早被传
旋经孙宝琦等保释

复旦社云，前教育次长、清室善后委员会事务长陈垣，昨早八时，被某司令部传去。嗣经孙宝琦、庄蕴宽[①]保释。至午后四时，即已释放。至被传原因，闻系为清宫交代问题云。

故宫博物院成立点交委员会
推定起草员拟具点交办法

故宫博物院，因政府另组保管委员会，预备接收，原有院中物品，异常重要。旧日院中人员，如各部原派助理员及所

---

① 庄蕴宽（1866—1932），字思缄，号抱闳，晚署无碍居士，江苏武进（今常州）人。

聘各界顾问及该院职员等，均主张应组织点交委员会，专办点
交，以昭慎重，面清手续。兹闻昨日该院已正式成立点交委员
会，推定起草委员，拟具点交办法，预备新委员会之点收机关
成立后，实行点交云。

据这两则新闻报道来看，1926年9月8日"早八时"，曾任清室善后委
员会事务长（常务委员）的陈垣，"被某司令部传去"，而这一事件与故
宫博物院成立点交委员会竟是在同一天，这就未免有些匪夷所思了。

1925年春，陈万里去敦煌前，北大友好欢别时留影，陈垣系围巾居于后排

这里提到的"传去"，即通常所谓传唤，也即传讯。从法律角度而
言，即对于暂不需要逮捕、拘留的犯罪嫌疑人，可以传唤到指定的地点或
者在他的住所、所在单位进行讯问。报道中也说明了陈垣被传唤的原因，
"闻系为清宫交代问题云"。至于交代关于"清宫"的什么问题，报道中
没有明言；不过，读者不免联想，这一事件与同一版面上的"故宫博物院
成立点交委员会"的新闻，应当有所关联。

须知，自1924年末代皇帝溥仪被逼宫之后，清室善后委员会就一直是
清宫遗产的最直接的、最高级别的管理机构，故宫博物院成立点交委员会
这么大的事体，为何没有提及原清室善后委员会的只言片语？为什么偏偏
在这个时候，原清室善后委员会事务长陈垣又被传唤了呢？其人究竟所犯

何事，会被"某司令部"传唤呢？这"某司令部"究竟又是哪支派系军队的司令部？这一系列的疑问，接踵而至。这一切，仍还得从逼宫事件及其"善后"问题说起。

二、逼宫事件后，艰难维系故宫防卫工作

突发逼宫事件之后，无论是当时所谓的民国政府，还是紫禁城中的逊清群体，一时都陷入群龙无首的局面。之后不久，为稳定局势，冯氏请出皖系军阀段祺瑞，出任临时政府的临时执政（国家元首），希望以此统一领导与管控各方力量，尽快"善后"。

时为1924年11月7日午夜，临时政府摄政内阁正式发布命令：

> 《修正清室优待条件》，业经公布施行，着国务院组织善后委员会，会同清室近支人员，协同清理公产、私产，昭示大公。所有接收各公产，暂责成该委员会妥善保管，俟全部结束，即将宫禁一律开放，备充国立图书、博物馆等项之用，借彰文化而垂久远。

11月14日，政府公报公布国务院所拟《办理清室善后委员会组织条例》，并聘请国民党元老李煜瀛（1881—1973，字石曾）为委员长。委员会由政府方九人和清室方五人①组成，另以京师警察厅、京师高等检察厅、北京教育会为法定监察员，又特聘名流吴稚晖、张继、庄蕴宽为监察员，国务院与其所属各部院各派两人为助理员到会，以使工作昭信于国人。12月20日，清室善后委员会以委员长名义，函请陈垣代理委员长并兼任常务委员，准备让其随时代理委员长职务。同日，清室善后委员会召开第一次会议。

___

① 委员名单中，来自政府方面代表为汪精卫（易培基代）、蔡元培（蒋梦麟代）、鹿钟麟、张璧、俞同奎、范源濂、陈垣、沈兼士、葛文濬，清室方面则为绍英、载润、耆龄、罗振玉及宝熙。两方面代表，共同磋商办理接管宫内房产、文物及档案，并做系统整理造册等相关事宜。

◀ 故宫博物院委员长李煜瀛（原载《故宫周刊》，1929年第2期）

▼ 南京国民政府之要人，右起第三人即李煜瀛（原载《东方杂志》，1927年第24卷第8期）

1925年，清室善后委员会在点查养心殿时，发现上年（1924年）春夏间清室密谋复辟文件，当即抄录副本，因事关内乱，即刻又致函京师地方检察厅，请提出公诉。鉴于事态之紧急，9月29日，清室善后委员会召开会议，按组织条例第四条，并执行中华民国十三年（1924）十一月七日政府命令，迅即组织故宫博物院。10月10日，清室善后委员会通电各界，宣布故宫博物院成立。"紫禁城"也从此由皇家私产变作国家公产，逐步向公众开放。

故宫博物院成立之后不到半年时间，1926年4月，在直、奉两系军队夹击之下，段祺瑞先是被冯玉祥驱逐下台，北京临时政府宣告覆灭；紧接着，冯氏所率国民军又在军事上失利，旋即下野而远走苏联。就这样，乱象丛生的整个北京，竟又没有一个统一合法的政府了。故宫的命运，也因之蒙上阴影。

实际上，早在1926年3月，时任清室善后委员会委员长的李煜瀛，就因曾两度发动社会力量迫使教育总长章士钊辞职，被段祺瑞政府视作妨碍其统治的"乱党"，下令通缉。虽然神武门门洞上还高悬着李氏所书"故宫博物院"五个大字，可李氏本人却不得不为免遭迫害，迁离北京，远徙上海而去，会中工作一度陷于停顿状态。只不过，据早前应急约定，代理委员长陈垣迅即出面主持工作，力图维持已有工作体系，继续守护与有序清查故宫遗产。

此前，故宫原由冯氏所率国民军驻守，此刻只得请内务部的警卫队接防。委员会随即决定由陈垣为代表，办理驻防交接手续，定于4月5日开交接会。未承想，就在开会的前一天（4月4日），奉军轰炸北京，并在故宫南三所门外投炸弹一颗，对交接工作有所影响。不过，次日交接会，仍照旧举行。在会上，陈垣发言强调，说明军队换防只是为保卫，不是接管故宫。

在陈垣的全力斡旋之下，从冯玉祥的国民军到段祺瑞政府的内务部，故宫保卫防护工作始终在动荡时局中得以艰难维系。时至1926年5月，陈垣试图重启委员会工作，希望逐渐收拾局面、恢复常态。这一年5月10日，《世界日报》有报道称：

> 清室善后委员会自政局变动，该会委员长李石曾被通缉后，曾停顿多日。兹经调查，该委员刻已向各方面接洽妥应，继续工作。并已决定将前此尚未点查部分，赶紧点查完竣后，即裁员减政，以节省经费，继续维持。闻前此点查，因军警午前不许到场，每日只午后一次，点查甚慢。此次则每日午前午后点查两次，时度甚快。预计数日内可点查完竣，俟点查完竣后，即向卫戍司令部请派卫队守卫。以便继续开放，任人游览云。

据此报道内容可知，由陈垣主持的清室善后委员会，在时局如此动荡交迭的局势之下，仍在继续开展故宫点查工作。这一工作，一方面是全力摸清故宫"家底"，以便妥善管理与守护；另一方面也是为故宫真正化身"公产"，为将来向公众全面开放铺垫基础。总之，陈垣当年的苦心经营，历史意义与社会价值皆十分重大。

三、"故宫交还溥仪"声中，乱象丛生

1925年12月，直、奉两系联合执政，直系杜锡珪（1874—1933，字慎丞）出任海军总长。1926年6月，在奉系的压力之下，第三次颜惠庆内阁倒台，杜锡珪以海军总长代理国务总理，成立临时内阁，同时摄行大总统职权。

杜锡珪在北京组织新内阁之后不久，在"国务会议"上通过所谓"故宫改组"议案，另成立"故宫保管委员会"，准备将清室善后委员会与故宫博物院排除在外，重新"接收"与"保管"故宫。这一保管委员会由清朝遗老及新内阁人员组成，赵尔巽（1844—1927，字公镶，号次珊）与孙宝琦（1867—1931，字慕韩）分别出任正副委员长。

杜氏新内阁"故宫改组"计划刚刚开启，坊间流传的故宫或将交还溥仪的传闻，也一度甚嚣尘上。1926年7月1日，《世界日报》首度出面"辟谣"，刊发了一篇题为《何来故宫交还溥仪说》的简讯，原文如下：

> ### 何来故宫交还溥仪说
> 竟有谓赵尔巽曾向张、吴交涉已有头绪者
> ……当系绝对不确
> 据复旦社报告，昨日京中喧传赵尔巽前次赴津，系为溥仪交涉收回故宫一事。现在张、吴两人对此事颇有同意之倾向。不久或须实现云云。惟据本所记者昨晚向各方切实调查之结果，则上项传说确系虚造之误，实无其事云。

报道中提及"张、吴两人"，即张作霖（1875—1928）与吴佩孚（1874—1939），各自统领着当时能左右北京政局的奉、直二系。若此二人中有一人对"故宫交还溥仪"之事表现出支持，那么，故宫博物院在不久的将来"复辟"，重新回归至先前的"紫禁城"地位，也确实是有一定可能性的了。当然，《世界日报》记者的"辟谣"，似乎又将这种可能性给一笔勾销了。

7月3日，《世界日报》又刊发了一篇简讯，对先前的"辟谣"做出进一步表述，希望充分澄清此事。原文如下：

> ### 故宫交还溥仪运动
> 遗老确言曾条陈张、吴
> ……张、吴不愿过问……
> 此事遂成过去
> 复旦社云，某方消息，关于故宫交还溥仪之事，遗老方面确有重要条陈分陈张、吴两巨头。闻张对此事不置可否，吴当即原条陈呈上批"事关重要，移交国务院核办"。前日张、吴晤面，对此事确曾谈及，但均主不加干涉，是此事已成过去矣。

7月17日，《世界日报》再度刊发简讯，对先前的"故宫交还溥仪"传闻的跟踪报道仍在继续。简讯原文如下：

> ### 溥仪竟作再入故宫称帝之梦
> 致函吴佩孚请恢得十三年原状
> ……吴将该函转送国务院
> 自西北军退出北京后，亡清遗老即乘机运动恢复十三年之原状，已迭志前报。兹续据国务院消息，溥仪致吴佩孚请恢复十三年优待条件发还故宫之函。吴氏昨已派员送至国务院，请杜锡珪核办，未拟办法，该函尚在搁置云。另一报

告，杜已将吴交之函，及本人接收所谓清室内务府作同样要
求之公函并案交内务部核办。张国淦已命各参事司长妥议办
法。呈具说帖预备提出阁议公决云。

显然，7月3日报道中的所谓"此事已成过去矣"之结论，至7月17日
时都还并不能完全成立，这一事件并没有真正结束。张、吴二人对"故宫
交还溥仪"之事虽"均主不加干涉"，但毕竟将清室遗老们的条陈送至
杜锡珪政府案上，还是要提请"阁议"的。无论如何，从报道中还看不出
张、吴二人有明确反对的基本立场，且他们还将明确表态的责任转交给了
杜氏政府。这样的情形，总令人感到事态微妙，"传言"未必全然是"谣
言"了。

7月20日，《世界日报》在一篇《杜阁确曾电请陆征祥组阁》的报道
中，有一小段章节再次提到"故宫交还溥仪"之议，称"清室事件在讨论
中"。这一报道，是时任国务院秘书长的孙润宇对一位日本记者发表谈话
的摘要。报道中提到：

关于清室要求恢复优待条件一节，吴玉帅虽已移交政府
核办，但政府方面自提出阁议报告后，谓为性质重大，应行慎
重讨论，故未有所决定。

从报道中可知，在政府已拟重新组阁的情势之下，对"故宫交还溥
仪"之议，杜氏政府仍然悬而未决——这一事件"性质重大"到令当时的
北京政府难以明确表态，难免令人联想到其中或有重大隐情，令当局都
颇感棘手了。先前的"辟谣"之坚决，至此似已越发迷离，前景颇难预
料了。

与此同时，"保皇党"康有为也开始四处游说与活动，一方面致信吴
佩孚等军政首领，一方面会见名流要员（包括陈垣），希望最终实现"故
宫归还溥仪"之愿望。与其针锋相对，章炳麟也致信吴佩孚，要求坚决不
可将"故宫归还溥仪"。一时间，报端仿似举办着一场正反双方的辩论

会，两方各执一词、各有立场，你方唱罢我登场，情势越发激化。

四、"宣统帝大婚"里的历史信号

应当说，关于"故宫交还溥仪"之议，无论是溥仪个人的一己私念，还是逊帝身边的遗老旧臣方面的集体筹谋，在当时已两度"复辟"帝制的历史背景之下，在当时任何一方军阀都不能完全掌控国内局势的情形之下，当然不能仅仅将其作为茶余饭后的谈资笑料。这一社会事件，有着极其深刻微妙的现实性，或如鲁迅将其视作"国民性"使然，即两千年帝制之下的国人"奴性"使然，或如周作人将其视作"民气"使然，即两千年极权之下的国人"奴气"使然，总之，都是可以从深入骨血里的中国人人性里边去做一番探究的。

只要意识到"故宫交还溥仪"之议，并不能将溥仪及其追随者仅仅视为一帮痴人，绝不能仅仅将这一公开呼吁视作一厢情愿的痴人说梦，对这一事件的认识，也就近乎重返"历史现场"了。事实上，这一"历史现场"，曾经有过一次极为生动微妙的"预演"，就发生在不久之前的1922年底——仔细观摩与揣摩过这一次"预演"者，就应当会对两年后（1924年）的逼宫之变，以及再两年后的"还宫"之议，有着另一番融会贯通的心得体会了。

这次"预演"，即1922年底的所谓"宣统帝大婚"。话说宫外的"民国"已然运转了十年，宫中帝制时代的基本礼仪与待遇却一仍其旧，不改分毫。时至1921年溥仪将十六岁时，宫中遗老就开始议论，说什么"皇帝春秋已盛，宜早定中宫"。于是乎，依旧按照皇家规矩，开始大肆选拔皇后与皇妃。荣源的女儿婉容和端恭的女儿文绣，最终被评定为皇后与皇妃，这"宣统帝大婚"典礼行将举行。

这次"共和"体制之下的"帝制"婚礼，无论是亲历其中的臣僚名士，还是旁观记录的报馆文士，都遗留下了大量近乎"野史"却更近于"现场"的好篇什。溥仪的英文教师庄士敦名著《紫禁城的黄昏》，自不待言；一册仅有十余页的《宣统帝大婚记》私印本，也颇有看点。一部名著，一册小本，两相参照，真真别是一番体味。且看这一册距今整整一百年的铅印小本，开篇即交代这一事件梗概的序文，不妨通读一遍。原文摘录如下：

像肖近最統宣帝清

溥仪大婚前夕存照

　　壬戌冬十月十三日，清帝宣统举行大婚典礼。是日也，天朗气清，惠风和畅，盘盘焉之车马，矗矗兮之香车，联翩而集于旧宫者，为共和之伟人，民国之政客，前清之遗老，各国之外宾，分班瞻礼，进退如仪，其声也霭霭，其色也融融。筵开暖殿，乐起丹墀，极人事之繁华，奏关雎之章句，君仁后德，舜雨尧风，明星荧荧，绿云援援，济济跄跄，颇极一时之盛。

溥仪大婚时，搬运礼品之宦官（辑自庄士敦《紫禁城的黄昏》）

溥仪大婚时，接载皇后的喜轿（辑自庄士敦《紫禁城的黄昏》）

溥仪大婚时，在坤宁宫的喜床（辑自庄士敦《紫禁城的黄昏》）

溥仪大婚时，乾清宫朝贺现
场（辑自庄士敦《紫禁城的
黄昏》）

大婚时，溥仪接受各方朝
贺，着朝服端坐于乾清宫
宝座之上（辑自庄士敦
《紫禁城的黄昏》）

序文中言及的这场"颇极一时之盛"的婚礼，在《紫禁城的黄昏》一
书中，通过喜轿、喜床的特写照片，以及紫禁城外搬运礼品的宦官队伍，
乾清宫前接受贺仪的场景照片，得到了形象生动的反映，以及局部细腻的

写照。不过，这皇家婚礼是如何接受"共和"体制安排，以及婚礼流程细节方面的载录，小本子上的记述似乎更为直接明了。

据其记述可知，经过八月间掌礼司奉谕，恭选大婚吉日，当即择妥旧历十月十二、十三两日最吉。复经瑜、瑾、瑨三贵妃及载涛、绍英、朱益藩、耆龄等，拟定九月初二日巳时行纳彩礼，九月二十四日行通信大征礼，十月十二日迎娶淑妃进宫，十三日迎娶皇后进宫。遂于九月二十二日通知国务院，转呈大总统，作为知会民国之手续。

上述诸事完具之后，所谓"宣统帝大婚"得以顺利进行。据婚礼举办日期为同年农历十月十二日至十六日推算，可知实于1922年11月29日开始，至12月3日结束，共持续了五天。小本子专列"迎娶沿途之盛况"一章，有如下记述：

> 十月十二日夜十二钟，恭迎皇后：自东华门中门出……神武门、景运门、乾清门皆有门神彩坊，门首扎大彩坊，坊柱以黄绸扎作龙形，左柱悬一红纸牌，上书"观礼庆贺人员，均由神武门出入"。

须知，据辛亥革命之实行的《清室优待条件》，逊帝溥仪等清室成员，只能退踞至神武门以内的所谓"内廷"。以"三大殿"及东华门、西华门为主要区域的紫禁城"外朝"部分，则早已明确辟为古物陈列所，为民国公产，并非皇家私域与禁地了。在迎娶皇后的婚礼流程中，民国政府却依清宫"旧例"，在"共和"体制之下"破例"，对皇后舆驾从东华门入宫，予以了"特许"。同时，还特派近三千人军队为之护驾导引，"帝制"之余威遗风，俨然凌驾于"共和"体制之上。这样的微妙情状，莫不令清室遗老及心向"故国"者为之欢欣鼓舞，不禁因之怀抱"王师复来"之企盼来了。

再者，不但在婚礼流程上有一系列"破例"支持之举，更兼动用军队护驾的宏大排场，民国政府当局及各地军政要人的"贺礼"更是惊人，更能体现出"共和之伟人"与"民国之政客"，对这位退踞紫禁城"内朝"

的少年逊帝，实在都是有些要报答"前朝旧恩"之意的。那一小本《宣统帝大婚记》中，就曾专列一章，对这一场惊世婚礼的洋洋大观之"贺礼"，有着如下的大致记载：

新旧官僚进奉之略纪

宣统大婚报效经费之人很多。……张作霖报效三万元，曹锟一万元，吴佩孚七千元，张勋一万元。张作霖又进奉九九如意一柄、衣料十六件、银器一匣。……大中华民国所派致贺专使黄开文，亦有礼物致送清帝，共有二色，为三镶如意，及花缎衣料。黎总统以大中华民国大总统名义，致送荣宅（清帝之后邸），奁仪四色，三镶如意一柄，百鸟朝凤银瓶一对，湘绣插屏四幅，印度花绸衣料四色。又前大总统徐世昌，曾为前清太保，至今清室犹有太保徐世昌之名，因清帝大婚送礼四色，一为如意，二为紫榆八合圆桌，三为彩缎尺头，四为屏风，银元二万元，礼单具名"徐世昌谨赠"五字。盛京副都统冯德林，进奉如意一柄，锦缎衣料八件。陆军中将钱锡霖，进奉如意一柄，瓷瓶一对……

可以说，朝野上下的要人名流，有力的出力，有钱的出钱，为"宣统帝大婚"倾其所有，其社会影响之大是可想而知的。这社会上有多少想亲近皇室、报效皇帝的势力，从这一场风光大办的婚礼上，也就可见一斑了。

五、"故宫改组"风波又起

虽然"故宫归还溥仪"之议，在社会各界力量的反对之下，最终化为泡影。孰料一波既平，一波又起：这一场风波终于平息之后，"故宫改组"的一场风波又起。这一场续起的风波，源于陈垣主持之下的清室善后委员会与试图强力接管故宫的杜氏政府之间的对决。

1926年8月12日，《世界日报》首度披露杜氏新内阁对故宫的最新管理意见，"故宫改组"已被提上政府议事日程，新一轮"故宫接收"工作即将展开。报道原文如下：

各部欲共管故宫博物院

前日通过阁议……昨日各部委员在院会议接收办法

清室善后委员会，自政变后，即无形停顿。政府方面，前此有由内务部专管之拟议。嗣因滞碍之处尚多，未克实现。惟该会所管理之故宫博物院，关系重要。若任其长此停顿，将来不免有陷于不可收拾之境。前日（十日）国务会议，对此问题，曾经杜锡珪提出讨论。结果议决由国务院与各部就近派定参事或司长一人，共同组织管理故宫博物院委员会。其人选由各部总长指派函知国务院秘书厅，计外交部为陈仁厚，内务部为吴汉章，财政部为金兆蕃，陆军部为魏凤山，海军部为姚葵当，农商部为顾显，交通部为马培叙。昨日（十一日）下午三时，各员齐集国务院秘书厅举行会议，由秘书长孙润宇主席。报告前由国务会议议决经过报告毕。因有他事，即退席。由在席诸人，发言研究。有主张由委员推定主任人员，再行讨论办法者，有主张取委员制，不设"长"之名目者，有主张推定起草员修正原来章程以利进行者。适时间已晚，遂散会。讲定下次开会，再行讨论云。

从报道内容可知，杜氏政府来势汹汹，调集各部门力量，急欲尽快实施"故宫改组"计划。这一计划的核心，乃是所谓"各部共管故宫"，即政府各部派员直接重组与改组故宫博物院委员会。"各部共管故宫"一旦实现，故宫将直接为政府所控制，至于政府当局及其背后的势力（直系或奉系）如何"保管故宫"，则一概与清室善后委员会无关了，这一委员会也将名存实亡。

五天之后，8月17日，《世界日报》刊发了一篇《保管故宫事件尚有问题》，表明"故宫改组"之议，即使在当局内部也渐起争议。报道原文如下：

保管故宫事件尚有问题

复旦社云，关于政府当局决定设立故宫博物院保管办法各节，已志前报。当局初意，原拟由部院各派一人办理接收事宜，嗣因前日部派各员在国务院开会，孙润宇报告当局意旨后，列席各员均不敢负此责任。比决定拟具说帖一件，由在座十一员签名，上呈杜锡珪，请予裁夺。次日杜即召张国淦等商议半日，遂有保管办法，及增聘委员之决议，各部所派委员事前实未闻知。但发表以后，关于文献部分，究应如何管理，章程中一字未提，将来内教两部能否不起争执，亦为一大疑问，但委员中若载洵、宝熙等纯为遗老派，无端加入，颇足惹人误会云云。兹将部派各员原呈大意如左：

（上略）清宫物品，至为繁重，如忙接收，势虽周密拟为特派大员一名为委员长，妥为计画，督同检查，俾昭郑重，无任企祷。（下略）

由这一报道内容，可以窥见杜锡珪虽然急欲尽快实施"故宫改组"计划，可其麾下的各部员，却未必与其同心，不愿承担其中的风险与责任。且当局内部还存在沟通未洽即对外宣布的情形，甚至有"增聘委员之决议，各部所派委员事前实未闻知"的情况。对于"委员中若载洵、宝熙等纯为遗老派，无端加入"的情况，各部员也一致表示此举"颇足惹人误会"。这样一来，"保管故宫事件尚有问题"之说，一开始还并不是从清室善后委员会方面发出，倒先是从杜氏政府内部发出了。

至于各部员最为顾虑与担心的故宫文献如何"接管"的问题，也集中体现了当局只着意于故宫古物及珍宝之价值，对于故宫所藏文献史料部分，根本未加重视，更无专业管理与研究之长远规划。各部员提出"关于文献部分，究应如何管理，章程中一字未提，将来内教两部能否不起争执，亦为一大疑问"，当时确属十分棘手之难题。若真由政府内务部与教育部来"共管"故宫所藏文献史料部分，对这一部分遗产的价值认定与保管规划一旦出现分歧，局面将难以收拾。距此不远的1921年北洋政府变卖清宫内阁档案的"八千麻袋"事件，正是前车之鉴。这样教训惨痛、影响极坏的集体渎职事件，各部员稍有良知与识见，皆应不愿意重演。

一周之后，8月24日，《世界日报》首度公开清室善后委员会在"故宫改组"问题上对新内阁的批评与质疑。报道原文如下：

> **清委会昨开会**
> **议定移交条件三项**
> 清室善后委员会，昨日下午二时在大高殿开全体职员大会。庄蕴宽因病未到，由陈垣主席。首由陈报告现政府拟接收故宫之经过后，汤铁樵发言，略谓故宫博物院是一种社会事业，并非革命事业，政府不能因政治关系，波及社会事业。无论任何政府，对于故宫博物院，都有维持之义务。且政府既要接收，自有正式公文到院。既无公文到院，仅凭报纸所载，殊令人不能无疑。吾人应派代表，携带呈文，到国务院访杜锡珪，问明究竟，再定办法云云。众赞成汤议。最后讨论结果，谓政府如定要接收，吾人亦可不反对。但须附有条件三项：（一）要求政府下命令，声明负保障故宫一切官产之全责，不能任意抵押，不能归还溥仪。（二）慎重移交，组织移交委员会。（三）清宫前所发现溥仪一切复辟文件，接收者不能私自毁灭，故宫博物院仍当保存。此外该会职员并组织一监督故宫博物院同志会，当推定李宗侗、汤铁樵、马衡为该会组织大纲之起草员云。

上述报道反映了一个问题，即时至1926年8月24日，杜氏政府的"故宫改组"计划，还一直停留在单方面行动的层面，无论政府内部怎么提议、研讨、决议与成立相关机构、委派相关人员诸种事项，均未与清室善后委员会方面有过任何沟通与磋商，甚至连简单的通告都没有。"既无公文到院，仅凭报纸所载，殊令人不能无疑"之说，在陈垣主持的会议上一经提出，皆以为然。只是迫于形势，也为了更好地保管故宫，委员们"谓政府如定要接收，吾人亦可不反对"，但这一妥协，不是无条件的。所附条件三项，皆以故宫不可归还溥仪、故宫遗产不能由政府任意处置为主旨。

应当说，清室善后委员会所要求的这样的"接收"，对于杜氏政府的"故宫改组"计划之实施，无疑是一巨大障碍。

当时同样财政困难的杜氏政府，向吴佩孚通电诉苦拟辞，内阁重要成员屡生辞意的情形，也时时见诸报端，这都并不是什么可以掩饰的秘密。试想这样的政府，急欲接收故宫，恐怕并不是为保管公产的责任心驱使，更不必奢望其能以财政拨款对故宫施以日常维护，其恐怕只是希图从中筹划谋利以补贴财政。这样的情势之下，清室善后委员会所要求的这样的"接收"，杜氏政府自然不会满意，自然会动用一些特殊手段去除这样的"障碍"。

1926年8月末，杜氏政府以国务院名义，秘书长孙润宇以个人名义，先后向时年已六十岁，时任清室善后委员会监察员、故宫博物院主席（院长）、故宫博物院董事会董事的庄蕴宽致信，希望由这位当时资历最老的元老级故宫管理者出面，疏通与劝诫各委员，以便当局顺利"接收"

故宫博物院理事庄蕴宽先生小影
（原载《故宫周刊》，1929年第10期）

故宫。

这两通致信，均以公开信方式分别刊载于1926年8月28日、30日的《世界日报》之上。信件内容，只字未提几天前（8月23日）清室善后委员会所议定的移交故宫之三项条件，对此也没有任何解释与应答，只是一味要求配合政府工作。尤以秘书长孙润宇致信内容最为直接，其中提到：

> 兹闻旧在故院人员，有向政府要求保证等之举动……吾公如能设法婉言疏通，俾其了解，借免纠纷。

显然，杜氏政府已经预料到"故宫改组"之不易，已经考虑到来自清室善后委员会方面的抵制，在发生正面冲突之前，希望凭借庄蕴宽这样的元老级人物来扫除障碍，铺垫基础。不过，对于这两通致信，庄氏似乎没有任何回应，《世界日报》上也未见载任何后续报道。三个月后，12月1日，庄氏也曾有过被某军事机关"传唤"的经历，或正与其对当局公开致信的无回应、不作为之举有所关联。[1]

无论是庄氏确因年老多病而无力居中调停，还是庄氏确与清室善后委员会持同一立场而不愿对当局有所回应，这两个原因，当然都是杜氏政府无法接受的。既然无法利用庄氏来疏通调停，那么，直接的、正面的冲突在所难免。此时，当局急欲"接收"故宫，只能力图直接除去清室善后委员会这一"障碍"。要除去这一"障碍"，首当其冲的并非是当时因受通缉已避居上海的委员长李煜瀛，而是这一团体的实际主持人、代理委员长陈垣。

陈垣，1924年4月西山卧佛寺后园存照

---

[1]　1926年12月3日《世界日报》对此有报道。

另据《北京晨报》1926年9月6日之报道，可知在当年9月2日，陈垣即与赵尔巽、孙宝琦等就当局"接收故宫"事宜发生争议，所谓"善后"与"保管"，两个委员会之间的正面冲突已然爆发，且已然即刻产生后果——通过报刊发布，势必进一步产生社会影响了。且看报道原文：

接收故宫发生问题

陈垣等请组交代委员会

新委员有拟武装接收说

本月一日下午，庄蕴宽曾以电话通知清室善后委员会主要职员，谓赵次珊（尔巽）、孙慕韩（宝琦）明（二日）下午三时到院就委员长职，请届时悬挂国旗，表示欢迎等语。该会二日照办，午后三时，赵、孙果到院。既就职毕，即向各处参观一过，欲令陈垣等即办交代。陈谓院中物品至为繁琐，仓猝不能检清，如须交代，非组交代委员会，不能肩此重任。赵、孙虽不相强，已十分不高兴。次日阅报，见清委会只承认赵、孙二日到院为参观而非就职，乃发请柬四张，邀陈垣、马衡、袁同礼、吴景洲四人，于三日晚间，在清史馆便饭。及时四人，推陈垣代表前往。席间赵、孙又促赶快交代。陈垣谓该会四人，对于清宫物品，曾费多少气力，为国家保存故物计，应郑重将事，势须组织交代委员会，以明责任，否则无人敢负此责。此宴遂无结果而散。闻赵、孙日昨曾以委员长名义约各委员及院部派员，在清史馆开会，讨论接收办法，有拟于必要时以武装接收云。

据此报道可知，1926年9月2日，故宫保管委员会的正副委员长赵尔巽与孙宝琦，同至清室善后委员会，就任该会新的委员长。这一决定，乃是前一天（9月1日）由故宫博物院主席庄蕴宽电话通知清室善后委员会主要职员的，应当是明确的政府指令。看来，保管与善后两个委员会的工作交接，以及"接收故宫"两件大事，即将尘埃落定。

孰料赵、孙二人"就职"当天，与陈垣等"办交代"，根本无济于事。因陈垣表示事关重大，"如须交代，非组交代委员会，不能肩此重任"。这当场即予驳回的情态，使得"赵、孙虽不相强，已十分不高兴"。

既然公开的交接无法办到，赵、孙二人只能强忍恼怒，希望通过私下沟通的方式来达成目的。于是，又于9月3日晚设宴相邀。本是相邀善后委员会四名要员，即陈垣、马衡、袁同礼、吴景洲四人，三人公推陈垣一人代表前往。席间陈垣仍强调："为国家保存故物计，应郑重将事，势须组织交代委员会，以明责任，否则无人敢负此责。此宴遂无结果而散。"

应当说，在公开场合与私下会面，陈垣两次驳回赵、孙二人的"接收故宫"之议，其态度之坚决、立场之坚定，实在是令赵、孙二人既无计可施，又颜面扫地了。可以说，在这两次交锋中，无论是公义还是私谊层面，陈垣与赵、孙二人，都已呈势不两立之势。保管与善后两个委员会的工作交接，短期内已无可能，陷入僵局。为此，赵、孙二人于9月5日再次召集会议，甚至提出了"于必要时以武装接收"的计划。

逊清遗老赵尔巽等合影（原载上海《青鹤》杂志）

两天之后，事态急转。"武装接收"终未实施，赵、孙二人羞愤之下竟然辞职而去了。9月7日，《世界日报》刊发《赵尔巽、孙宝琦辞故宫保管委员》的新闻报道。报道原文如下：

赵尔巽、孙宝琦辞故宫保管委员
因旧职员不肯移交

故宫保管委员会委员长赵尔巽、孙宝琦因连日与庄蕴宽，及原有职员接洽接收手续，各原有职员不肯即行交接，赵、孙遂具函向国务院辞职。闻杜锡珪已派员挽留，兹觅得赵、孙二氏原函披露如左：

敬启者：八月十七日接奉钧院公函，聘任为故宫博物院保管委员会委员，受聘以来，瞬逾两旬，与各委员讨论数次，并推尔巽为委员长，宝琦为副委员长。迨与分委员会诸人商洽一切，本应次第筹画办理，虽念兹事体大，头绪繁多，断非羸躯所能胜任。若有贻误，责任非轻，不能不知难而退。为此合词陈明辞职。应请钧院另行聘任二人补充。俾改选正副委员长，共策进行，以免延误，不胜企祷之至。此致国务院，赵尔巽、孙宝琦同启。

又赵、孙与旧会意见隔阂之经过，据某要人所谈，略谓赵、孙两老自被政府聘任为故宫博物院保管委员会委员以后，与庄蕴宽迭次接洽，本欲与清室善后委员会各员，和平合作，以免隔阂。可旧会诸人，谓赵、孙与清室接近，不无怀疑。最近表示，旧会组织点交会，新会组织点收会，以清责任。是新委员会，不啻另起炉灶。用人方面亦多与赵、孙等宗旨，未能融洽，故迄难进行。而政府方面，催促点收，于其中曲折，似未明了。赵、孙殊觉难于着手。是以昨日托词，致函国务院，陈明辞职，决计不就云。

事态发展至此，也就不难理解此章开头所述1926年9月9日《世界日报》所载《故宫博物院成立点交委员会》的新闻，何以要与《陈垣昨早被传》的新闻并列一处了。

一方面，因赵、孙二人与陈垣的交涉，无论公开场合还是私下会晤，均告无功而返，曾拟"武装接收"之议未果与赵、孙二人终羞愤辞职而去，这样难堪的局面之下，当局不可能再坐视不管。因此，"成立点交委员会"与"陈垣被传"这两个事件，应当是当局做出的连锁反应，二者之间确有关联。另一方面，这也寓示着"接收故宫"的最大障碍——陈垣，将被当局强力排除于新旧两个委员会交接工作之外。

六、"传唤"陈垣的台前幕后

关于陈垣被"传唤"这一事件，陈垣的长孙陈智超在事发近九十年后，又披露了一些关涉这一事件的历史细节。在其编著的《殊途同归——励耘三代学谱》①（以下简称"《殊途同归》"）一书中，忆述了作为清室善后委员会事务长的陈垣，当时为力保故宫遗产而与当局据理力争的内幕种种。

据此书相关内容，可知1926年9月3日前后，赵、孙二人不但设宴邀请过清室善后委员会要员，还曾设宴邀请过故宫理事会要员，希望通过私下沟通的方式，疏通各方面渠道，尽快实现"接收故宫"。不过，无论是清室善后委员会，还是故宫理事会，集体推选出来的赴宴者均为陈垣。这样的情形，既反映了陈垣在当时的故宫管理机构内部乃众望所归，也反映出了两大机构内部以陈垣为核心，早已统一意见，对当局强力"接收故宫"是一致反对的。

《殊途同归》一书中还有记述称，1926年8月3日②，赵尔巽、孙宝琦以故宫保管委员会正副委员长名义宴请故宫理事会，拟谈判接管事宜。理

---

① 陈智超：《殊途同归——励耘三代学谱》，东方出版社，2013年。

② 《殊途同归》一书作"8月3日"，据《世界日报》报道推算，或为9月3日前后。

事会决定由陈垣、俞星枢①等四人出
席。席间，陈垣代表故宫理事会及清
室善后委员会发言：

> 如果你们要接管故宫，
> 必需组织点交、接收两个委员
> 会才能交接。必需点完一处，
> 移交一处。未点之前，仍用旧
> 封，由旧会负责；点完之后，
> 移交新会换封，由新会负责。

同时，还严肃提出并强调：

俞星枢任故宫博物院理事兼总务处
长时存照

> 接管一定要做到三点，故
> 宫所有藏物：一、不能还给溥仪；二、不得变卖；三、不能
> 毁灭。

最后，又做了进一步表述：

> 比如交给人家一箱物品，不清楚箱里都放的什么，则无
> 法交，对方也无法接。如果你们不同意点交，可以由接收方面
> 登报声明，说明自愿负故宫的全部责任，此后无论建筑、珍

---

① 俞星枢，即俞同奎（1876—1962），字星枢，浙江湖州人。出生于福
建省闽侯县（今福州市），后赴苏州投靠叔祖父——著名学者、文学家俞樾。
1902年考入京师大学堂，1904年留学英国利物浦大学，攻读化学，获硕士学
位。归国后出任北京工业专门学校（北京工业大学前身）校长，后又发起成立
中华化学工业会，是中国化学教育开拓者。逼宫事件后不久，以教育部代表身
份，出任清室善后委员会委员。北伐胜利后，又被聘为故宫博物院理事兼总务
处长。

1912年陈垣当选国会议员时存照　　　　　　孙宝琦晚年存照

宝、文物、图书，如有损失，都与旧委员会全无关系。这是我
们全体人员的意见，请你们考虑。

席间这样的发言与表述，应当是陈垣等人苦心谋划的缓兵之计，因为
真要点交，真要按上述原则办理，时间周期会相当长，实际上就是一种保
护故宫文物免受当局染指的缓兵之计。因为这番说辞合情合理，赵、孙二
人对此也无言以对，席间也没有明确表态。二人回去汇报、请示，仍坚持
要求立即接管。可杜锡珪权衡再三之后，竟同意点交，也同意设立移交、
接收两委员会，驳回了二人意见。

可能由于这是一次私密宴请，对清室善后委员会动态一向极为关
注、经常予以新闻报道的《世界日报》，对于《殊途同归》书中的这一
忆述，未有任何报道。不过，依循这一忆述线索，笔者复又在上海《民
国日报》上寻获相关报道，也因之佐证了席间陈垣所提出的移交故宫三
大要求，早在约十天之前，1926年8月23日，即已经集体讨论，形成过

对外统一口径。且看报道原文①：

清委会对移交故宫要求
▲计有三事

二十四日北京通信　清室善后委员会，昨日下午二时，在大高殿开全体职员大会，庄蕴宽因病未到，由陈垣主席。先报告现政府拟接收故宫之经过，次助理员汤铁樵发言，略谓故宫博物院是一种社会事业，并非革命事业，政府不能因政治关系，波及社会事业。无论任何政府，对于故宫博物院，都有维持之义务。且政府既要接收，自有正式公文到院；既无公文到院，全凭报纸宣传，到底闹的什么鬼？殊令人怀疑。我们派代表，携带呈文，到国务院访杜锡珪，问明究竟，再定办法云。案赞成汤议。最后讨论结果，佥谓政府一定要接收，我们亦不反对，须附有条件数项：（一）要求政府下命令，声明负保障故宫一切官产之全责，不能任意抵押，不能归还溥仪；（二）慎重移交，组织移交委员会；（三）清宫前所发现溥仪一切复辟文件，接收者不能私自毁灭，故宫博物院仍当保存。此外，该会职员同时并组织一监督故宫博物院同志会，当推定李宗侗、汤铁樵、马衡为该会组织大纲之起草员。

读罢这篇报道，不难想象得到，约十天之后的那一场宴席，面对席间陈垣斩钉截铁的慷慨陈词，赵、孙二位前清遗老应当都会颇感难堪，且无言以对。二人懊丧之余，不免心生恼怒，自然不会善罢甘休。因此，此次宴请五日之后，即9月8日左右，他们设法让宪兵司令王琦逮捕了陈垣，将其关押在了地安门外头发胡同的宪兵司令部。不过，迫于社会舆论压力，又兼故宫同人多方营救，半天后又不得不将陈垣释放。

---

① 此为1926年8月27日上海《民国日报》之报道。报载原文均以顿号断句，笔者酌加整理，施以通行标点。

当时，陈垣从容不迫，还据理力争，坚持要让宪兵司令部说明逮捕理由。王琦在电话里告诉赵尔巽：

> 这个姓陈的很可恶，叫他走他还不走，一定要问逮捕的理由。

王琦一时理屈词穷，还不得不加派两个宪兵，护送陈垣返回西安门大街寓所。这两个宪兵送归陈垣之后，却并未即刻离去，而是奉命继续监视其行踪。也正是从这天起，二人就住在了陈宅外院，颇有"监视"陈氏言行，将其软禁其中的意味。

七、被软禁期间，著成奇书

1926年9月13日，《世界日报》刊出《故宫尚未移交》的报道，也间接地证实了《殊途同归》一书中关于陈垣被监视与软禁的忆述。报道原文如下：

> **故宫尚未移交**
> **因庄蕴宽、陈垣……均以事未到会**
> 故宫博物院点交委员会，前日虽已成立，但该会委员长庄蕴宽，因病不能出门。事务长陈垣，自经某军事机关一度传询后，亦不到会视事。以上二人，为该会主要人物，现已因事发生障碍。其余各职员，自不便负责点交。因是该会最近数日，已成群龙无首之状况。昨有多数职员，托人向庄蕴宽请示，庄云，点交之事，俟交涉妥帖，定照章办理。至于职员八月份薪水，自当负责筹发，仍望照旧做事等语。各职员得此消息，较为安心云。

显然在软禁期间，陈垣一直无法直接参与清室善后委员会相关工作，整个故宫博物院也处境艰难，一度人心浮动。当然，这种"不作为"的态势，也间接地成全了陈垣等人不让当局染指故宫的缓兵之计。对此，陈垣本人也一直保持着缄默审慎、不再轻易行动的态度。与此同时，也将更多精力投入学术研究与个人著述之中，其间还出任辅仁大学校长，其文教工作也相当繁忙。

就在被软禁的这一年，陈垣编写的《中西回史日历》，交由北京大学研究所国学门印制出版。这是一部颇为学界看重的奇书，一贯行事低调的陈垣对此书也有相当自信——这份自信正是源自深藏于故宫的珍稀文献。据其弟子启功忆述：

> 《中西回史日历》编到清朝的历史朔闰的时候，老师就到故宫文献馆去查保存下来的清朝每年的皇历。

陈垣还曾很自信地告诉启功说：

> 清朝部分是我在故宫文献馆中校对了清朝每年的皇历，自以为我的为正确。人不能什么事都自负，但这件事我可以自负，我也有把握自负。

看来，软禁只是对陈垣参与故宫管理有了行动上的限制，可在学术研究层面上，陈垣仍可以在故宫宝库的珍本秘籍中，孜孜以求而乐此不疲，从中一次又一次地找到自信与慰藉。

这一部于1926年末印制的《中西回史日历》，一函五册全。是书为连史纸精印线装本，朱墨套印，开本阔大，书页半页尺寸约达31cm×22cm。由于印制精良、内容精深，此书当年售价不菲，每部售价达银圆十六元之昂。

须知，这样的书价，在当年可不是一笔小数目。当时，一般的新文学初版书，不过几毛钱一本；即使是线装本的古典学术类著作，至多也不过三五元钱一部。当年，即便如钱玄同这样对学术用书有着严苛标准的知名学者，也心甘情愿自掏腰包预订了此书，还将购读此书之事写进了日记。于此，足见此书奇货可居。

据钱氏日记称，1927年1月6日，北京"大雪竟日"，当天早晨，景山书社的社员送来了预订的《中西回史日历》一书，竟看至"傍晚时方出门"。仅此一点，即不难揣测得到，这样一部能令钱氏从早看到晚的奇书，一定有什么奇妙之处。

实际上，此书为一部囊括自公元元年（即我国西汉朝汉平帝元始元年）至公元2000年的中历（今称农历）、西历（今称公历）、回历（即伊斯兰教历）每日对照的大型日历表。全书共二十卷，每卷记载一百年，每页列表两年。历表分上、下两格，上格记载西历纪年、中历朝代、皇帝谥号、纪年和干支，回历纪年，还有重要的历史事件，如改朝换代的年月等；下格排列西历的月、日，中历的月日、朔闰、冬至日，回历的月首日，三历对照，精密准确。这部历表内容完备、推算准确，融中国历史与中西天文历法为一体，可供广大历史研究者极为方便地加以利用。

为方便由中历查找，在每页书边标该页记载的中国历史朝代。例如要查五四运动的中历月日，通过其西历时间1919年5月4日，也就是20世纪，查书的第二十卷即可——对照中历乃民国八年四月初五。这样的日期查寻，近百年间的还可称常见，但如果想要查寻数百年、上千年间的历史事件发生的确切时间，要做到中西历皆可精确对照，却非易事了。

譬如，我国南宋丞相陆秀夫因抗元失败，逃至广东新会，最后背着宋帝昺在崖门跳海阵亡的悲壮事件，据《宋史》记载为"至元十六年二月"。查《中西回史日历》，可以推知这一历史事件的发生时间为公元1279年3月。

试想，即使是在《中西回史日历》出版近百年后的今天，如果没有电子万年历的帮助，要想推算早至宋代以前的历史事件之西历确切时间，也绝非易事。而这样的状况，于20世纪20年代的中国学者而言，更是难事。他们要么是凭个人经验仅做粗略推算，要么只能袭用中历纪年，无法将之精确换算为西历日期。

此外，在中西历换算与推算中，还有一个最为明显但又时常会遭遇的问题，即中历岁末往往会是西历新年之初，这就会造成某一年如以中历纪年，这一年往往还有数十天要延续到下一个西历纪年之中。在确定历史人物的生卒年时，往往就会遇到这样的状况：要确切得出这一人物的西历生卒年，常常要大费周章。

《中西回史日历》的编者陈垣，在其从事一生的史学研究中，深感这一状况始终是困扰史学研究者的重大问题。为此，在书前自序中开篇即语：

> 辛亥革命以前，中西历法不同。西历岁首恒在中历岁暮。少者差十余日，多者差五十余日。今普通年表多只为中西年之比照，而月日阙焉。据此计年，中西历恒有一岁之差异。

随即，陈垣又举出宋代理学家陆九渊的卒年问题，为之解析称：

> 例如陆九渊之卒，在宋绍熙三年，据普通年表为西历之一一九二年，本无误也。然九渊之卒在十二月十四日，以西历纪之，当为一一九三年一月十八日。

正是为解决这些早期历史事件确切时间推算问题，以及"西历岁首恒在中历岁暮"的问题，陈垣遂发愿编制一部《中西回史日历》。

历时三四年的苦心经营，直至其软禁期间，该书方才最终校订完善，交付印制，终告功成。应当说，《中西回史日历》的出版，对于研究历史，对于精确考证史实，确是一个福音。20世纪20年代的中国学者，有这样一部工具书列于案头，以备不时之需，实在是非常必要的。

值得一提的是，书中还附录有日本历代年号，自孝德天皇仿照中国创制年号为"大化"（大化元年为公元645年，时为中国唐朝贞观十九年）起，直至陈垣编撰《中西回史日历》时尚在位的第一百二十三位天皇嘉仁的年号"大正"。

"大正"之号，是以中国《易经》的"大亨以正，天之道也"之句发意创制的。大正天皇乃明治天皇第三子，昭和天皇之父，在日本历史上有着承前启后的重要历史地位。但这位天皇恐怕也想不到，日本仿照中国体制创制的、已有一千余年历史的年号，会被完整系统地录入到一位中国学者所编撰的历法工具书中去。

当然，还有更为巧合的是，《中西回史日历》印制的当年，即1926年年底，大正天皇即告病逝，"大正"这一年号次年即被"昭和"所替代。总之，《中西回史日历》附录日本历代年号的做法，在近百年前的中国学术界中并不多见，此举不但实属首创，更便于中外学者尤其是对东亚历史格外关注的研究者参照使用。

无独有偶，就在完稿成书之前，陈垣得知日本的"图书寮"也编印了一种《三正综览》，与其正着意要编写的这部书相类似。为查验比较，陈垣不惜花费二百银圆的重价，托友人从日本抄出一本来。两相比较之后，源自故宫文献赋予的那份自信，再度涌上心头——陈垣自信《中西回史日历》较之更为精审。

1924年北大《国学季刊》同人合影
（左起：徐炳昶、沈兼士、马衡、胡适、顾颉刚、朱希祖、陈垣）

在清室善后委员会、故宫博物院理事会、故宫博物院文献馆、故宫博物院图书馆任事期间，陈垣倾力"护宝"，始终关心，尤其重视故宫典籍文献的保护、发掘、整理与研究。

与此同时，故宫宝库中的珍本秘籍，也回馈着这位"护宝人"，也赋予了这位"护宝人"在学术领域中的自信。正如陈垣撰成《中西回史日历》之后，对其弟子启功坦言的那样，在其学术生涯之中，故宫宝库中的珍本秘籍，给予了陈氏终其一生的底气与自信，赋予了其一份始终有所把握的自负。

事实上，陈垣与故宫典籍文献的"前缘"，在其人赴故宫各机构任事之前即已缔结。早在1920年，陈垣即对京师图书馆所贮、由热河运来的原文津阁所藏《四库全书》进行了实地调查，当年即撰成《文津阁四库全书统计表》。这是国内首次对《四库全书》的册数与页数所做的精细调查，在当时的学术界实为开创性工作。且这一率先、领先于国内学界所做的前期基础工作，也为随后即将开展的《四库全书》影印工程做了有力铺垫。

须知，当法国总理来华建议以庚子赔款影印《四库全书》时，得到时任北洋政府总统徐世昌的支持。于是，时任交通总长的叶恭绰，曾请商务印书馆总经理张元济入京商议此事。因种种原因，这项巨大的故宫文献影印计划并未即刻付诸实施，而是延至十余年之后，方才冲破层层阻力，得以开展。

新近发现的一通陈垣于1921年1月20日致时任商务印书馆北京分馆经理孙壮（1879—1943，字伯恒）之信札，已然表明当时的商务印书馆有拟影印《四库全书》的计划，国内学术界对这一计划最早知悉且表示支持者，恐怕就只是陈垣一人而已。信札原文如下：

伯恒先生青及：

奉手示，知诸君有影印《四库》消息，甚感甚感。此事弟尝少役心力，如有关于此事之咨询，当举所知以对。《叶数表》谨重行油印送上数分，文渊阁平面图一帧并呈。《书目考

异》原系稿本，尚须参订。拙著尚有《编纂四库全书始末》一
册亦未付印。并闻。此颂文祉。

弟陈垣上，一月廿日[①]

　　信札的主要内容，为陈垣向孙壮表示支持影印《四库全书》，并极愿
为此事贡献力量。信中所及《叶数表》《书目考异》，乃分别指《文津阁
书册数页数表》《四库书目考异》，皆为陈氏已经完稿付印了的著述；至
于《编纂四库全书始末》，虽已完稿，尚未付印。

　　在信中，因为"知诸君有影印《四库》消息"，陈垣表示"甚感甚
感"，且还明确表示"此事弟尝少役心力，如有关于此事之咨询，当举所
知以对"，表达出了知无不言、言无不尽，定当尽我所能、倾力相助的一
番热诚意愿。

　　时至1925年4月，清室善后委员会尚未存在，故宫博物院更未成立之
际，陈垣还曾在故宫御花园里有过非同寻常的发现。

　　那时，御花园东北角堆秀山东侧的摛藻堂，已成了堆放杂物的仓库，
脏乱不堪。该建筑依墙面南，面阔五间，黄琉璃瓦硬山式顶，堂西墙辟有
一小门，可通西耳房。堂前出廊，明间开门，次梢间为槛窗。室内放置书
架，为宫中藏书之所。清乾隆四十四年（1779）后，《四库全书荟要》曾
贮藏于此，供乾隆皇帝随时阅览。

　　《四库全书荟要》是乾隆皇帝组织整理完《四库全书》后挑出来的精
华，选编慎重，卷帙精约，旨在于精，而不在于多。所收种类只有《四库
全书》的七分之一，而册数是《四库全书》的三分之一，彼极其博，此取
其精。由于《四库全书荟要》专供皇帝御览并批示意见，则不能因忌讳原
书文字内容而大量删除、修改文献，所以较《四库全书》而言，其内容可
谓尽录原本，存真求实。这部书的开本大小和装帧形式与《四库全书》相
同，但抄写更精，装贮更善。

---

　　① 据查证，此信札未被《陈垣全集》（安徽大学出版社，2009年）收录，
是为佚信。

熟悉此中典故的陈垣，即刻安排了对摛藻堂的清扫查验，终于发现了倚墙而立的《四库全书荟要》书架和书函。点验架上书函，竟有2000函之多；打开书函清点册数，竟达11151册。此外，尚有复本及别录多种，共计约14000册之多。

当天，陈垣为这一发现大感快慰，特别在摛藻堂前摄影留念并题词。须知，这部书乾隆四十三年（1778）共抄两部：一部放在宫中御花园的摛藻堂，一部放在圆明园东墙外长春园内的味腴书屋。当圆明园毁于英法联军之手后，摛藻堂所收藏的这部书遂成孤本，其历史价值与学术价值之高不言而喻（该书抗战期间南迁，现存台湾）。而陈垣于故宫博物院正式成立之前，即发现了这部孤本，于中国学术与文化的贡献，自然功不可没。

几乎在发现《四库全书荟要》的同时，故宫中又发现了元代刻本《元典章》。此书的出现，对于陈垣而言，也无异于"天将降大任于是人也"，于其学术生涯产生了相当影响。

《元典章》是元代至治二年（1322）以前元朝法令文书的分类汇编，全名《大元圣政国朝典章》。这部奇书以蒙古白话写成，后世读者很难解读，就连《四库全书》都没有收录其内容，仅有存目而已。《四库全书》存目中著录的《元典章》，题为"内府藏本"，即这1925年在故宫中发现的元刻本。这一元刻本久不为外界所知所见，民间流传者

1925年4月，陈垣在故宫发现《四库全书荟要》后留影

均为抄本。

20世纪初，1908年，北京法律学堂刊行由著名法学家沈家本（1840—1913）审校并作跋的刻本《元典章》，这是根据同为著名法学家更是著名藏书家董康（1867—1947）所藏的一种抄本校印的，世称沈刻本。民国时代，作为原书在失传近六百年后，唯一可据研究的这一沈刻本，因两位法学名家的"加持"，一时声名大噪，身价颇高。沈刻本的跋语中，也坚称"此书世无刻本"，以此来确立其自身版本的"唯一性"与"合法性"。

然而，陈垣却早已发现沈刻本并不可靠，虽然刻印质量不错（纸张、字体都很美观），但刻印内容却错字连篇，根本无法还原元代原书的本来面目。为此，陈垣曾评价沈刻本称：

> 写刻极精，校对极差，错漏极多，最适合作校勘学的反面教材，一展卷而错误诸例悉备矣！

故宫发现元代刻本《元典章》消息传来，陈垣先前对沈刻本校勘质量的判断，得到了有力印证。为此，他迅即着手，将故宫元刻本与沈刻本并置研究，细加校勘辨析，撰成《沈刻〈元典章〉校补》，包括札记六卷、阙文三卷、表格一卷。另将沈刻本的错误分门别类，归纳其错误性质与致误原因，又撰成《〈元典章〉校补释例》六卷。这两部著述皆于1931年完成。后者曾于1932年首发于《国立中央研究院历史语言所集刊外编》，有抽印本行世；两年之后，1934年10月，又交由中央研究院在北平刻印单行本。

《〈元典章〉校补释例》初版之际，时任北大文学院院长的胡适为之撰写长序，对之激赞有加。胡序开篇即介绍称：

> 陈援庵先生在这二十多年之中，搜集了几种很可宝贵的《元典章》钞本。民国十四年故宫发见了元刻本，他和他的门人曾在民国十九年夏天用元刻本对校沈家本刻本，后来又用诸本互校，前后费时半年多，校得沈刻本讹误、衍脱、颠倒之处凡一万二千余条，写成《〈元典章〉校补》六卷，又补阙文

三卷，改订表格一卷（民国二十年北京大学研究所国学门刊行）。《校补》刊成之后，援庵先生又从这一万二千多条错误之中，挑出一千多条，各依其所以致误之由，分别类例，写成《〈元典章〉校补释例》六卷。

我和援庵先生做了几年的邻舍，得读《释例》最早，得益也最多。他知道我爱读他的书，所以要我写一篇《释例》的序。我也因为他这部书是中国校勘学的一部最重要的方法论，所以也不敢推辞。

胡序末尾又总结称：

援庵先生的《释例》所以超越前人，约有四端：第一，他的校改是依据最古刻本的，误是真误，故他的"误例"是已证实了的误例。第二，他是用最古本校书，而不是用"误例"校书；他的"误例"是用来"疏释"已校改的谬误的。第三，他明明白白的说他的校法只有四个，此外别无用何种"误例"来校书的懒法子。第四，他明说这些"误例"不过是用来指示"一代语言特例，并古籍窜乱通弊"。他所举的古书窜乱通弊不过那最普通的七条（十二至十八），而全书的绝大部分，自第十九例以下，全是元代语言特例，最可以提醒我们，使我们深刻的了解一代有一代的语言习惯，不可凭借私见浅识来妄解或妄改古书。他这部书的教训，依我看来，只是要我们明白校勘学的最可靠的依据全在最古的底本；凡版本不能完全解决的疑难，只有最渊博的史识可以帮助解决。书中论"他校法"一条所举"纳失失"及"竹忽"两例是最可以供我们玩味的。

我们庆贺援庵先生校补《元典章》的大工作的完成，因为我们承认他这件工作是"土法"校书的最大成功，也就是新的中国校勘学的最大成功。

除却对陈著无以复加的推重与赞赏之外，胡适对这一篇自己为陈著所撰之序也非常重视。此序在胡适生前多次发表，后来改题为《校勘学方法论》，还收录其自选集《胡适论学近著》之中，视作自己研读陈著之后的重要学术成果之一。

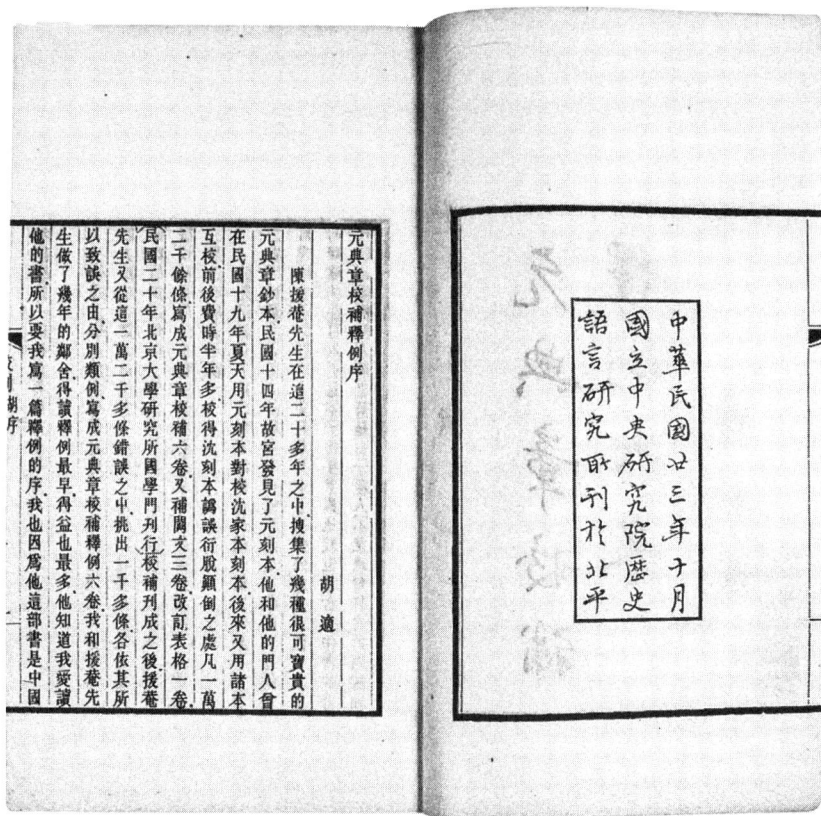

陈垣《〈元典章〉校补释例》（1934年中研院刻印单行本），
此为牌记页面与胡适序文首页

的确，陈垣校勘沈刻本的学术成就十分惊人，共校出错误一万二千余条，补阙文百余页。《元典章》原书共约一百二十万字，沈刻本因有脱漏，不到一百二十万字。以此统计数据推算可知，沈刻本不足百字的文本之中即可校出一处错误，其差错率可谓惊人。更为重要的是，这些错误五花八门，几乎涵盖了古书转抄、翻刻过程中可能致误的各种类型，因此陈垣才又写出《〈元典章〉校补释例》一书来。

这部释例对书中错误类型的归纳，已不仅为研读沈刻本所必须参阅，而且还可以"通于元代诸书及其他诸史"，得"一代语言特例，并古籍窜乱通弊"。因此，此著在1959年单独出版时，即更名为《校勘学释例》。

在《校勘学释例》中，陈垣通过校勘沈刻本《元典章》，对源远流长的古籍校勘工作进行了深入细致的方法论探讨，初步建立了校勘学的理论体系，被誉为"标志校勘学建立的里程碑"。特别是书中"校法四例"一节，首次总结了对校、本校、他校、理校四种校勘方法，在今天的古籍整理中仍然有着普遍的指导意义。换句话说，正是率先研读弥足珍贵的故宫典籍文献，正是这一得天独厚的"领读者"地位，反过来奠定了陈垣在中国史学研究领域中的领先地位。

此后为便于学者研读，北京中国书店还将沈刻本《元典章》与陈垣《〈元典章〉校补释例》汇为一编。就这样，一部刻印精良却错讹百出的沈刻本，与另一部只有六卷专为纠错检查之作的《〈元典章〉校补释例》，合为了一部研究元代典章制度之新经典。

在故宫所藏元代刻本《元典章》尚未全本影印公之于世之际，这样一部新经典的面世，从一个侧面印证着20世纪初故宫内外对《元典章》这一奇书的极端重视。与只能从私家藏书中获见抄本，从未亲睹元刻本的普通学者相比较，能在故宫里捧读皇家秘藏元代刻本并以此校勘沈刻本的陈垣，自然是学术界中的"幸运儿"，也当仁不让地成为故宫文献研究方面的"领读者"。

总而言之，无论是在故宫"前缘"中与之结缘的《四库全书荟要》《元典章》，还是软禁期间凭借故宫文献撰成的《中西回史日历》，作为"护宝人"的陈垣与故宫中的文献宝藏因缘际会，互相成就。终其一生，无论是"护宝"还是"领读"，陈垣始终都与故宫文献有着千丝万缕的联系。

与陈垣软禁期间竟著奇书同步，北京的军阀纷争与时局动荡也在不断激变中，渐次有了尘埃落定之时。

1926年11月14日，《北京晨报》刊发简讯《陈垣已撤监视》，意味着陈垣重获自由，可以重新回归到故宫日常管理与学术工作中了。简讯原文如下：

陈垣已撤监视

　　故宫博物院图书馆长陈垣，前为故宫博物院事，被京师
宪兵司令部派兵监视，已两月有余。昨日宪兵已撤退，闻陈在
此禁锢期内，曾完成《中国回教史》一部分云。

　　同日，北京《益世报》对此亦有报道，内容基本一致。两份都市大报
同日刊发"解禁"简讯，足见软禁两个月间，陈垣的处境仍是在北京社会
各界高度关注之中的。

　　在此期间，杜锡珪政府也未能维持多久，甚至在对陈垣的软禁撤销之
前，即已宣告覆灭。因直、奉两系的明争暗斗，在政治势力博弈中并无实
权的杜锡珪，处处受到奉系掣肘，吴佩孚虽时有声援，却并无实质性的支
援。苦苦支撑不到半年时间，1926年10月，杜锡珪即辞去国务总理职务，
杜氏内阁及其政府随之解散。

　　及至1928年6月，曾一度控制华北政局的奉系势力，自封为"海陆军
大元帅"的张作霖也被迫撤出北京，北伐军一路挺进，终于开进了北京
城。之后不久，北京改称"北平"，也从此纳入南京政府的统一管辖。
同年9月23日，在被当局传唤并软禁的两年之后，陈垣又受邀参加全国古
物保管会会议，出席时身份已为北平分会委员，开始重整故宫博物院相关
工作。

　　1929年11月24日，故宫博物院文献馆召开第五次专门委员会，陈垣赫
然在列。次日的《世界日报》上，陈垣的名字，在北平公众面前也因之再
次与故宫联系了起来。殊不知，早在当年6月，文献馆专门委员会成立，
陈垣就已经出任专门委员。且当年故宫博物院经南京政府改组，其人也继
续留任故宫博物院理事。

　　沧海横流，方显学者本色。作为开创"史源学"的学术巨擘，陈垣与
故宫博物院的工作联系与学术渊源，从未因时局动荡、军阀阻挠而中断。
故宫中巨量的明清档案及相关史料文献，始终牵动着他的心弦。

　　在当年被传唤、监视、软禁之前，陈垣绝不以个人安危得失为计，始
终与清室遗老势力干扰故宫博物院正常运作的种种伎俩针锋相对，同时还

要就当局及各派系军阀企图染指故宫遗产的种种行径苦思缓兵之计。至北伐功成之后，在相对统一稳定的中央政府管辖之下，陈垣终可返身躬耕于故宫的书山文海之中，以高超的学术手眼，淘沙拣金，焠炼经史，成果更是斐然。

八、整理故宫明清档案，力创"陈氏八法"

除了以"校法四例"为校勘文献的基本方法，陈垣还对故宫所藏巨量明清档案有过从管理、整理到梳理、校理的种种建议与举措。

譬如1922年，北洋政府出售清代内阁大库档案的"八千麻袋"事件发生后，北京大学积极谋求将内阁大库劫余档案划归北大整理①。陈垣时任教育部次长、代理部务，积极斡旋，终使北大得以接收这批档案。从此开始，其人与明清档案文献的因缘渐次深厚，为故宫所藏明清档案的保护与整理，有过开创与开拓之功。

又如陈垣还曾计划编纂有清一代史料长编，以继承中国历史编纂传统，长远保存文献。如其早在1926年所作《致（北洋政府）国务院函（为故宫博物院作）》中就曾有言：

> 兹幸本院成立，关于有清一代史料，保存编纂，职有专责。拟利用此等史料，编纂《清通鉴长编》及《清通鉴纪事本末》，以与清史相辅而行，永垂不朽。

可惜的是，由于受时局影响，这一宏愿终未能实现。时至1929年5月，陈垣又受邀为燕京大学现代文化班做了题为《中国史料急待整理》的讲演，这次讲演针对故宫巨量的明清档案之整理，提出了"整理档案八法"②。

---

① 关于这一事件详情，可参见本书《沈兼士：乱档堆里觅真知》一文。

② 讲演记录稿曾以《中国史料的整理》为名，于1929年《史学年报》上发表。

讲演中，他强调了中国史籍和档案亟待整理，提出了整理史籍、档案的具体方法。学术界普遍认为，这篇文章是继王国维《最近二三十年中中国新发见之学问》之后，又一篇启迪学界重视古籍、档案、文物等整理研究的力作，产生了从学术方法到学术门径上的深远影响。

此次讲演中，陈垣将历史档案与成书册的史籍区别开来，对其整理方法做独立的探讨，提出了八种整理档案的方法：

其一，分类。按照档案的种类，或由形式分，如纸样格式、长短大小、颜色红白，或成本的、散页的，都把它们汇编起来；或由文字分，如汉文的、满文的、蒙文的，都分在一起，这是最初步的工作。

其二，分年。分类之后，以年做单位，把同一年份的同类文件都集在一起。例如先分明、清，清又分康熙、乾隆，乾隆又分六十年，同年的按月日先后集在一起。

其三，分部。档案有属于各部署的，例如兵部的文件归兵部，礼部的文件归礼部，这样类推下去。

其四，分省。例如报销册一项，浙江省来的归在浙江省，福建省来的归在福建省。

其五，分人。把一省一省的督抚所来的文件按人分在一起。《雍正朱批谕旨》即这种分法。

其六，分事。分事是整理档案的较为细密的工作，把所有与某一事情有关系的文件，如乾隆时纂修《四库全书》的文件、接待英国使臣的文件，凡同一事的，都按年月集在一块，这样便理出头绪来，可以检阅了。

其七，摘由。完成了分析的工作以后，再把每一文件的事由摘出来，使研究的人一看摘由便能了解内容的大概。此种工作非常重要。

其八，编目。编目是最末一步的工作，就是把所有整理成功的档案编成几个总目，或分部，或分省，或分人，或分事，使后来检查档案的人只需将总目一查，便能依类查出。

这八种方法，实际上也是整理档案的八个步骤，由简到繁，由浅入深，条分缕析，其核心则是如何更方便读者使用。这八种方法，也成为后来故宫博物院文献馆的主要工作方法。在以现代思想和方法整理古代档案史料的过程中，明清史研究乃至中国现代史学，也因之焕发出新的活力与生机。

时至1931年，由陈垣任校长的辅仁大学开学之际，继任故宫博物院文献馆馆长的沈兼士出席致辞，一番话语道尽陈垣主持之下的故宫明清档案整理之功绩。致辞中这样说道：

> 从前鄙人办北京大学国学研究所的时候，曾纠合多数学者，共同担任此种重大的工作，那时陈援庵校长就是中间一个最努力的。当时我们见到中国近代史最重要的材料就是清代的内阁档案，也就请陈先生指导整理。现在一般人都知道档案之价值，便是那时所开的风气。

另据单士元回忆，辛亥革命之后，清代军机处档案被袁世凯从故宫搬迁至旧国务院，存放在集灵圃楼上，尘封鼠啮十余年。1927年，当时北洋政府总理是许世英，乃陈垣旧识。陈氏遂向其提出商议，要求将军机处档案和杨守敬观海堂藏书，一起移交故宫博物院。征得其个人同意之后，还必得有一个当局认可的申报与批准手续，须以故宫博物院名义呈送一通请准国务院移交军机处档案的公函，陈氏又亲自拟写了这一通《故宫博物院致（北洋政府）国务院函》。这通公函，论理充分，表述得当，迅即获得当局认可。清代军机处档案也因之得以重回故宫，归藏于故宫大高玄殿，成为文献馆最重要的馆藏之一。[①]

陈垣拟写的这一通公函，连同当局的复函，后来一并收录了《清军机处档案目录》一书。作为此书的重要附录内容，这通公函也被视为故宫博物院文献馆接收清军机处档案的重要官方依据。可以说，自"八千麻袋"事件发生，罗振玉倾力购归约"七千麻袋"大库旧档之后，由陈垣本人主导的"军机处档案移交"一事，乃是清宫旧档保护与研究历史上的又一重大事件。且这一事件终得以妥善完满解决，没有造成大规模、大范围的旧档流失与毁损，以一己之力为促成这一结果的陈氏，可谓厥功至伟。

---

① 单士元：《故宫札记》，紫禁城出版社，1990年。

话说文献馆在接收军机处档案后，可以将清代内廷档案整个保存，并加以联合整理，这对理解清代内廷档案办理流程及史事细节颇有助益。正如沈兼士在《故宫博物院文献馆整理档案报告》中所忆述与强调的：

> 后来有了机会，将内阁大库彻底清理一番，再拿宫中、内阁、军机处三部分档案，比较综合的一研究，然后才知道：内阁的史书，就是红本的择由，也就是实录的长编；宫中的缴回朱批奏折，就是军机处折包的原件；内阁所藏的明代档案，就是明史馆征集的参考材料。诸如此类，明白了不少的掌故。由此看来，整理一类档案，须要弄清楚它当其未归档以前的作用如何。整理各类档案，须要弄清楚它们当时的性质和手续上的联络性如何。①

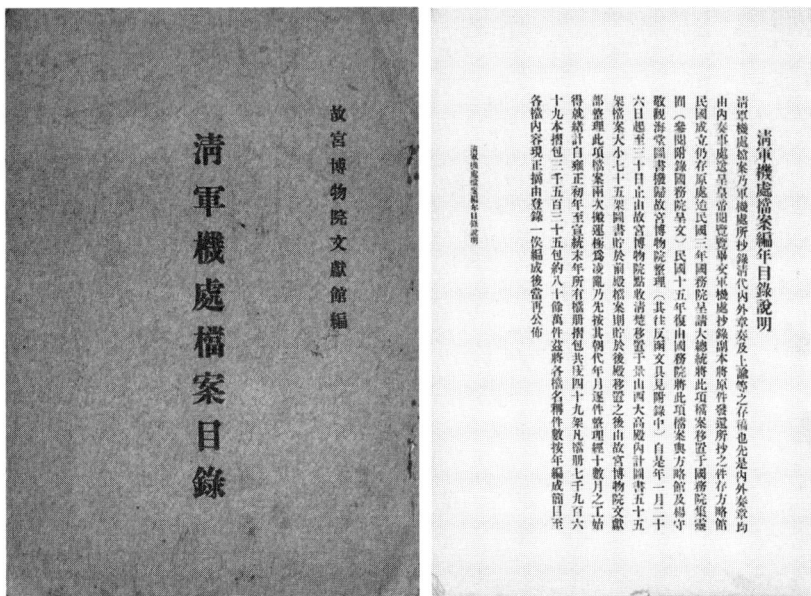

《清军机处档案目录》（故宫博物院文献馆印行）封面、目录说明

---

① 沈兼士著，葛信益、启功整理：《沈兼士学术论文集》，中华书局，1986年。

的确，军机处档案的收藏入馆，促进了文献馆档案整理工作进入新的发展阶段。1935年11月，陈垣又从伦明手中购买清末两江总督端方档案六百余册入藏文献馆，这些档案多为关系清末大政的密电，是研究清末历史的珍贵史料。[①]这些点滴努力，涓流汇海，最终使故宫所藏明清档案体系的史料基础更为丰富与充分。这份历史遗产的厚重与丰硕，至今使学者与研究者皆受益无穷。

九、抗战留平，守望故宫

众所周知，七七事变前后，全民族统一抗战大幕徐开，战火迅即绵延整个华北地区。那时，故宫古物业已南运，大批学者也纷纷南迁。而陈垣为教育与学术计，毅然留在北平。这期间，其仍在辅仁大学任教，与广大师生坚守校园，并发意撰写了七部专著、十余篇论文。

此时，陈垣提倡经世致用与"有意义之史学"，以书斋做战场，以纸笔为武器，阐发中国民族历史大义，希以此激发中华民族之同根血气。在日伪横行的北平城中，陈垣对故宫文献极为关切，对那些未能南迁的珍稀文献，仍然是一有机会就上手研究，且成果频出。

以《明季滇黔佛教考》为例，一方面，陈垣从许多人所常见的书中，发掘出不少尚未被研究者重视的西南地区佛教史料。例如，从早已广为流传的传世文献《徐霞客游记》等书中深入发掘，获取相关史料，推论相关史实。另一方面，则利用了许多从未被研究者使用过的文献记载，这种更为难得的史料资源就直接来源于故宫。

原来，在1939年初，陈垣又在故宫发现了一部从未为外界所知的《嘉兴藏》，共计达两千余种，有两千余册之多。据考，故宫藏明代嘉兴楞严寺方册本《大藏经》，简称《嘉兴藏》，又称《万历藏》，始刻于明万历七年（1579），终于清康熙四十六年（1707），历时一百二十余年，共收经籍两千一百余种，计上万卷，由正藏、续藏、又续藏三部分组成，是中

---

① 单士元：《故宫札记》，紫禁城出版社，1990年。

国历史上由私家出资刊刻，历时最长、收经籍最多的大藏经。虽然历经四百余年沧桑变迁，保存仍属完好。全部藏经为方册线装，白棉纸精印，明黄色锦函装书，是有别于民间自印本的，这是专供皇帝御览的、弥足珍贵的进呈本。

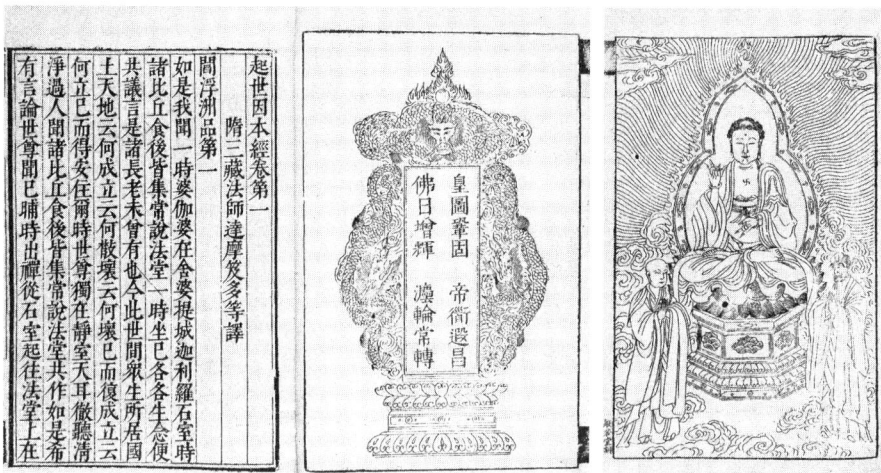

《嘉兴藏》书影

不过，《嘉兴藏》原藏书地点阴暗潮湿，蚊虫滋生无数，至20世纪30年代时已基本沦为无人问津的废弃书库。因藏经数量庞大，累积如山，无论是初步清理，还是略加整理，都十分困难。

为了打开这座"三百年沉霾之宝窟"，陈垣每次入内整理，需事先服用奎宁丸，以此预防因蚊虫叮咬或霉灰粉尘传染恶疾。奎宁丸这种药，俗称金鸡纳霜，其主要成分为茜草科植物金鸡纳树及其同属植物的树皮中的主要生物碱，其化学成分为金鸡纳碱。此药主要的作用是治疗疟疾，但毒副作用极大，口服常见不良反应有头痛、恶心、呕吐等；若长期服用，可能会有较严重心脏反应。非但如此，经现代医学研究表明，奎宁丸对疟疾的治疗效果一般，治愈率较低，其毒副作用又很强，所以后来才以青蒿素替代。因此，即便预服奎宁丸，仍无法完全排除身染疟疾的可能性。

于此，也可想而知，陈垣为了整理与研究故宫所藏《嘉兴藏》，竟不惜以身染疟疾的风险与长期牺牲身体健康为代价，真真可谓视学术为生命者。

正是在这极端恶劣的环境之下，陈垣带领助手，在一年多的时间里将整个《嘉兴藏》翻检查阅了一遍，搜集了清初僧人的许多语录。后来，当其撰述《明季滇黔佛教考》时，便对这部分艰辛检索而来的史料加以了充分利用，得出了不少前人所未发的崭新论点。

可以说，陈著一旦付印出版，即刻就能在抗战期间的学术界中，予人以别开生面、耳目一新之感。由陈垣引荐，成为故宫博物院文献馆专门委员的陈寅恪，后来在为该书写的序言中发出了这样的赞誉：

> 寅恪颇喜读内典，又旅居滇地，而于先生是书征引之资料，所未见者殆十之七八，其搜罗之勤、闻见之博若是。

殊不知，这一切"闻见之博"，一方面固然是陈垣自身对治学的严格要求，有着长期累积、淬炼的历程；另一方面，也正是故宫这座举世无双的文献宝库，一次又一次地予以绝无仅有的珍稀史料所促成。

1947年9月28日，陈垣等在颐和园中的谐趣园合影

　　不可否认，从20世纪20年代延续到50年代，整整三十年间，陈垣在学术研究上的独树一帜之手眼，在学术成果上的独步一代之贡献，有目共睹，自成一家。其人在整理故宫明清档案中成形的"整理档案八法"，不但使得故宫文献整理有法可依，更使得中国目录学经其发展成为史源学；与之同时，校勘学也因其"校例四法"有了定则可依，学科发展更为规范。

　　如今看来，巨量的孤本秘籍与明清档案，正是故宫赐予所有中国近现代学者的宝贵遗产。陈垣作为最早有机会接触到这份遗产的学者，对这一历史机遇备感珍惜，也利用充分；同时，对自己所肩负的历史责任，更备加珍重，亦曾倾力守护。就这样，矢志"护宝"与决意"领读"互为因果，"护宝人"与"领读者"互相成就。

　　近一个世纪之后，回望陈垣与故宫的前缘与往事，俨然就是一部现代史学发展的缩编回忆录，更是一部中国学者与古典遗产互动的个案成就史。

第三部分

守护故宫的学者

第七章
沈兼士：乱档堆里觅真知

1935年9月10日至23日，北平《世界日报》以十一次连载的巨大篇幅，隆重推出对学者沈兼士（1887—1947）的专访报道，报道首日的标题摘要中即有"故宫整理文献工作大功已告成"字样，可见在参与整理故宫所藏浩若烟海的巨量文献之工作中，沈氏无疑是核心人物之一。

一、万余字专访，十一次连载

在此，为披露与分享这一文献，亦为便于后文考述，笔者酌加整理，将此次对沈氏访谈中关涉故宫的部分摘录如下：

> 文字学专家
> 沈兼士
> 他研究文字学是用新的方法
> 故宫整理文献工作大功已告成
> （一）
> "近二十年来，文字学很有发展：研究古韵者，多能应用发音学的理论，以解决声组与韵部之疑难；研究字形者，多能利用古器遗闻，以推寻原始象形之真相，其成绩均大有

可观。"这是沈兼士氏，在为蔡元培先生六十五岁庆祝论文《右文说在训诂学上之沿革及其推阐》上开首的几句话，可以说是他对于近二十年来攻文字学的人，一个概略的批评。本来中国文字，最古也不过有五六千年的历史，而中国语言，要比文字古远得多，自然我们可以说文字是由语言中演变成的。从前研究文字的学问，叫做"小学"，后章太炎（炳麟）氏改称为"文字学"，当然这是合乎潮流的名词。沈兼士氏虽然有一个时期，被时代所激励，曾经攻习过化学同铁路方面的学问，但是因为他幼时受过严格的"四书五经"训练，青年时又曾从章太炎氏攻习文字学多年，所以便研究文字学了。可是他研究文字学，是用最新的方法，并不是像从前治"小学"的那种旧方法。他民国三年起，在北京大学担任教授文字学，直到现在，民国十年的时候，北京大学开办国学门研究所，便是由沈氏主办，他们用新的方法，研究国学，使着整个的学术界，都受了他们的影响。民国十三年，清室善后委员会接收故宫，沈氏担任整理文献方面的工作，最近已将数百年零乱的文案，用科学的方法，整理出来，而为学术界研究的新资料，这些伟大繁重的工作，都是沈氏领导的。所以我决定去访问他，请他发表些工作的经过同意见。一个清晨的时光，我独自去访问他，我想他那时应该是在家的，所以事先并没有与他约定时间，那知他已经很早就出门了。后来还是约定时间，才会见他的。阍者引我到客厅等待，我想他一定从门外进来，那知当我凝视着墙壁悬挂的字画时，沈氏便从里间出来了。一个高的身量，同强壮的体格，却使我出乎意料之外。当我没有会见他以前，我理想中的沈氏，应该有迂腐的气派，或者还许有些傲慢的神气，那知他的谦和同振作的精神，反倒使我惊讶。我们寒暄了几句后，我便将来意说明，并且因为他有事情，只能先谈半小时，约定了一个时间再继续谈话。

文字学专家

沈兼士

整理故宫档案工作极为繁重

沈对整理方法举出错误多点

（四）

民国十三年清室善后委员会接收清宫，沈氏便想将档案整理工作，扩充到故宫，因为故宫里的档案，多半是内务府的，对于清代入关以来满洲的制度、帝制的组织、宫中的度支，包藏甚多。还有一部分内阁大库的，自然都是把清代的内政详细记载。所以认为那些档案，是研究近代史最好的材料，于是沈氏便与陈援庵（垣）先生担任了故宫博物院文献整理的责任，领导这些繁重的工作。当他们从前在北大初整理档案的时候，大部分精力和工夫，都耗费在初步的形式整理上面，因为要将数十万件乱七八糟的东西，一一依据名目，排比时代，这是多么令人望而生畏的一桩工作，加之整理时的尘垢太多，眯目塞鼻，工作人如胡鸣盛病眼、魏建功伤肺，当时辛劳的情形，也就可以想象。但是那时他们的经验太少，所以方法上仍有不少的缺点。第一是太重形式，只知区别名称，排比时代，而忽略档案的内容。第二只知注意档案本身，而忽略衙署职司，文书手续的研究，遂使各类档案，都失掉它们的联络性。第三是过于注意搜求珍奇的史料，以资宣传，而忽略多数平凡材料的普遍整理。因此我就问沈氏，为什么会发生这些错误，他说："这些错误，都由于没有把各种档案综合的研究，深刻的观察，所以结果仅知其形式，而不知其内容，仅知其区别，而不知贯通，仅知有若干不相连属的珍异史料，而不知统计多量平凡的材料，令人得一种整个的概念，以建化腐朽为神之功。这样做法，是不容易将档案整理出一个系统来的，档案学更是没有成立的希望。后来有了机会，将内阁大库彻底清理一番，再拿宫中内阁军机处三部分档案，比较综合的一研究，然后才知道内阁的史书，就是红本的择由，也就是实录的长编，宫中的缴回朱批奏折，就是军机处折包的原件，诸如此类，明白了不少的掌故。由此看来，整理一类的档案，须要弄清楚它当时其未归以前的作用如何，整理各类档案，须要弄清楚它们当时的性质和手续上的联络如何，不是只顾形式的分门别类，或是披沙拣金的搜寻若干珍贵史料便算尽了整理档案的责任，那么应当怎样才算是合理的方法呢？当然是值得研究的。"沈氏说完了，略为休息一下，我也等了一会，又接着问他。

文字学专家

沈兼士
整理档案除探求本身外尚须参证典籍
现在整理的方法有三步骤

（五）

因此我就问他，整理档案以甚么方法为合理。沈氏说："从前文献馆，也曾编次若干有关清史的重要材料，刊行问世，然大半是零星掇拾，所以多挂一漏万，主要的弊病，在于不求普通整理的完成，而急求表现，因此我们于民国二十三年改组时，就决定以全力注重普通之整理，分北平现存的史料，军机处的奏折、函电，内阁大库的黄册、档案，内务府的各种档案，为若干组，同时整理，先因名立类，再以类编目。因为整理档案，与部勒群籍，难易不同，书籍以整部全帙为单位，档案以零星散页为单位，书籍分类有中西成规可循，档案则无定法。书籍编目有书名可据，档案须随件择名，所以难分类，必须先考证职官的归属、衙署的司掌、讲编目必先研究公文的程式、档案的术语，除与档案本身探求外，尚须参证典籍，访询耆献，然后仿记事本末的体例，将关于清代各大事的案件，依事按月，编成索引，借作重修清史的长编，以供史家的参考。"这样我们可以知道他们先后所用的方法不同。不过我觉得用科学方法整理档案，以文献馆为首创，因此我请沈氏具体的将方法说明，他说："我现在整理档案的方法，具体说来，第一步是整理，整理又分为：（一）拂去尘垢，整齐形式。（二）依据机关及名目，分门别类。（三）排比朝代年月。（四）撰写号笺及登记卡片。第二步是编纂，编纂的步骤：（一）据前记的卡片，依事类及时、地、人等项，编纂分类目录。（二）编档案中所载各项大事及人名索引，以替代旧式纪事本末体之史书。（三）档案所用术语汇编。（四）校勘各种官书与档案记载之异同详略。第三步是陈列，陈列又分为：（一）普通陈列式，此种陈列为提倡一般参观者对于档案之兴趣起见，将不同时代性质之各种文物，缤纷杂陈，避免单调，以期引人注意。（二）专门陈列式，此种陈列，特为专家研究而设。或以机构为主，如内衔、军机处、内务府等室。或以时代为主，如乾隆时代工艺品、慈禧后御用品等室。或以事物性质为主，如地图、戏剧、清钱等室，均用综合系统的方法，表现陈列，务使一代政治文化之实际情形，能于此立体式的陈列室中，纵横多面的反映出来。以上三项整理，以不失原来之真相为原则，编纂以普通编目为原则，陈列以就文物之性质相互联贯为原则。总之，其目的在于充分使学者取材便利而已。至于史学上一切问题之研究，及各种史籍的编纂，那自有研究院及各大学的史家，去负责担任，我们不敢存此奢望了。"

文字学专家

沈兼士

档案关系一代政治学术的盛衰甚大

民十一以后学术界始重视考古学与档案学

（六）

　　谈到这里，关于整顿档案的方法，算是谈完了，因此我就问沈氏关于我国档案的沿革，同在历史上的关系。沈氏毫不思索的说："周官五史，掌一切政教出纳的记载，古时学在王官，史之所掌，为政兴学的总汇，所以老子为柱下史，知成败、存亡、古今之道，号称博学，为诸子的巨擘。秦亡后，周室所藏，遗弃无见之者，而扬雄伤之，然萧何犹独收秦丞相御史律令图书，使沛公知天下闭塞户口多少强弱，民所疾苦，以兴汉室。于是知档案关系一代政治学术的盛衰极大。魏荀勖《中经新簿》中的丙部，有旧事、皇览事、杂事等。志书籍志史部，有起居注、职官、仪注、刑法、实录等类，大率皆是当时的档案文书。古人说'六经皆史'，我们也可以说史皆档案。精密一点来说，档案是没有掺过水的史料，后代私家著述渐盛，公家的档案，反形没落。唐宋以来，目录书中著录的书籍日增，而一切政学来源记载鼻祖的档案，士大夫反不屑道及，只为各衙署中录事小吏之徒所掌管，偶被检查而已。阅清代公私记载，每每见销毁档案的事，可以知道不重视的程度了。"因此沈氏又告诉我关于近代档案保存的情形。近代档案，当然是指清代二百年间的公家文书，约可分为中央政府与地方政府两种，中央政府包括内庭（即宫中及内务府）、外庭（即内阁军机处）、各部院，地方政府包括省会（即督抚司道各衙门）、外县（即道府州县各衙门），现在故宫博物院所藏的，只有中央政府一部分（内庭及外庭的档案，各部院只有刑部的档案），这些档案虽经过清代及民国以来屡次的损失，但重要性犹在其他档案以上。至于保存的经过，近来王静安、徐中舒、赵泉澄、方甦生诸君，都有文字发表，《北京大学研究所国学门一览》，叙述明清档案整理会的始末，更为详细。

　　嗣我又问沈氏尚有其他关于文化建设、学术研究的事业。沈氏说："民国十一年我主持北京大学研究所国学门时，首立明清史料整理会，以保存内阁档案。旋又创置考古学

会、风俗学会，并设古物及风俗陈列室。治国学的人，也知道
利用纵横两面的自然材料作实际比较的研究，一洗向来文人徒
话空言的积习。我国学界的重视考古与档案学，也就是从这时
起。后又于故宫博物院文献馆倡议，将内阁大库、军机处、
内务府三类档案，联合集中保管，拟定一般档案的整理编目
法，计划普通式及专门陈列式的方案，文献整理及陈列的规模
粗具。"

　　据统计，此次访谈内容刊发出来的部分，竟达到了上万字的篇幅，对
于一份主要面向都市大众读者发行的报纸而言，以这样的篇幅来报道一位
学者访谈是相当罕见的。报道中，沈兼士在故宫、古文字学及中国教育等
多个方面侃侃而谈，为读者呈现出了一位既精研学术又关心时事的可亲可
近之学者形象。其中，关涉故宫的部分达到三千五百字左右，占到了整个
访谈内容刊发部分的三分之一份额，由此也可见在沈氏的治学生涯之中，
故宫的分量与意义。

故宫博物院理事兼文献馆副馆长沈兼士
（原载《故宫周刊》，1930年第23期）

二、故宫内阁档案大放异彩

沈兼士在故宫明清档案整理方面，业绩非凡，贡献卓越，确实是有案可查、有根有据的。

沈氏将故宫巨量的"大内档案"条分缕析、分门别类，将之重整为可查阅、可索引、可研究的，极具第一手资料价值的宝贵资源，使之从"废纸堆"化身为"学术富矿"。

同时代学者诸如陈垣、陈寅恪、胡适、顾颉刚等，莫不因之得到研究便利，也因之在明清史研究方面水到渠成，屡结硕果。即便普通游客与参观者，也莫不为精心的陈列布置、生动形象的档案展示所吸引，更因之对明清历史产生浓厚兴趣，进而对故宫的文化与历史价值更多一分了解。

就在此次专访的当年，1935年1月18日，北平《世界日报》教育版头版头条，还刊出过一篇题为《故宫博物院文献馆昨日开放，招待各界参观，庋藏大批珍奇史料》的特别报道。报道中介绍称：

> 该馆近应各学术团体，及各专家之要求，特于昨日下午一时，将大库及南四所开放，招待来宾参观，计到有北平图书馆代表，国语统一筹备会代表，及北京、师范、辅仁、燕京、清华等大学国史两学系学生，学者教授到者有张星烺、洪煨莲、钱桐、顾颉刚、朱少滨等数十人，捐助南京金陵大学价值四百万元古物之福开森博士，亦在参观群中。

由此可见，此次内阁档案的首次公开展出，吸引了中国学术界的众多目光，不但所在地北平的大学国文、史学两系师生几乎全体出动，以"中国通"闻名于世的著名收藏家、古物陈列所的筹办人之一福开森为代表的外国学者，也纷纷加入参观行列。此次展览之所以如此招徕观众，吸引来宾，理由乃是：

> 由该馆馆长沈兼士率领来宾，赴各库室参观，并详为解

说每种档案之性质，参观者皆感极大之兴趣。

无须多言，故宫内阁档案的大放异彩，当然与沈兼士领导之下的故宫博物院文献馆多番努力有关。殊不知，这批大内档案不但整理不易，得来更为不易，留存下来已属劫后余生之万幸，而这也与沈兼士个人有关。

钱桐（左）与福开森（中）等在文华殿前合影

须知，大内档案是指清朝存放于内阁大库中的诏令、奏章、朱谕、实录、则例、典籍、外国的表章、历科殿试的卷子以及其他档案。清代内阁历年来所形成的档案，是研究清王朝政治制度与重大历史事件的核心史料，其历史价值、文化价值、学术价值当然毋庸置疑。然而，时至晚清，政局动荡，清廷早已无力监管历年来形成的巨量内阁档案，随之而来的大量散失与人为毁损，已无可避免。

宣统元年（1909），为整修内阁大库，清廷决定将历年积存大批档案移出库外，并将之全部焚毁。因学部参事罗振玉呈请张之洞上奏朝廷罢焚，改由学部暂管，这批档案始躲过一劫。辛亥革命之后，大清帝国覆灭，内阁大库档案由北洋政府教育部接管。1916年，教育部决定成立历史博物馆，将其中较为完整的档案初步挑选出来放置于故宫午门楼上，剩余的档案则装入麻袋堆放在端门门洞之中。

时至1921年，教育部与历史博物馆又以经费困难为由，将其中大部分档案装了八千麻袋，以银洋四千元售出，此即著名的"八千麻袋"事件。当沈兼士得知清代内阁大库档案被变卖后，深感震惊与痛惜，立即向教育部提出请求，请求将残存的一千五百余麻袋内阁档案划归北京大学，并主持成立档案整理委员会对其进行整理。此举不但保护了残留档案不再被变卖流散，更开启了高等学府整理清代档案风气之先。也正因这残存的一千五百余麻袋内阁档案，才有了十五年后那一次盛况空前的故宫博物院文献馆之档案展览。

在前述那次专访中，沈兼士对档案整理之步骤及工作之艰巨，也都有较为翔实的说明，可谓"第一责任人"口述的"第一现场"之第一手资料。就在此次专访一年之后，由故宫博物院文献馆于1936年出版的《文献论丛》中，作为参与内阁档案整理工作的文献馆同事们，对此还曾有过更为细致、直观的忆述，让后世读者读之更如亲临现场、感同身受——这些忆述，或可作为沈氏概述的某种补充。记得书中辑有《整理内阁大库杂乱档案记》一文，文中这样写道：

> 民国十三年十一月，清室善后委员会成立，开始点查故宫文物。十四年十月，故宫博物院成立。当时沈兼士先生首先注意的就是档案，于是将宫中各处经过点查手续的档案，随时集中在南三所，预备整理。……地板上的档案，一堆一堆的积若小丘，差不多没有下脚的地方。……残乱档案，几乎堆到房顶。……总而言之，是杂乱无章的一库乱档而已。这就是点查时两库贮藏档案的情形。

由此可见，当时内阁大库中的"乱象横生"之状，足令当年任何初入这所"乱库"的工作人员望而生畏。紧接着，工作人员现身说法：

> 最感痛苦的，是不能假手工役，必须自己动手。因为区

别种类，件件都要阅看，残缺不全的，更要审视内容。而且库中档案，都是经过很久时间的纸片，霉气弥漫，中人欲呕，同人实在不能终日埋头作这件事情，所以工作进行，不能很快。直到最近，一堆一堆的乱档，已经清理完竣；但是架顶柜后，尚有遗留。灰尘中，可以发见红本；地板上，可以铲起档册。随时随地，仍有发见档案的可能，目下正在各处搜检之中。

这段工作人员坦言的整理档案"最感痛苦"之处，与专访中沈氏所称"整理时的尘垢太多，眯目塞鼻，工作人如胡鸣盛病眼、魏建功伤肺……"云云，相互印证——当年艰苦卓绝之情状，真真如同电影回放一般，栩栩如生、历历在目了。

三、力保文溯阁《四库全书》不致流失

除却整理故宫内阁档案，以档案学启引明清史研究之风气，是沈兼士于故宫管理及研究方面的贡献之外，其人还曾力保沈阳故宫文溯阁的《四库全书》不致流失国外，这一特殊贡献也是功德无量。

原来，1914年袁世凯欲行复辟帝制之际，准备影印《四库全书》，将文溯阁藏本运抵北京，存于故宫保和殿。不久，袁氏政权覆亡，此书遂就此冷落宫中，再无人过问。1922年，清室曾以经济困难为由，欲将文溯阁《四库全书》盗卖给日本书商，并且价格已议定为一百二十万元。此消息传出，首先为沈兼士获知，其迅即于当年4月22日致函教育部，披露并竭力反对此事。迫于舆论压力，此事遂作罢。

关于沈氏力保文溯阁《四库全书》不致流失一事，郭伯恭所著《四库全书纂修考》[①]一书中曾有提及。不过，因为仅仅是概略性的简要介绍，难免会忽略一些更为鲜活生动的历史细节。略微翻检一下当年的京沪两地

① 郭伯恭：《四库全书纂修考》，商务印书馆，1937年。

各大报刊，不难发现这一事件的更多细节信息。譬如，关于清室"偷卖"《四库全书》的行为，是何时暴露的，又是何时为外界所知的，这些信息从当年的旧报刊上，都可以寻获一二。1922年3月28日的上海《民国日报》，就曾刊发过一篇相关报道，原文如下：

亡清偷卖《四库全书》

筹备溥仪结婚用费

民国何来此大强盗

前清之《四库全书》，计有四部，分储于北京、杭州、热河、奉天四处，盖防万一灾变，亦不致全部损失也。年前北庭拟印此书出售，曾特派朱启钤赴各国运动买手，迄今未见实行翻印。兹据日人方面最确消息，安居乾清宫之宣统，本年十六，已与蒙王之女郭佳氏订婚，本年秋间即须举行大礼。然因措办经费，毫无所出，清室优待费又拖欠不发，遂拟将储存奉天之《四库全书》，以一百二十万圆之价出售，一以稍苏积困，次亦以为宣统结婚经费。曾特派某某向驻京各国使署，询有无买主，最后闻得日本宫内省者，前因法国购得朝鲜《四库全书》之一部分，甚为珍重，颇羡之，久欲得中国之《四库全书》，以壮日本之观瞻。某某乃与日本驻京公使署接洽，请其购买奉天之《四库全书》，日使署当即电询本国，宫内省以各国均欲得此世界珍宝，今乃送上门来，大喜过望。大有无论如何，必须到手之意，现正在秘密交涉之中云云。（廿六日）

据此报道可知，因清室日用开销巨大，北洋政府承诺的所谓"清室优待费"，又久有拖欠，更兼溥仪行将"大婚"，要为之"措办经费"也很困难，于是乎，清室将暂存于故宫保和殿的、原藏于奉天文溯阁的《四库全书》作价银圆一百二十万元，意欲售卖给国外买家。而日本方面对此书极感兴趣，颇有购藏意愿，已"正在秘密交涉之中"了。

从报道之末的"（廿六日）"标示可知，这一消息乃是1922年3月26

日自北京传至上海的，两天之后即见诸上海《民国日报》报端。同日，这一消息也登载于《时事新报》之上，报道内容完全一致，只是标题略有不同，题为《秘卖〈四库全书〉消息》。显然，两家上海大报，报道这一消息时所用信息均源自北京方面的一份"通稿"。也可以想见，这一消息当年在京沪两地，应当已为路人皆知。

当京沪两地遍传这一消息约一周之后，时至1922年4月1日，也即在沈兼士致函教育部二十天之前，沈氏就已与其兄沈士远、朱希祖等学者联名发出通告，向国人公告溥仪盗卖《四库全书》之事，引发社会各界关注此事，将社会舆论率先发动了起来。4月5日，这一消息传至上海，4月7日，上海《民国日报》即摘录转发了这一通告，且还为之添加了一个醒目的标题：《注意溥仪盗卖〈四库全书〉》。报道原文如下：

注意溥仪盗卖《四库全书》

国民倘置之不理

非实行偷卖不可

前月京沪各报盛传，清室拟将庋藏保和殿之《四库全书》，售卖日本，以作清室溥仪秋间举行婚礼经费。而北大教授沈兼士等，以《四库全书》为民国国家之公产，岂得盗卖，曾于四月一日发出通告，以促国人注意，俾不至古物落于外人之手。兹录其通告于后。

（上略）查奉天所藏之《四库全书》，乃民国国家之公产，绝非亡清爱新觉罗一姓之私物。所以民国三年，政府曾派员将原书运京，由内务部派员点收，庋藏于保和殿中。今爱新觉罗·溥仪，竟胆敢私行盗卖与外国人，不但毁弃宝书，贻民国之耻辱，抑且盗窃公产，于刑律之条文。同人等身属民国国民，为保存我国文献起见，断不容坐视不问。兹拟请北京大学速函教育部，请其将此事提出国务会议，派员彻底清查，务须将盗卖主名者向法院提起诉讼，科以应得之罪。并将原书全部移交适当机关，妥为保管。再查照优待条件，爱新觉罗·溥仪本应迁出大内，移居颐和园中，至于紫禁城宫殿及所藏一切图书古物，皆系历代相传国家公共之产，亟宜一律由我民国政府收回，筹设古物院一所，任人观览。如此办法，既足以供研究学术者之参考，亦可使帝制余孽稍戢敛其觊觎侥幸之逆谋。准理酌情，实属两当，特将此意公布之于国人，凡我同志，其共图之。中华民国十一年四月一日，沈兼士、沈士远、朱希祖、马衡、单不庵、马裕藻、钱玄同、周作人。（五日）

上述五百余字的转发报道，透露出若干重要历史信息。首先是包括《四库全书》在内的"紫禁城宫殿及所藏一切图书古物，皆系历代相传国家公共之产"，"乃民国国家之公产，绝非亡清爱新觉罗一姓之私物"，这一基本观念，在当时可谓已深入人心，已为社会共识，至少在相当一部分知识精英及高级知识分子群体中，已为公认之事实。

其次，逼宫事件之前并无清室善后委员会，更无故宫博物院这类直接管理故宫事务的机构。为确保《四库全书》不被"盗卖"，沈兼士提请当局关注并查办此事的程序，乃是"拟请北京大学速函教育部"，即以北大名义函告教育部，再由教育部"将此事提出国务会议，派员彻底清查"。程序虽则有些烦琐，可当时能以此程序呈报上级，产生由上至下的积极影响，已实属不易。这恐怕还与当时由沈氏主办的北大国学门研究所在学界已颇有影响力，且已提出着力研究清宫旧档与文献的学术旨趣有关。正是因为其学界影响力，更因沈氏本人对清宫文档的一贯重视，方才有此层层上报，力保文献之举。

再者，通告中还明确提到按照《清室优待条件》，"爱新觉罗·溥仪本应迁出大内，移居颐和园中"，提出了"至于紫禁城宫殿及所藏一切图书古物"，"亟宜一律由我民国政府收回"的意见，并建议"筹设古物院一所，任人观览"。毋庸多言，在武力逼宫事件发生两年之前，即向政府当局发出了这样的提议，以沈兼士为代表的学界有识之士，其远见卓识已然定格于字里行间。试想，若当时当局能够采纳这一提议，迅即予以实施，两年之后的武力逼宫事件及其后续各种不良影响，应当都能从一定程度上予以规避了。因此，从这个意义上讲，这一纸由沈兼士发起的联名通告，可以说不啻一场以文字方式预演的逼宫事件。

最后，还有颇为值得注意的是，联名通告中的署名者，俱为当时曾在北大任教的知名学者，除了后来出任故宫博物院理事及院长的马衡之外，新文化运动健将、曾经的《新青年》编辑同人钱玄同与周作人的署名，也赫然在列。钱、周二人，后来在逼宫事件中所发表的言论种种，已见前述篇章之中，二人立场之坚决、态度之鲜明，实在令人印象深刻。若再翻检到这篇通告，随即可知，这样的立场与态度，早已在这一场两年前的文字逼宫事件中有所预示与表达了。

一个世纪之后的今天，反观沈兼士力保《四库全书》不致流落海外这一史事，更可见其贡献之深远影响。须知，现存所谓"三部半"《四库全书》，其一文渊阁本原藏北京故宫，后经上海、南京转运至台湾；其二文津阁本于20世纪50年代调拨到中国国家图书馆；那一部残缺的文澜阁本，今藏于浙江省图书馆；而经沈兼士力保的文溯阁本，还相对完整，今藏于甘肃省图书馆。

文溯阁旧书库内书架之一部

（辑自《文溯阁四库全书要略及索引》，1938年初版）

四、沈氏逝世，蒋介石特电致唁

抗战期间，沈兼士曾滞留北京，组建"炎社"，进行抗日宣传工作，被日军列入黑名单之后，遭四处追捕，终不得已潜出北平，转徙西南。后来，在重庆曾家岩五十二号对门石田小筑中暂寓。在此，曾致信时任驻美全权大使的胡适，信中感叹"目击时艰，空谈莫补……当时子丧妻病，己身又时时有危险之虞"云云，足见其处境之艰苦。

抗战胜利后，沈兼士被委任为教育部平津区特派员，自1945年10月5日起，开始接收平津日伪所设教育文化机关，故宫博物院等其曾经为之倾力工作过的机构自然亦在其列。沈氏为此倾尽全力，仅用三个月时间即接收竣事。曾被日军掌控的《续修四库全书总目提要》及有关图书档案，也全部接收。

1947年8月2日，时任教育部平津区特派员，刚刚过了花甲之年，一直忘我工作的沈氏，却于当晚突然猝死于家中。各界人士震惊与痛惜之余，颇感事发突然，对其死因也颇为关注。最早记录沈兼士之死的，乃是胡适的日记，当晚其日记中这样写道：

> 1947年8月2日　今晚沈兼士先生约杭立武兄吃饭，八点十分入座。入座之前，兼士意态很高兴，拿出三个手卷给我看。入座后，才吃第二个菜，兼士忽觉头疼，用手抓住脑后。大家请他休息，有人扶他进卧房。医生来时，我已先走——到美国领馆晚会——半夜始知兼士已于十点半钟时死了！年六十一岁。一个很能工作的学者，这样去了，真是可惜！

两天之后，8月4日，北平《世界日报》也报道了沈兼士的死讯，并且采访了当时最为关切沈氏之死的胡适，将访谈内容也予公布。报道原文转录如下：

沈兼士今日接三

胡适昨谈逝世经过

治丧委员会成立即撰述略传并纂辑遗稿

【本报讯】辅仁大学文学院院长沈兼士氏，二日晚十时三十分，突患脑溢血逝世于私邸，享年六十一岁。噩耗传出，文教各界人士咸表悼惜。记者昨（三）晨晤沈氏家属称：二日晚八时，尚在寓宴请教次杭立武氏，并有胡适校长等十余人作陪。但迄九时许，即觉头疼，而神智渐昏，十时三十分遂与世长辞。又沈兼士先生治丧委员会，昨已由北大、辅大、教育部、故宫博物院等负责人胡适、陈雪屏、郑天挺、张庭济、张重一、陈聘之、张怀、马衡等十余人组成。沈氏遗体已于昨（三）晨小殓，午后七时大殓，并移灵地外嘉兴寺，定今（四）日接三。辅大并定本月十七日上午九时，假该校大礼堂举行追悼大会。又昨晨起，沈氏生前友好何思源市长、吴铸人主委各亲属，以及辅大、北大等校教授学生等，纷赴东昌胡同二号沈氏私邸吊唁。记者昨（三）晨特走访二日晚与会之北大校长胡适，据谈：昨晚八时沈犹在寓宴请教次杭立武，由北大陈雪屏、郑天挺，辅大张怀，北平研究院院长李书华，故宫博物院院长马衡等及本人作陪，席间沈氏谈锋甚健，并出手卷，请大家签名。李书华因见沈氏虽已行年六十有一，仍无华发，齿均健全，遂取笑曰：是否年老而发不白，而齿不摇者，均系书家等语。迄上过两菜以后，沈氏忽以手扶后脑，频呼头疼，旋即电邀北大医院内科主任邓庆增、张庆松，市立医院吴洁等到来，彼时沈之神志仍甚清晰，医生主张放血。胡本人因需赴昨晚美领事馆魏特使晚会，遂先行，行后，沈氏因血管硬化，放出血量极少，终于十一时逝世，逝世前血压高达二百余度。治丧委员会已撰拟讣文，其略传由郑天挺负责写沈氏北大最早时期学术及生活，常维钧负责写沈氏北大研究院国学门时期之研究工作，张怀负责写沈氏沦陷后在辅仁执教及地下工作情况，至于其专门学问、文字训诂，则由北大周祖谟总其成。并再推周祖谟及葛信益二人，经办遗著稿件及遗嘱等事宜，因沈氏身后异常萧条，又适逢礼拜日，棺殓费系暂由辅大借支者。按沈氏对中国语言文字之学造诣极深，其以全生精力研究训诂学、声韵学，故成绩极佳。沈氏系浙江吴兴人，为名文学家沈尹默之弟，早年曾赴日本留学，归国后即任教北大国文系主任，后历任中法大学、厦门大学、清华大学等校国文系教授，并曾任故宫博物院文献馆副馆长、北大文学院长、辅仁大学文学院长等职。民国二十六年中日战起，北平沦陷，氏为敌寇所忌，屡欲逮捕，氏终于三十二年科季逃出平垣，辗转赴内地参加抗战工作。光复后氏被任为教育部平津区特派员，首先来平办理接收工作。氏逝世前仍任辅大文学院长兼北大教授。

胡适谈火葬

须以科学为基础

设备方面应讲求

【本市讯】沈兼士逝世。身后萧条，昨据北大校长胡适向记者称：因为目前棺木之昂贵，赞成现代国家之火葬办法，但实行火葬，须以科学为基础，设备方面更应讲求。

应当说，公开报道中的胡适谈话内容，比之其日记中的记载更为翔实。据此基本可以判定，沈氏死因乃是类似于脑出血或脑梗死之类的突发急症。当时的医疗条件有限，抢救无效后亡故。这样的状况，自然也很容易令胡适联想到曾经的"死友"马廉、钱玄同、蔡元培等，他们也皆是这样猝亡而去，难免会令其颇感别样的一番哀痛。

除了谈及沈氏死前症状，胡适还谈及处理沈氏后事的方式，这样的表态，体现了胡、沈二人并不十分亲密却非常真切的情谊。仅就目前已知的史料文献考察，可知胡、沈二人交往不算频繁，却一直保持着不错的交谊。从北大研究所国学门同事，到《国学季刊》的编委会成员，二人在学术上旨趣相近，同为新文化运动中涌现出来的新派学者代表人物。只是因为研究领域不尽相同，社会活动方向也无太多交集，二人只是一直保持着"君子之交"。

值得注意的是，沈兼士大殓之日的情形，以及胡适的上述谈话，同日还被国民党北平党部的机关报《华北日报》刊发了出来。除了报道题目改为《沈兼士遗体昨大殓》之外，报道主体内容大致与《世界日报》相仿，当年或有统一报道模板性质的"新闻通稿"存在，也足见当局对此事之重视。

1947年8月5日，《世界日报》正式报道了沈兼士的死因，确系脑出血所致猝死。报道同时还称，沈氏治丧委员会有百余人之多，皆为沈氏生前好友，如胡适、李书华、杭立武、马衡、郑天挺等。委员会决定于当月17日公祭沈氏，举办追悼会，并电告教育部，请求予以抚恤。

8月6日，《世界日报》又刊登了时任教育部部长朱家骅发来的唁电，以及顾毓琇、陈垣等纷纷致函电予以吊唁的简讯。次日，《世界日报》还刊发了蒋介石发来的唁电，原文如下：

> 北平辅仁大学转沈兼士先生家属礼鉴：兼士先生博学湛深，忠哲彰闻，奄忽病逝，良深悼惜，特电致唁，惟希节哀，中正未征。

至此，沈氏逝世之后的各界吊唁活动，级别已至最高层级——当局最高领导人的"特电致唁"，为解决其身后萧条的状况预设了解决的可能性。8月18日，《世界日报》刊发专题报道，将公祭沈氏的追悼会实况，较为翔实地记述公布，也让社会各界再次瞩目沈氏之死这一事件。报道原文如下：

教部、辅大等四机构

昨追悼沈兼士

朱家骅、胡适哀痛话往事

【本报讯】教育部、辅仁大学、故宫博物院、北京大学等四机构，联合追悼辅大文学院院长沈兼士大会，昨（十七）晨九时在辅大大礼堂举行。大门前扎有蓝白间杂之素花牌坊一座，中缀"沈兼士先生追悼会"金字，并下半旗志哀。辅大校务长芮歌尼、秘书长张重一、院长张怀、训育主任伏开鹏神父，以及沈氏长婿费致德等，在大门两侧站立，招待来宾。出席者有行辕李主任代表萧一山、市党部主委吴铸人、教育部长朱家骅、北大校长胡适、训导长陈雪屏、秘书长郑天挺、文学院院长朱光潜、中文系主任唐兰、艺专校长徐悲鸿、故宫博物院长马衡、平研院院长李书华、教局长王季高、秘书王际宪、津教局长郝任夫，及马彦祥、李麟玉、王任远、马在天、张宝树、邓萃英，以及沈氏弟子数百人参加。

大礼堂四周满布各机关首长，沈氏生前友好，以及门生弟子之挽联、花圈与缎幛，会台绛紫色幕上，挂沈氏着西装之遗像，下挂白黄间杂之鲜花数束，左右分悬文献馆及故宫博物院"英名千古""典型犹存"两挽幛，楼上悬校友"吾将安仰"挽幛。会场一片肃穆，令人即景生悲。九时半，典礼在故宫博物院乐队悲怆音乐声中开始，沈氏遗族十余人，坐于右侧头排椅上，沈夫人郭美珍女士，已泣不成声矣。乐声停止后，即由北大校长胡适登台主祭，郝少臣司仪。全体肃立向沈氏遗像行三鞠躬礼后，胡适旋称：辅大陈垣校长，因未赶上班机，未能如期赶回，暂由本人代理主席。继称：朱部长莅平后，酬酢甚繁，当午仍将赴颐和园出席宴会，故先请朱部长致词。

朱部长着白色西装，精神奕奕。略谓：今天来参加沈兼士先生追悼会，心中非常悲愤。胜利后我第一次到北平来，曾由沈氏陪同赴各学校参观，到过很多的地方，并曾在此礼堂由沈介绍与辅大师生晤面，真想不到第二次来到这里，是参加他的追悼会。沈氏在重庆时血压高、头疼，身体多病。但光复后，身体一天比一天好，恢复健康状态。噩耗传至南京，起初竟不敢置信。沈氏与我是十几岁时的朋友，是同乡又是同学，后来再同事，有着很多的关系。不幸遽然逝世，实在是国家的重大损失！譬如北大文科研究所，是我国文学的研究所，即为沈先生第一个倡办的。再中央研究院附设之研究所，亦均由沈氏主持，展开近代研究工作。三十年来如一日，致力著作教育，更苦心经营辅仁大学，变成中国的有地位的学校。在抗战期间，沈氏为了与敌人周旋到底，就留在北平做很重要的同人指导工作，二十七年我从杭州到河口去时，得到天津方面同人消息，知道沈氏领导抗日工作，组织华北文教协会。后因情势恶劣，于三十二年赴渝时，仍未忘怀北方工作，继续领导，在西安恢复文教协会，联络策划，以一大学问家有此精神，殊堪钦佩。北方抗战工作，以平津两地最佳，实在是因为有沈先生在策动着的缘故。沈氏幼富革命精神，他在日本念书时，就参加同盟会，回国后仍不忘研究学术。五四运动，沈氏曾冲头阵，这种始终一贯的革命精神是大家要效法的。能够效法他的精神，才是真正的纪念他等语。朱部长辞毕，即匆匆下台，应绥署副主任马法五颐和园之邀宴。

继由胡适之致词，略谓：与沈氏粗识三十年，初识时沈氏适养病于香山静宜园，不常见面，沈氏痊愈后，即在一处工作，知道他不但在学术上有特殊成绩，并且发现他在行政上也有领导办事的才干，以及组织的能力。当时北大设立之文科研究所时，即由沈氏创立。国学部则短期内即告成立。民初二十周年纪念，筹备三日开庆祝会，均系沈氏一手主办，成绩斐然。嗣以政局发生变化，沈氏曾一度放弃工作，至民国十六年国民革命成功后，又恢复工作，为故宫文献馆整理文献掌故，成为一个中心研究机构，成就殊大。后即入辅大，始终未脱离关系。胡氏继谓：沈氏三兄弟皆为多才多艺者，大先生很是能干，二先生富艺术天才，兼士先生则兼二人之长，为一全才。胡氏嗣后并报告沈氏逝世前后经过情形甚详（已志前报），沈先生逝世前，曾宴请教次长杭立武等友好，但这位没有一根白头发，有着做事的精神，有着做事的才干，像生龙活虎般的少年人沈兼士先生，万不料在不到两小时，就不复能再见面了。

胡氏词毕，继由辅大校务长芮歌尼以英文致词，略谓：不久以前，还和我们在一块的沈院长已经去世了，我有更深的悲恸。他是一个远近驰名、活力充沛的人，他有着学者的丰度，曾公正的准确的给过我们指导。但是，一切都已完了。他像一支蜡烛，曾燃烧过光与热，这样更使我们念念不忘，他将永生在我们中间，希望这个有道德的好品格的人，能有永久的快乐！芮氏词毕，胡适校长复补充报告治丧委员会组织人选，及分头为沈氏编撰传略整理遗著工作情况。最后由马衡、余嘉锡、张怀等分别报告沈氏生平，辅大校长及在校同学代表，并分诵祭词，来宾徐悲鸿致词，沈氏长婿费致德代表家属致谢，迄十一时半钟，追悼会始于哀声中结束。

上述近两千字的沈氏追悼会报道，将会议规模、现场状况及流程等基本情况一一记述了下来。其中，时任教育部部长朱家骅与现场主持者北大校长胡适的讲话记录，较为详细。值得注意的是，会上胡适再次报告了沈氏死前症状，这是其人继在日记、访谈中提及此事之后第三次提及了。

可想而知，沈氏之死对胡适的心灵冲击之大、痛惜之深，实在是难以抑制而需要多次表达。因此，当时已近花甲之年的胡适，禁不住在日记中、访谈里、追悼会上，在私密与公开场合，对此事一再追忆，一讲再讲。其现场目击的症状与突如其来的猝亡，对于与沈氏年岁相差无几的胡适而言，大有生命匆匆、岁月无情之感慨。

或是出于昔年同人同道之谊，或是出于深感生命与世事无常之同情，时任北大校长，校内外诸事繁杂、俗务缠身，也已疲于奔命的胡适，仍然替代因故未能返归北平的辅大校长陈垣，出面主持沈氏追悼会，组织治丧委员会。

1947年11月19日，《世界日报》刊发一则简讯，称沈氏家人决定于11月21日在香山山麓的福田公墓安葬沈氏。21日当天，《世界日报》报道了沈氏安葬实况，原文如下：

沈兼士今安葬福田公墓

八时并举行公祭

【本报讯】沈兼士之灵柩，定今（二十一日）晨九时在福田公墓安葬。昨午二时至五时，在西四厂桥嘉兴寺举行家祭。北大校长胡适、清华校长梅贻琦、北大秘书长郑天挺、北平研究院史学研究所所长徐炳昶、北大法学院长周炳琳、市党部主委吴铸人、辅大校长陈垣，及辅大校友多人均前往致祭。今晨八时，在发引前，沈氏生前友好将再举行公祭，并由胡适主祭。又关于沈氏生前事略，业经治丧委员会将搜集之材料寄交沈尹默（兼士之兄）整理，即可付梓。

沈兼士先生遗像

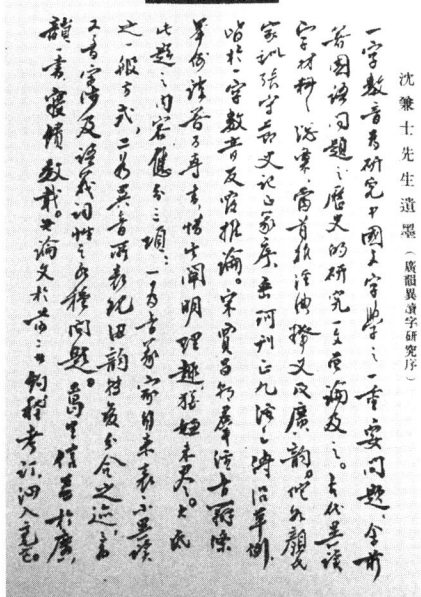

沈兼士先生遗墨（旧稿異读字研究序）

沈兼士遗像及遗墨
（弁于《段砚斋杂文》卷首）

至此，沈氏之死及其身后事，算是基本尘埃落定，《世界日报》对此事的跟踪报道也告一段落。当年12月，沈氏遗著《段砚斋杂文》整理印行，基本上将其生前成稿的学术文章汇集于此，可供后世读者参考研究。

第八章
陈寅恪：痛陈古物不可散

陈寅恪与故宫的因缘，可以溯至故宫博物院成立的次年。这一因缘，从一开始就显得极其"学术化"，一切顺理成章，且平铺直叙，毫无悬念或特殊性可言。

1922年夏陈寅恪留学德国期间与友人合影。照片人物：陈寅恪（立排左二）、章士钊（立排左四）、陈西滢（立排右四）、傅斯年（立排右二）等

一、出任专门委员，初探故宫文献宝库

这一因缘，就源于其人与时任故宫博物院理事会理事陈垣的交往。时为1926年7月13日，经吴宓介绍，在中央公园来今雨轩，陈寅恪与陈垣会面。《吴宓日记》[①]载：

> 待至六时许，陈垣来。七时，陈寅恪来。宓请二君用西餐（花费六元），为使寅恪得与陈垣谈其所学，且入清宫参观也。晚十时半始散。

就如此这般一顿西餐，被史学界誉为"南北二陈"的这次初晤，不但开启了之后二陈论学往还近四十年的交谊，更为陈寅恪开启了继王国维之后，探寻"大内"顶级文献的难得机遇。

1932年印制的《北平故宫博物院文献馆一览》中，陈寅恪已然位列于十六位专门委员之一。此书"沿革篇"中，明确介绍称，在1929年2月故宫博物院理事会成立之后，即着手将原有"掌故部"改编为"文献馆"，并延聘了十六位专门委员，指导职员整理档案。据此可以推定，陈寅恪任故宫专门委员应始于1929年，不早于当年2月。

至于具体到该年何月任职，还可以参照《掌故丛编》的出版时间。据查，1929年6月，原故宫博物院图书馆掌故部依据清宫旧档编印的《掌故丛编》第九辑出版，此时版权页上已将编辑所名目，由"掌故部"明确改为"文献馆"，可以据此推断，陈氏任职时间应在1929年2月至6月之间。

又据《陈寅恪集·书信集》[②]载，1929年7月24日，陈氏以故宫博物院专门委员身份，前往景山故宫博物院分院，"此事本系意在参看景山中陈列清帝画像"，"以应本研究所前者（按：指赵万里）所委托"。因当时陈、赵二人同为故宫十六位专门委员之一，据这一记载，可以此视作陈氏

---

① 吴宓著，吴学昭整理：《吴宓日记》（第三册），三联书店，1998年。

② 陈寅恪：《陈寅恪集·书信集》，三联书店，2001年。

在故宫任职视事之始。

在这里，陈氏提到的所谓"本研究所"，乃指由蔡元培主持的中央研究院历史语言研究所（以下简称"史语所"），陈氏曾任该所史料学组组长。据《史语所第十七年度报告》称，该所开办之初共分八个组，其中甲组为史料学组，关于其工作旨趣及重点有如下介绍：

> （该组）由研究院陈寅恪在北平组织之。历代官修史书，不甚足凭；而私人所及，每取传闻，多有失实。后来史学，只应是史料整理学而已。故史料保存宜早。陈君拟先利用在北平可得之史料，整理清代史中数重要问题。自去年10月，即从事于此。

这份报告，总结的是1928年10月至1929年6月间的该所工作，可知陈氏在任故宫专门委员之前的工作重心所在，而这一工作重心，自然又是与故宫巨量的内廷档案息息相关的。

午门西翼楼上中研院史语所第一组第二工作室整理档案状况

1929年6月史语所迁到北平后，工作计划有了大的调整，随之而来的组织变动有如下介绍：

> 原来以事业为单位之组取消，更为较大之组。目下先设三组：甲、第一组，史学各面以及文籍校订等属之……并推定陈寅恪为第一组主任。

当时，由陈寅恪所统领的第一组工作任务也随之调整。其中有一专项"整理明清内阁大库档案"，显然是因陈氏已任故宫专门委员之故而新开设的，这一工作也正是依托故宫巨量文献资源为基础来开展的。

可以想见，正式赴任故宫专门委员以来，陈寅恪得以在浩若烟海的故宫文献宝库中全心投入、精心考证，那万卷尘封史料，也就此涓涓汇入学海，令其如鱼得水。不过，千万不要以为陈氏只知埋首故纸、闭门读书，在那个外患日增、内忧积重的年代，在事关民族危亡、国宝存毁的大局面前，其人对国事时政，对故宫保护，都曾发出过自己的声音。

二、四千字联名公开信，坚决反对古物分散

时为1930年3月，为争夺中央统治权，汪精卫联合阎锡山、冯玉祥、李宗仁等地方实力派，发起以打击蒋介石为首的南京中央政府之内战。当年5月至11月，蒋介石宣布起兵"平叛"，双方激战近半年，伤亡达三十万人，史称"中原大战"。此刻，日军也在东北虎视眈眈，随时准备乘虚而入。同年11月初，故宫博物院将接收归并北平古物陈列所的传闻，也恰在这一内战阴云未散的时刻传出，顿时引来社会舆论大哗，北平民众对此也各执己见，各种揣测与论争不断。

1930年11月4日，北平《世界日报》首次刊载了所谓"院所合一"的决议，进一步坐实了之前的传闻。报道题为《古物陈列所接收问题》，文中明确提到了"北平古物陈列所，由行政会议议决，划归故宫博物院保管"云云，并附带申言介绍称：

> 内政部前将沈阳、热河古物移平，设置古物陈列所，附设于外廷各殿阁之中，故宫博物院接收外廷后……组织点验清楚后，将沈阳移来之一部分，仍移归沈阳故宫博物分院，以完沈阳历史上之古迹，其非沈阳之一部分，与北平故宫相互配置完整，将来移运首都。

此则报道一出，北平民众群情激愤，集体向当局请愿与抗议。北平全市自治区公所遂汇集“民意”，一周后即向南京政府与张学良发去了电报。集中反映的意见表明，民众反对的焦点并不是“院所合一”，而是“古物分散”。

1930年11月14日，北平《世界日报》摘录刊载了这份抗议电报，可以对此刻的“民意”有所了解。电文中称：

> 闻该院理事会呈请行政院，将所中古物一半运回沈阳，热河部分重复者运往南京，行政院议决照办。夫难聚易散，传世之古物也。宜聚不宜散，学术之资料也。……不谓兵祸方息、诸务未祚……现学界、新闻界、各团体，纷纷建言，务请政府及张长官尊重民意，为古物谋安全，为学术求便利，为北平计繁荣，俾此项古物，不令分散，更求巩固完善之方，昭示天下。

当时，陈寅恪看到了这一报道，即刻会同蒋廷黼、顾颉刚、吴其昌（1904—1944）等，向故宫博物院理事会提出反对意见，并为之撰成一通联合署名的公开信，刊载于1930年11月29日出版的《清华周刊》第34卷第5期《学术》栏第一篇，题为《本校四教授反对古物分散之一篇公开状》。此公开信全文转录如下：

本校四教授反对古物分散之一篇公开状

> 近来报载北平古物陈列所古物，将运往南京。本校教授

陈寅恪、蒋廷黼、顾颉刚、吴其昌四先生，对此问题，著论反对。所持理论，于中国文化关系至巨。兹特刊登本刊，借促关心民族学术者之注意焉。

编者识

最近报载北平古物陈列所，将由故宫博物院接收合办，吾人闻之，深觉快慰，诚以同为文化遗产，国家重宝，统一管理主权，自易整顿发展，正不必机关骈出，多所隔阂也，乃前日各报又载故宫博物院理事会呈请行政院呈文，请将古物陈列所之一半重器，运回沈阳，则吾人经再三考量以后，毅然以为不可，谨将反对之理由，逐一条陈，谨请执政诸公与理事会诸公，凭公正不杂情感之理性，本发展民族文化之热忱，再斟酌审慎之，并以普告邦人君子，爱护民族文化者。

第一，文化之进步，由于文物与工具由散而聚，其退步，由于文物与工具之由聚而散，此其理由，甚为浅显明了，盖世界无论何种民族，其文化演变之方式，不外两种，一为直线的，一为循环的也。其文化而为直线的，则分增寸积，日长月高，迈进无已。若不幸而为循环的，则进寸退尺，聚散相互，成毁无端，乃永无进步也。以中国之伟大土地与历史，而其文化遗产，则蹈于悲惨已极之循环率，故以数千年之文化，而落人数百年之后，计自宗周先秦以来所留余之文物，集中于长安、洛阳、邺中、大梁、金陵、临安者，皆已为暴民毁荡盗劫一尽，至今遂烟消雾灭，上无以对我祖宗，下无以对我子孙，旁无以对我友邦。直至民国三年，内务部移热河避暑山庄，及奉天行宫全部古物至京，设立古物陈列所，实为中国文化史上第一次有意义之大进步。其后民国十三年驱逐溥仪出宫，设立故宫博物院，此为中国文化史上第二次有意义之大进步。至于今日故宫博物院之接受古物陈列所，当为第三次进步，吾人方且更希望其第四次之广再搜集或发掘，第五次之精印流布……乃至第七第八……无次数之进步。岂期又自蹈于悲惨之循环率，已聚者，又复散之，已有进步之曙光，又复回返于原始之退步，则中国文物，永无集中之希望，中国文化之前途，永不离悲惨的恐怖，则此阻碍中国文化进步之责任，百世之下，有余责焉。

第二，博物馆之意义，惟在公开与集中，所以设立博物馆者，其根本用意，原不过求材料之公开与集中耳，故离此二谛，即根本无博物馆。譬如甲有一唐画，乙有一周鼎，丙有一宋瓷，丁有一汉碑，秘密而不公开，有等于无也，散处而不集观，有等于无也。如集合而公开之，以是研讨有人而学问生矣。今北平古物，自耶律圣宗以来，即开始搜集，斡离不、粘罕，又得宋徽宗全部之遗产，有经无至元，明永乐成化，清康熙、乾隆诸帝之努力，以全国民众膏血为代价，乃得有此蔚为巨观。中间经满廷之霸占，擅移全国命脉之宝物至奉天、热河，不知此宝物，为我全民族所公有，而非满族所得私。幸民国以后，已运回北京，还我全民族所公有矣。今日之北平，为吾全民族所公有之文化中枢也，犹今日之南京，为我全民族之政治中枢也。故一切文物，凡为民族之公宝，即当公之于全民族所以有之文化区，苟非此文化区转移，则无论何地，自不当有类似瓜分之行为，而保护此文化区之完整，为我全民族人人有其责也。为地方所私有，与为个人所私有，何以异乎？散处于各地方，与散处于各个人，何以异乎？使此故宫宝物，平均散之于全中国，则尚有一物之可见乎？故分散古物陈列所古物，与博物馆之根本意义与效用相背，何必有故宫博物院哉。

第三，博物馆之意义，为求学问上之方便，非若珍宝之可争夺授受也。家天下时代，视故宫古物陈列所之宝物，为"珍宝"，为"宝贝"，为"值钱的东西"，故有争夺，有盗劫，有偷窃，有恩赏，有惠赠。若以今日我侪站在学术的地位而观之，则虽可宝，而其价值，乃与"破铜""烂铁""碎瓦片""断骨头"等，故博物馆之设立，原不过求学问上之方便耳，故惟恐其不集中，决不容其离散，惟恐其不近集，决不容其远离，惟恐其少，决不厌其多。故宫之接收古物陈列所，吾人极端赞成之者，无他，学问上之方便故也。今国民政府，既定北平为全国文化都会，若日本之西京，土耳其之康士坦，则一切文物，当由各省各地集中于北平，斯以后举凡全国之讲文化者、考历史者，群集于北平。以器物吸收人材，以人材研究器物，互为因果，学术遂陡然亢进。若散处各地，研究者无一致之目的地，人材无一定的聚荟地，今日跑沈阳，明日跑北平，后日有一极小而重要的参考，又非须亲跑沈阳不可，如是尚有学问之可言乎，我侪作一"实事作是"的论文，不将整个材料，集于一室，犹左支右绌，无从下笔，此凡学人类能言之，理事诸公，多名学者，尤当深尝此味，奈何任其离散，不为中国建设文化，而反为此破坏之举，不以学者"破铜""碎骨"眼光以视古物，而出于集中公开态度，而仍以旧时"珍宝""宝贝"眼光以视古物，而出此授受、惠赠之态度也。

第四，各地博物馆之设立，当为积极的"创业式"，不当为消极的"分家式"也。或者曰，北平，既当为文化中心区矣，然沈阳既亦有故宫博物馆，则亦不能不有物以充实之，而南京既为首都，则亦不能不有博物馆之设立，吾侪对于此说，极表同情。凡一切建立文化事业之消息，在此久苦兵戈之中国，当为人人之所乐闻，吾侪极愿沈阳博物馆之充实，及南京博物馆之设立。然充实与设立之方法，当为"创业式"，而不当为"分家式"也。俗言之，即当取"有希望"之行为，不当取"没出息"之行为也。譬之子女自立门户，故属可喜之事，当然努力自创产业，不当仰仗于父母有限之财力也。父创业十万，子创业二十万，此为"有进步""有出息"，子不能自创业，徒欲分父财三千五千，此为"没出息"。当此开国气象，建立文化事业将自居"有出息"乎？将自居于"没出息"乎？中国文化，蕴埋于地下者何限，流落于外邦者何限，不此之求，而乃斤斤以瓜分此有限之陈列所，哀哉。近闻党玉崐守凤翔时，发掘一先秦先王之古墓，得铜器四五百件，外人觊觎已久，此等应该无条件没收之物，中央何不严密查得以立首都博物馆乎？其他故家中落，文物散佚者，闻汉阳叶氏之瓷器，吴县潘氏之铜器，聊城杨氏之古刻，……皆卓卓有名，或将散，或尚未散尽，中央负文物之责者，何熟视不一为之所乎？欲立博物馆，或充实博物馆，此非最好之资料乎？此正如各地设立图书馆，当各自收买书籍，不当瓜分某一大图书馆也。各地博物馆，皆努力创业，与北平相竞争，相追逐，乃为中华文化有朝暾渐出之现象，亦为开国创业之规模，乃汲汲焉踏叔世之衰辙，惟欲瓜分已聚之文物，则各地博物馆尚未充实，而北平之文物尽，中华之命脉绝矣。

第五，不当轻开离散博物馆之先例，及应负破坏博物馆之责任也。博物馆、图书馆所以能长聚不散，不为有力者夺去者，其惟一之保障，惟有"完整"一义之不破坏耳。使此义而可破坏，则举天下之博物馆、图书馆，皆危险已极，朝不保夕，任何时间，可以立刻瓦解矣。内务部设立古物陈列所，已十有六年，虽有大力如曹锟、张宗昌、冯玉祥辈，皆不敢破坏之者，无他，非不垂涎其利也，徒以其端未开，畏天下之公议，故不敢首犯不讳。今故宫博物院理事会自破此例，将几近全部古物三分之二之热河、沈阳两行宫古物，离散于沈阳、南京两地，然则其例既开，古物陈列所而可以瓜分，故宫博物院，何以而不可瓜分乎？历史博物馆，何以而不可瓜分乎？在北平也可以瓜分，在沈阳何以而不可再瓜分乎？在南京何以而不可再瓜分乎？他日有大力而野心者出，援理事会此例，则中国古物图书，无论何地，有立刻散为灰烬之虞，此其端非今日之理事会授之乎？千载下无量劫之责任，悉由今日理事会诸公负之矣。

第六，理事会只有保护管理古物之权，并无离散授受古物之权也。古物陈列所古物，乃为我全民族所公有，故当公之于全民族所公立之文化中心区。理事会诸公，不过因为专门人材故，受国民委托，而保护管理之，但国民并未尝赋予以自由离散、自由授受之权也。今公然自由行动，如处理一己之私物，何者置某处，何者置某处，于其职权范围之外，丝毫不询国人之意见，而一如昔日清帝之移明宫古物至盛京之自由与方便，则理事会诸公，亦何以自异于清帝乎？简直"非法行动也"。

以上六端，完全站在"学术"立场上碌碌大者之批评，其余如（第七）古物多一次转运，即多一次损伤，（第八）世界博物馆从无移动离散之笑话，（第九）移空古物，北平之繁荣，宣告死刑，（第十）……尚不胜一一枚举。或者谓（一），故宫古物太多，无屋陈列，则答曰故宫未修理之空屋亦太多，当一一修理，犹不够，则另建专门博物馆以储藏之，如铜器馆、石刻馆、玉器馆、书画馆、瓷器馆……不然，如国内无馆陈列，亦将移之国外乎？或者又谓（二），沈阳一部分古物，原由沈阳移来，移回之所以完成历史上之故迹，则答之曰，沈阳在清前，并故宫亦无之，此非前帝自北京明故宫移往乎？若必欲物还原处，而不顾文化之集中与否，依此逻辑，则三代铜器，将复埋之于地下乎？或者又谓（三），移至沈阳、南京，则南方、东北之人，予以研究方便，则答之曰，中国现已统一，已非封建割据，故方便问题，当顾全国之方便，不当偏顾某一方面之方便，例如甲家藏书，乙不感受方便，乙家藏书，丙不感受方便，不如合立图书馆，则甲乙丙丁……无量数人，皆感受方便。若顾全甲家之方便，将图书馆移入甲家，则乙丙丁戊……无量数人，皆感受不方便。北平者，全国公有之方便也，苟东北及南方之人，不承认北平为中国领土则已，不承认东北与南方尚在中国境内则已，如不然，则当谋"大全国"之方便，不当谋"小一隅"之方便也，且如东北之人，欲研究南京古器，南方之人，欲研究沈阳古物，岂非更大不方便乎？此三条理由之不能成立，至浅显也。

兹将繁复之词，一切刊落，各本良心而言，务恳理事会诸公，顾算全国百年文化之大计，悯念中华古物零落之可怜，北平古物集中之匪易，再慎重审酌，呈请行政院复议，此效将远至数百年后，吾中华族他日有复兴之一日者，必拜诸公今日之嘉赐矣，并望全国学者之爱护文化者、爱护北平者，注意此事，群起而尽保护之责也。

这篇近四千字的公开信，由陈寅恪首倡，蒋廷黻、顾颉刚、吴其昌签名附议，郑重提交给了故宫博物院理事会。文中表明，陈氏等人并不反对"院所合并"，甚至非常赞成这种整合资源的做法。但"古物分散"却是不能接受的，这不但不合博物馆设置的国际惯例，而且实为"分家式"的"破坏"，对此应坚决反对。

虽说是一通联合署名的公开信，却可以视作一篇能确切充分反映陈氏思想的时论文章；这样极其少见的，陈氏生前鲜有撰发的抨击时政、慷慨陈词的时论文章，目前已知的国内各类陈氏文集中却未见收录，于一般读者与研究者而言，更是少为人知，或可称为"佚文"。

这篇"佚文"的价值，却绝不仅仅在于某种学术史意义上的钩沉索隐，而在于它生动鲜活地体现了一代史学巨擘赤诚炽烈的家国情怀，更在于它反映了以陈氏为代表的现代知识分子在覆巢危局之下对文化遗产的那一份热切关怀。

就目前已知的文献资料来看，当局对这一通联名公开信没有任何答复。只是随后的当局决策，却也相应有所调整，古物既不是完全按原计划移去沈阳故宫，也不是按照"民意"原封不动，而是分批南迁，暂贮于上海、南京两地。

因为就在一通联名公开信发表后不到一年时间，九一八事变的爆发彻底打乱了故宫博物院原有种种筹划。国难当头，全力保护古物，免使国宝沦落敌手，成为院方的当务之急。而陈寅恪等人的生涯，也正如这辗转南迁的故宫国宝一般，从此开始了南北驱驰、迁徙漂泊之旅。

三、力主抗战，毅然南渡

末了，尚有一篇题外话，权作余韵，在此拈出。须知九一八事变之后，华北危急；紧接着，日军又在上海悍然发动一·二八事变，妄图速战速决。此刻，陈寅恪在为故宫古物聚散问题建言之后，接着又在北平学界为全民抗战呐喊主张。

虽远在北平，陈氏仍与容庚、吴宓、叶崇智、俞平伯、吴其昌、浦江清等学者一道，向当局请愿，公开致电，痛斥投降主义，请求政府坚决抵抗，表达绝不妥协之信念。这同样是一篇鲜为后世读者所知，也少有被提及的陈氏"佚文"，就刊发于1932年3月5日的北平《世界日报》之上。电文被记者冠以《陈寅恪、吴宓等电国府，质问对日方针》的醒目标题，公之于众。报载原文如下：

> 洛阳国民政府钧鉴：沪战连日退却，传说原因不一，是否政府实行妥协？今日之事，敌兵在境，岂可作城下之盟，置东省失地淞沪牺牲于不顾。政府对日，当有一贯主张，不主妥协，即主抵抗，不用岳飞，即用秦桧。若用秦桧，即请斩蔡廷锴，以谢日本，万勿明战阴和，以欺国人。家国飘摇，生灵涂炭，瞻望京洛，哀愤交并。

须知，原驻南京的国民政府，在一·二八事变爆发次日即刻仓促筹划，宣布迁都洛阳。大批政府部门的急迫撤离，不可避免地引起社会恐慌，一时人心惶惶，"中国速亡论"的悲观论调也不绝于耳。

陈寅恪等人的这一联名通电，正是对当局不抵抗政策、投降主义倾向的直接痛斥。当然，这样公开质问政府决策的电报，与先前致电批评故宫博物院理事会的那一通公开信相类似，仍是不可能得到任何当局正式或非正式答复的。

时至1937年7月，七七事变爆发，全民族统一抗战开启，举国共赴国难之际，北平也随即失守，沦陷于日军铁蹄之下。就在日军直逼平津之际，陈寅恪的父亲陈三立义愤绝食，溘然长逝。治丧完毕，陈寅恪毅然随校南迁，几经跋涉，任教于西南联大。后避居岭南，终老于此。

◀ 1940年，陈寅恪全家在香港九龙太子道居所楼下合影

▶ 陈寅恪在清华园书房
[原载《清华年刊（1948年）》]

第九章
蔡元培：力主南迁护国宝

时为1933年2月16日，北平《世界日报》第5版头条，刊载了一通吴敬恒（1865—1953，字稚晖）致蔡元培（1868—1940，字鹤卿，号孑民）的公开信。报社方面还为这一通公开信，加上了一个醒目的标题，题为《吴敬恒妙论：古物是臭东西》。那么，同为国民党元老级人物的吴、蔡二人，这是要谈论什么呢？

故宫博物院理事蔡元培先生小影（原载《故宫周刊》，1929年第9期）

故宫博物院理事吴敬恒先生小影（原载《故宫周刊》，1929年第7期）

一、迁与不迁，各执己见

其时，又恰值关于故宫古物南迁问题，社会各界正高度关注并屡有热议之际，两位国民党元老，在北平报纸上这么公开对话，究竟意欲何为呢？不妨先来细读这一通吴氏来信，此信全文如下：

> 孑民先生执事：
>
> 　　弟近顷已在南京半个月，前天曾一度上无锡证婚，回来身体不佳，郎当得狠，预备将息将息。顷由溥泉先生转来赐书，说起故物，弟都当他是虞舜进瞽叟的钵头，周公挞伯禽的杖，孔夫子设教书坛的席，年来虽也跟着人称说故物，骨子里还是对牛操琴。半月前，我从家中到市上去，经过马霍路，在洋车里看报，刚看见政治会议决议，派我为古物保管委会员委员之一，对面梅白格路口，刚有两个石人，我便联想到吴县江弢叔的诗调，冲口而出，吟曰："行向仲翁成一笑，吾身今与尔同看。"（翁仲原来是仲翁，不是我杜撰的，凑韵聊一用）于是想到我这老而不死，自己已成为故物，需人保

管，安能保管别的故物？讲起故宫故物来，最初只是北平的一班人，如江（瀚）、马（衡）、易（培基）诸先生，主张不迁，我说对啦，这种臭东西，迁他做什么呢？现在日本小鬼，没有情理讲的来欺侮我们，我们跪在地上迎接他，终不是事，所以应该抵抗，应该积极抵抗，应该死守很久，如常山、睢阳一样，只叫做维持人格。说起打胜仗，可怜自甲午以来，四十年被故物讲坏了，恐无把握罢，北平抵抗到三年，全城陷落，故物让他拿去就是了，可是临去的时候对他说，前车之鉴，不要像观象台的天文仪器一样，抢回柏林，再请轮船恭恭敬敬送回来。我们历史上也有所谓"璧则犹是也，而马齿加长矣"。日本小鬼也一定读过的，然弟所怕的，还是我们一班世界公有的学者，居世界，应行世界之道，世界进化，我们也有一分义务，骇得科学工艺先生，低头服小，不敢在中国扬眉吐气，还请老大哥"精神文明"二百五的当家，那就是精神罪孽深重，祸延显考故物府君，一去不回，也未可定。然而兄弟尽人拿去的主张，还是不负妄言的责任。后来杏佛先生为别的讨论，说道：宋部长要取点故物在上海陈列，过后送还，你也预一个名去商量罢。我漫应曰：好极好极，我想把几件臭得可以的东西，叫上海洋鬼子开开眼界，也是要的。不料嗣后接到北平的诘问书，说道：你说故物不必搬迁，何以主张搬迁？又是列名第一呢？我知道牛头已不对了马嘴，刚刚故物已经装箱，也就不必分辩。弟本来根本瞧不起这类的臭东西，然弟又相信我的朋友，处置这类的臭东西，个个十分忠实，他们主张搬西安，如何如何安全，如何如何合式，我觉得十分有理，又有人主张搬洛阳开封，弟觉得同样的有理，又有主张迁南京，弟觉得他的理由也充足，又有人说迁上海，弟觉得理由同样的充足，弟根本则不惜愿再出个人之主张，或说迁杭州或迁广州，弟亦不来附议那一位，不是怕麻烦，而是伤心我认识的朋友，都是些号称精神物质兼顾的朋友，其实……（我也不说了）那一天政治会议，讨论故物，刚刚我在镇江，我不知就里，我既不愿过问，并且也不便问。总而言之，统而言之，还请先生来领导我们，领导一切青年，走上一条干净无味的科学工艺路上去，至少学了苏俄，做一个五年计划，故物府君必康强无恙，否则二百五的再让精神大哥来说痴话，一旦脱神，故物府君寿终正寝，就是追想文献，替他作一篇有声有色的哀启，哀启而已，则亦何益之有哉？先生知其老毛病发作，容纳了一生了。恕其狂诞，复叩道安。

弟敬恒顿首 二月十二日

从这么一通一千二百余字的公开信之内容来看，与蔡元培同为故宫博物院第一届理事会理事的吴敬恒，对故宫古物南迁之举，实际上是持反对意见的。

当时的国内情势，确实已不容乐观。吴氏信中所称，故宫古物外迁以求保全的计划，在南京国民政府内部意见不一，屡有变化，也确实是实情。

自九一八事变以来，华北危急，故宫古物应迁移别处保存的计划，也迅即被提出，故宫博物院秘书长李宗侗等坚主南迁，以免故宫国宝沦落日寇之手。然而，由于南迁涉及环节众多，运作不易且来自政府内外的阻力都相当大。这些阻力来源是多方面的：首先，源于国内民众对战局进展态势的判断不一，有相当一部分民众认为，日寇未必敢于进占北平，或者说不相信中国军队无力抵抗。其次，来自政府内部，诸如当局高层孙科等人，似乎也颇重视"民意"，认为此时不保土守民，却大费周章地去迁移古物，是舍本逐末，会失去民心。再者，一些著名学者、作家也都明确反对古物南迁。如鲁迅、胡适等人，也都为此发表过个人意见。鲁迅就曾为之赋有讽刺诗一首，诗云：

阔人已乘文化去，此地空余文化城。
文化一去不复返，古城千载冷清清。

胡适也提出不赞成迁移之举的理由有三：第一，因在国际人士监视之下，未必有人敢于破坏文化古物；第二，因故宫古物数量极巨，迁移并非易事，万一发生意外则责任谁负；第三，在南京上海均无适当地方存储，非万不得已时，绝不应轻易迁移。此外，坊间更时有谣传，称当局变卖古物抵偿国债，故宫内部已在倒卖古物，等等。一系列骇人听闻的所谓"内幕"纷至沓来，令人难辨真伪。一时间，人人提古物南迁而色变，群情激愤的反对声浪也一浪高过一浪。

在这种情势之下，故宫博物院内部意见也极不统一，一度争议四起。譬如，曾任古物审查委员会专门委员，后来还曾负责押运首批古物南迁的吴瀛（1891—1959），起初的意见也是不支持南迁的。其《故宫尘梦录》①中，曾有这样的忆述：

> 我一度与易寅村发生争执，我以为应该观望一下，我说："古物一出神武门的圈子，问题非常多，责任既重，闲话也多，内外的敌人都等待着！我们最好不做此事！"

当然，吴敬恒所持反对意见的立场与主旨，与上述种种还有区别。这种反对意见在当时显得极为特别，也极为与众不同。说直白一点，吴氏对故宫古物的去留问题并不关切，可以说根本就是无所谓的态度，完全是听之任之，置之不理。因为他认为，抗战大局才是关键，打了胜仗自然古物无虞，打了败仗要那些古物何用？或者说，在无十足把握战胜日军的前提之下，没有必要把精力花在这些所谓象征"精神文明"的古物身上。

二、观象台仪器的"前车之鉴"

在吴氏看来，古物之所以是"臭东西"，就在于其无用。而在日寇步步进逼的危局之下，还要去为这些"臭东西"争来争去，为迁还是不迁，

---

① 吴瀛：《故宫尘梦录》，紫禁城出版社，2005年。

往哪儿迁等一系列问题翻来覆去地讨论，更是莫名其妙。吴信中引用了一个当时在国际文博界非常著名的成例，即所言的那个"前车之鉴"——"不要像观象台的天文仪器一样，抢回柏林，再请轮船恭恭敬敬送回来"。这是指一战后，战败国德国所履行的《凡尔赛和约》第一百三十一条规定，即为：

> 所有1900年及1901年德国军队从中国掠去的天文仪器，在本和约实行后12个月内概行归还中国。所有实行此项归还之举所需费用，包括拆卸包装、运送北京建设之费用在内，亦由德国担任支付。

原来，1900年八国联军在侵占北京城期间，观象台所在的内城东南属于德国占领区。八国联军总司令、德国元帅瓦德西，参观古观象台后，决定将台上天文仪器作为战利品运回德国。此举引发法军统帅不满，后经商定，德法两国占领军决定平分古观象台仪器。最终，明代浑天仪、清代天体仪、玑衡抚辰仪、地平经仪、纪限仪，共计五具，划归德军；明代简仪、清代地平经纬仪、黄道经纬仪、赤道经纬仪、象限仪，亦共五具，划归法军。

时为1900年12月，德法两军出动人手，将观象台天文仪器拆卸，运往两国使馆。不过，法军劫掠的五具仪器，一直存放于法国使馆中，因没有即刻迁运，又因迫于公众舆论，于1902年即归还中国。而德军劫掠的五具仪器，则于1901年8月运归德国，按照德国皇帝威廉二世的命令，于1902年4月安置于波茨坦皇家花园的橘园庭前。

1919年一战结束后，中国政府代表在巴黎和会上提出德国应归还曾掠走的天文仪器的要求，并最终将这一要求写入《凡尔赛和约》条款。1920年6月10日，德国当局依照和约条款，将这批天文仪器在波茨坦拆卸后，装入日本"南开丸号"轮船，运回中国。轮船于1921年4月7日辗转到达北京，由荷兰公使欧登克代表德国将仪器交还给北京观象台。

令人唏嘘不已的是，就在这批天文仪器返归故土十年之后，时至1931

年九一八事变爆发，为避免古代天文仪器复为日寇所掠夺，当局又决定将明代制造的简仪、漏壶、圭表，以及清代制造的小地平经纬仪等七件仪器，转运至南京紫金山天文台保存。

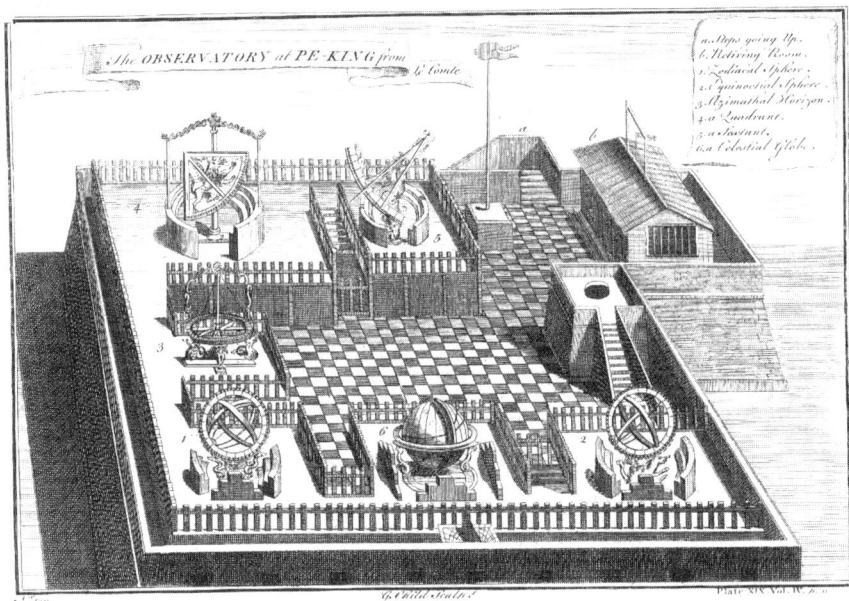

北京观象台全景（铜版画）（约18世纪中期作品，今藏德国柏林国家图书馆）

德军拆除劫掠仪器前夕，北京观象台上的浑天仪（摄于1901年上旬，美国国会图书馆藏品）

Potsdam.　Königl. Orangeriegebäude mit den Pekinger astronomischen Instrumenten.

德军拆除劫掠的各种天文仪器运归德国后，在波茨坦皇家花园橘园庭前陈列时存照
（今藏德国柏林国家图书馆）

德军拆除劫掠的各种天文仪器运归德国后，在波茨坦皇家花园橘园庭前陈列时存照
（另一侧）（今藏德国柏林国家图书馆）

吴敬恒之所以在信中举出这样一个成例，用意相当明显，即如果战争取得胜利，国家权益自然得到保障；战争尚未分出胜负，搬家逃避毫无意义。言下之意是说，全国民众不仅应有如此大局观，你蔡元培等主张古物南迁者，更应有此大局观，无须也不必为这么一堆"臭东西"殚精竭虑。

当然，无论吴氏是出于怎样一种立场去反对古物南迁，从吴信中的内容来看，故宫古物已然开始南迁，这是无从阻拦的了。再从这一通公开信中所涉及的古物究竟迁移至何处的各方意见来看，此信也并不是吴氏本人在古物南迁之前的率先表态，而应当是在古物已然南迁之际，收到蔡元培的某种要求或建议之后，方才有感而发，遂又一发不可收拾的表态。那么，故宫古物南迁途中，究竟出了什么大事？蔡向吴致信，又究竟所为何事？

三、蔡元培为首批南迁古物连写两信"告急"

查阅《蔡元培全集》①可知，1933年2月10日、11日，蔡元培确曾两次致信吴敬恒，确实关乎故宫古物究竟应往何处迁移的紧急事宜。为便于理解这一事态如何紧急，竟令蔡氏接连两天致信"告急"求助，不妨细读蔡氏致信原文。在此，转录这两通信件原文如下：

> 稚晖先生大鉴：
>
> 　　闻故宫古物到浦口后，忽接中央政治会议命令不准过江，并有即运洛阳之说，宋子文进京争之无效。查洛阳并无可以寄顿古物之设备，军警亦太单薄，且有此挫折，恐此后各批将无法起运。前次中政会议，先生未到，应如何设法补救，使这批古物不向洛阳而向沪，务请迅速进行。专此告急，并祝道安！
>
> 　　静江先生均此。
>
> 弟元培敬启　二月十日

---

① 中国蔡元培研究会编：《蔡元培全集》第十三卷，浙江教育出版社，1998年。

稚晖先生大鉴：

　　一昨骤闻故宫古物将迁洛阳，系出于中央政治会议之决议，以洛阳既无保险之建筑，尤无充分之军警，恐不妥当，曾奉函请筹挽救之策。该函送丁福保先生请转致，渠言先生尚在南京，而报纸上又说迁沪之议发起于溥泉先生，敢请先生就近与溥泉先生共商转圜，暂先运沪。专此奉商。并祝道安！

　　　　　　　　　　　　　　　　弟元培敬启　二月十一日

　　这两通"告急"短信，皆为当时身在上海的蔡元培亲笔写呈。当时，蔡氏正全神贯注、全力以赴，准备接收故宫南迁而来的首批古物。可正在这个节骨眼上，"忽接中央政治会议命令不准过江，并有即运洛阳之说"，即便是时任南京政府行政院长，亦为故宫博物院理事的宋子文，也"进京争之无效"。为此，蔡氏不得不转而向吴老"告急"求助了。

　　之所以不同意将接收地点由上海改为洛阳，蔡氏简明扼要地在第一通信札中就给出了三大理由：一是"洛阳并无可以寄顿古物之设备"，二是"军警亦太单薄"，三是"且有此挫折，恐此后各批将无法起运"。有这三大理由，可谓理由充分，其中任何一条成立，都足以否定古物改运洛阳的当局意旨。

　　蔡氏以为吴氏当时就在上海，遂请友人丁福保（1874—1952）就近转呈。信末，还提到"静江先生均此"云云，一方面是向同为国民党元老，同样也是故宫博物院理事的张静江（1877—1950）问好，另一方面可能也是希望通过吴氏向其致意，令其也知悉上海等待接收方面的工作已处"告急"状态。孰料吴氏时在南京，蔡氏遂再致一信，恳请吴氏出面说服发起古物迁洛之议的，同为国民党元老，同样也是故宫博物院理事的张继（1882—1947，字溥泉），至少能将古物暂存于沪，便于后续工作开展。

　　可未承想，现场等待"救助"的蔡元培连写两通"告急"信，换来的却是前述吴氏的那一通公开信。

　　应当说，抛开二人同为国民党元老、同为南京政府要员的身份不谈，蔡氏两通"告急"致信，应当可以视作两位故宫博物院理事之间，就古物

故宫博物院理事宋子文先生（原载《故宫周刊》，1930年第18期）　　故宫博物院理事张静江先生（原载《故宫周刊》，1930年第22期）　　故宫博物院理事张继先生（原载《故宫周刊》，1930年第14期）

南迁这一重大工作加以紧急磋商的公函，吴氏对此无论是否愿意应答，或者说究竟怎样应答，都不应当以公开信的方式对外发表出来。

可一向性格直率、无所顾忌的吴老，偏偏就这么做了，实在也是令蔡氏哭笑不得，无可奈何。吴氏对待"告急"的态度，是显而易见的，一句话，给蔡氏送上一碗"闭门羹"。吴氏本来就不支持古物南迁，至于南迁到哪儿，是原定计划的上海，还是突然转向洛阳，于其个人而言，都毫不在意，更不关心。那么，之后的南迁线路究竟有何重大变化？蔡氏个人又究竟如何应对呢？

四、汴洛沪宁多变迁，蔡元培一己苦撑

仅从目前已知的史料文献考察，蔡元培之后再未就故宫古物南迁事宜致信吴敬恒，这两位元老级的故宫博物院理事之间的相关工作交流，似乎也就此中止。

其实，没有等到吴老"救助"的蔡元培，在发出第二通"告急"信的次日，也即1933年2月12日，如果能读到当天的《华北日报》，就应当知悉古物南迁计划确实有了重大变化，即便吴老出手相助，恐怕暂时也于事

无补。

这一天的《华北日报》第4版头条，以十分醒目的大号标题《中政会议决，古物分置汴洛保管》为总题目，汇总刊发了一组"专电"，分别来自北平、开封、南京三地。且看报道原文：

中政会议决

古物分置汴洛保管

豫省府觅定保管地址

运沪保管说已成过去

【本市消息】行政院长宋子文昨电北平军事委员分会，略谓奉中央政治会议函，本会议第三十四次会议决议，故宫博物院运出之古物文件，暂分置于洛阳开封，妥为保管，以备饬故宫博物院及翁文灏、褚民谊、李书华三委员，并河南省政府遵办云。

【开封十一日专电】省府正觅妥善地址，以备保存古物。

【开封十一日专电】故宫古物保存地址，将为开封教育馆、博物馆，洛阳河洛图书馆。

【南京十一日专电】由平运浦古物三千余箱，仍停浦站，保存地点尚在中央筹议中，闻拟在中州一带觅地妥存，外传运沪说已成过去云。

【南京十一日专电】临时会，研究古物存放地点。

【南京十一日下午八时专电】宋子文极主张将古物悉数运沪，一部中委主迁洛西，以是已抵浦尚未起运。

以上六条来自三地的"专电"，已然表明故宫首批南迁古物，由原计划运沪改为汴洛的可能性极大。同时，为运存地点产生的争执，也由当局内部公开披露了出来，势必引发社会各界的新一轮关注。

既然当局内部意见尚未统一，各方争执情态都可以公之于世，那么，各地军政要员对古物南迁的意见，自然也可以随意发表，各抒己见了。也就在刊发这六条"专电"的同一版面之上，还刊发了一篇题为《关于故宫古物》的专访报道，访谈对象乃是山东省主席韩复榘与河北省主席于学忠。

韩氏主张，"何妨于故宫古物中，择其重复者，分送各地陈列"，这一主张是根本不在意故宫古物之整体性的，有国家公产，散之为公之意，也正是前述陈寅恪等所竭力反对的做法。于氏的主张，则更为夸张。于氏明确申言称：

> 目下故宫古物，已开始南运，以余之见，当兹华北军人一致誓死抗日之际，军饷武器，均感缺乏，与其保存此无用古物，莫若公开拍卖，即以古物代价，移充抗日军费云云。

应当说，于氏此议与吴敬恒的观点颇有类似之处，只不过还更进一步，要将古物拍卖所得直接充作军饷。虽然在举国上下倍加关注古物命运，当局内外为古物迁运论争四起之际，一位省级行政长官做出这样的公开表示，实属有悖众议、有违共识，但确又很能反映抗战军费消耗巨大，国内物资奇缺、供给匮乏的实情。

综上所述，可知当时蔡元培等人所面临的困局，一方面是故宫古物南迁究竟何去何从的问题，另一方面还有朝野上下对古物迁运这一工作本身，也并不是无条件支持，也并非是完全支持的。在这样不利的社会背景之下，故宫博物院理事群体内部也是意见各异，难以统一，就连多年来私谊不错的吴敬恒也未能出手相助，还公开明确表示爱莫能助——此时在上海焦急待命、一己苦撑的蔡元培，应当感受到了前所未有的压力与阻力。

五、古物南迁多艰险，辗转四方终保全

当年，仅从北平《世界日报》对古物南迁的跟踪报道来看，自第一批两千一百一十八箱古物于1933年2月7日发出，2月9日即抵达南京之后，南迁古物终将迁往何处的相关报道，几乎天天见诸报端——应当迁去洛阳的

动议及计划，似乎一步一步将成为现实。然而，仅仅一个月后，1933年3月6日的报道，却给出了截然不同的最终去向——第一批古物中的一千零五十四箱运往上海，其余部分则暂存南京行政院内。

3月6日这一天，《申报》《时事新报》也刊发了同样的报道，平沪两地的报道内容基本一致，显然皆属新闻"通稿"之例。不过，毕竟新闻事发地乃上海，北平的报道也源自上海"专电"，实属"摘要"性质的报道；而上海本地的《申报》《时事新报》，相较之下，篇幅更为可观，内容也稍显丰富一些。

然而，无论从哪篇报道着眼，均未从中发现关涉蔡元培的只言片语。至于古物为什么没有迁至洛阳，而仍按原计划迁往上海，复又移置一部分暂存南京，则更是没有任何披露。因此，蔡元培从中做过哪些努力，对古物南迁的策略有过怎样的坚持与调整，至今仍不十分清楚。

只是有一点可以肯定，蔡元培一直全力支持并确保古物南迁按原计划进行，始终凭借自己在国内文教界的号召力与影响力，令同为故宫博物院理事的蒋介石、宋子文等当局高层人物，对此事予以高度关注与通力配合，为古物南迁争取了来自国家权力顶层的强力支持与资源保障。不难揣摩得到，应当正是在当局高层的亲自过问之下，古物南迁去向的种种争论终于得以遏止，最终都以统一暂贮上海法租界及中央银行等处，再分批转运南京而尘埃落定。

当时，身为国立中央研究院院长的蔡元培，不但对故宫古物南迁多方斡旋，倾力促成，对本院所辖各机构的古物文献南迁，更是责无旁贷，全力以赴。就在故宫第二批古物南迁之际，借此便利，中研院所辖北平历史博物馆筹备处有一批古物亦将随车南运。对这一行动，蔡氏亦甚为关切，亲力亲为，为确保工作衔接上不出任何纰漏，甚至连南运木箱数量及收据办理、凭据领取等诸多工作细节，也有向故宫方面致函通问。

新近披露的一通蔡氏公函，就很能反映出这一特殊历史时期里，蔡氏个人在相关工作中的细致与严谨。公函信文[①]，照录如下：

---

① 此函信文未收录《蔡元培全集》，或属"佚信"。

国立中央研究院　公函　简字第四九二号

本院北平历史博物馆筹备处近附　贵所运输故宫第二批古物专车之便，先后送交大小木箱叁拾柒只，第一批计共叁拾贰只，第二批计共伍只，统请贵所附运南移，蒙照办并先后发给收字第二二三号及第二三三号收据两纸，俾便凭据提取。兹闻该项木箱叁拾柒只，已随第二批古物专车运抵浦口，相应派本院职员杨隆祜携带，贵所发给之收据两纸，前往领取，即希予以接洽，检齐交付，至纫公谊！

　　此致

北平古物陈列所！

　　附贵所收据两纸

院长　蔡元培

据查，故宫第二批古物于1933年3月19日抵达南京浦口，即刻于当晚装轮渡江，两天后（3月21日），运抵上海天主堂街仁济医院旧址栈房内存放①。而蔡氏这通公函，写于同年3月22日，可谓相当及时。

须知，对上海市民大众而言，确切知晓故宫第二批古物将于3月21日运抵上海的讯息，再怎么及时，也只能待到3月22日这一天，即蔡氏撰发公函的这一天。因为虽然前两天的报纸上，皆有跟踪报道与预报，但古物具体运抵时间，皆只能是"据闻""据称"之类的大概消息，并无确讯。直到3月22日这一天，《时事新报》第9版头条报道，方才刊出确讯。那《第二批南运古物，昨已到沪今晨起岸》的大号标题，一旦见诸报端，方可令关注故宫古物南迁的，包括蔡元培本人在内的各界人士与读者诸君，终于放下心来，长舒一口气。且看这一报道，其中明确提到：

昨日运来古物共计二千五百五十箱。由平动身第二批之古物，原只一千五百二十七箱，其中二百箱为内政部陈列馆之

---

① 古物运抵时间，据1933年3月21日《时事新报》报道得知。

古物，三十七箱系中央研究院之古物。至此次来沪有二千余箱
之多者，因第一批南下时留置南京行政院之一千另六十箱，亦
并同运沪，故总数共二千五百五十箱。但中央研究院之三十七
箱，到京卸下，未曾同运来沪。

据此可知，蔡氏公函中所言三十七箱中研院古物，确与报道内容相吻
合；且这批古物应于3月19日即在南京卸下，故蔡氏公函虽称及时，可依
照公务程序，此函先达北平再传南京接洽办理的程序，还是需要一定时间
的。不过，如此缜密严谨的工作流程，尽可能及时办理的原则，以及与之
相匹配的公务"公开"，令民众也尽可能周知的做法，也还是颇令如笔者
辈后世读者，感到故宫乃至整个北平古物南迁的浩大工程，当年确乎已是
动用举国之力，参与其事的蔡氏诸君的确已经相当尽力了。

至于后续的第三、第四、第五批故宫古物南迁行动，如何遇到艰难
险阻，如何化险为夷，国内相关研究者已多有考论，在此不赘。总之，至
1933年5月中下旬，这项工作已基本结束。接下来的难题，却依旧层出不
穷。譬如，如此巨量的古物文献，多达一万三千余箱的众多国宝，如何妥
善安置与保存的问题。此外，故宫建筑本体及其遗存古物的保护，这两项
工作也极为艰巨，且头绪纷繁。在当时国内军政各种势力交错影响之下，
除了要为挑选出来的那部分故宫古物南迁出谋划策、铺平道路，蔡元培还
要统筹南北各界的相关资源，为保护不可迁移的故宫，乃至整个北平的古
物古迹，大力呼吁与多方联络。

时为1933年5月23日，由故宫运抵上海的第五批古物，安全送达中央
银行暂贮。在蔡元培的努力之下，当这最后一批故宫古物运抵上海之前，
北平的故宫本体及其文物保护工作并未因之中断，反而还有所加强。因此
前不过十余日，同年5月9日，蔡氏即以故宫博物院理事会名义，向同为故
宫博物院理事的蒋介石致电呼吁，请其"勿在故宫内驻兵"，但同时又要
求其为故宫安设防御工事，"免使代表国粹及伟大建设被破坏"。①

①　这通电文曾由《世界日报》摘要刊出，《蔡元培全集》未收录，是为
"佚文"。

约一年之后，1934年4月4日，故宫博物院第二届理事会首次会议在南京召开，一致推选蔡元培为理事长，并决定存沪古物中的部分文献档案运至南京保存。5月8日，蔡元培又在南京行政院组织召开了第二届首次故宫博物院常务理事会会议。除了审议人事任免、年度预算等，会上还特别提到正缜密筹谋的、要彻底清查整理故宫的家底的工作计划。故宫文物保存库的建设经费，也增拨了二十万元，即刻可以开工。之后，众望所归，也是实至名归，蔡氏三届连任故宫博物院理事长，直到七七事变爆发。

在蔡氏连任理事长期间，故宫博物院南京分院（中央博物院）正式成立，专为保存古物的库房也相继建成，南迁抵沪的故宫古物又分批转运南京。时为1936年4月15日，国立北平故宫博物院南京古物保存库破土动工，现场奠基典礼上，作为这项工程的有力推动者之一、时为故宫博物院理事会理事长的蔡元培与时任故宫博物院院长的马衡，分立于奠基碑记两侧，与诸多政府要员及工作人员合影留念。这一帧合影，实在堪称这段特殊历史的特别定格。

次日，4月16日，北平《华北日报》《世界日报》随即报道了这一场有着特别历史意义的奠基典礼，为当时已然身处战争阴云之中的北平及华北地区读者，及时通告了这一重大工程的一些细节信息。且以《华北日报》报道为底本，转录原文如下：

古物保管库昨行奠基礼

【南京十五日中央社电】故宫博物院在京朝天宫建古物保管库，十五日晨行奠基礼，到蔡元培、褚民谊、蒋廷黻、马衡、袁同礼等多人，由蔡元培主席，及举行奠基，并作简短演说，至十一时礼成。

值得注意的是，这一"通稿简讯"式的报道，乃是一组报道中的一则，与之同时刊发的另外两则简讯，则是故宫博物院举行第三届理事会，蔡元培继任理事长的报道。这三则简讯合为一组刊发，固然是因为会议议程本身一以贯之，组合刊发实在是顺理成章之事；可仅就读者观感而言，却又颇能给予故宫博物院组织有力之感，更能予之以蔡元培为首的理事会领导有方，故宫古物南迁计划定会圆满成功的某种信心。

国立北平故宫博物院建筑南京分院保存库奠基礼合影，
奠基碑记左右两侧立者分别为蔡元培与马衡

在"国难深重"的危机感日益强烈之际，在日寇全面侵华战争阴谋日益显露的危急情势之下，仅仅用了不到半年的时间，时至1936年9月26日，南京古物保存库即告竣工，行验收典礼。会议仍由故宫博物院理事会理事长蔡元培主持，验收者则为故宫博物院院长马衡。据报道称：

> 该保管库全部皆用钢骨混凝土造成，一切设备，均采用
> 最新方法，并有调节空气设备，以调和库中之冷暖燥湿。

既然已建成如此现代化装备的库房，故宫南迁古物，自然即刻将转存于此。一个多月之后，1936年12月8日，即有一部分原存放于上海的古物，开始转运此处。古物南迁的第二步，由上海转运南京的步骤，正紧锣

密鼓却又有条不紊地推进着。

孰料不久之后，七七事变与八一三事变相继爆发，原本终于得到妥善安置、存放于南京古物保管库中的故宫古物，不得不因之开始了古物南迁的第三步——更为艰险多舛的后方大迁徙，全力向更为偏僻、相对安全的西南方向分散保存，分批多路转运至长沙、贵阳、巴县、宜昌、重庆、乐山、成都等地贮存，直至抗战胜利方才再次运回南京。

遗憾的是，这些负载着中华文化精魂的国宝，还在跋山涉水、辗转四方之际，蔡元培已于1940年3月5日在香港病逝，终未能亲自见证这些国之瑰宝聚散依依的最后结局。

第十章
马　衡：南北驱驰为故宫

　　自北京故宫博物院成立以来，长达三十年供职于此，其中更有约二十年任院长者，恐怕只有马衡一人而已。在历经北洋政府、南京国民政府、中华人民共和国政府的跌宕生涯中，可以说，马衡的后半生，每一页都在抒写着故宫的沧桑沉浮。

　　步入故宫工作之前，马衡任职于北京大学研究所，担任国学门考古研究室主任兼导师，孜孜于金石古文之学，已被章炳麟、于右任、蔡元培等誉为"国学大家""金石大家"。1924年11月，受刚成立的清室善后委员会之邀，马衡开始参与故宫文物的清点工作。1925年10月，故宫博物院成立，任古物馆副馆长（馆长由院长易培基兼），成为该馆的实际负责人。其人对古物馆学术水准之提升，有着卓越贡献，以实际行动达成了古物、文物、博物学界与史学界的互动整合。

　　仅从现存马衡致王国维近五十通信札来看，自前期的北大研究所相关课题，

故宫博物院理事兼古物馆副馆长马衡先生（原载《故宫周刊》，1930年第28期）

到后期的全国各地出土古物之研究，无论是青铜器铭文还是敦煌写本之研究，二人都曾有过极为密切的切磋往还，皆因古物古学之专注，彼此引为知音，一直保持着亦师亦友的良好交谊。或许，此即典型的"专家治馆"之一例，与保管、典守、维护之职责相比较，马衡在研究古物方面的成就，显得更为突出，也相当惊人。

不过，作为倾心学术、学者本色居多的马衡，又因时势变迁，终将去担负管理者的职责。随着1931年九一八事变爆发，东北乃至华北全境，逐渐沦陷于日军铁蹄之下；更兼故宫博物院首任院长易培基身陷"盗宝案"事件，故宫古物南迁与院务工作重整，交迭突袭而来的各方压力，倏忽之间，令故宫内外的情势与氛围都异常紧张起来。

值此历史关键时刻，注定着马衡再也不能沉醉于古物古学之一己天地，时任古物保管委员会北平分会主任的马氏，即将接手故宫古物南迁之重任，以及继之而来的故宫博物院的总体管理职责。保护与管理故宫，所谓"保管"故宫的大任，即将加诸其身矣。

一、代理院长争取主动公关策略

时为1933年1月30日，故宫南迁首批古物三千箱，于当晚十点开始装箱，拟由"专车载送离平"，"经平汉路及陇海路赴沪"。后因车辆配置等问题，延至2月3日晨终于成行。此次责任与意义同样重大的故宫首批古物迁运工作，押运员为马衡与俞同奎。

待到同年4月20日，故宫南迁的第四批古物四千余箱（另中研院一千余箱随行，共计六千余箱），继续起运南下。马衡仍担负此次押运之责。只不过，次日（4月21日）的上海《时事新报》报道此事时，已将其人径直称作"故宫博物院院长"了。这一报道，可能是国内首次将马氏的职务径直称为"故宫博物院院长"者。当然，这样的称谓，并不十分准确。因为，同一天的《华北日报》所刊发的同主题报道中，马衡的职衔仍是"故宫古物馆副馆长"。即便约三个月之后，马氏的正式任命公布，也还只是"代理院长"而已。

原来，时至1933年7月15日，故宫博物院理事会在南京召开全体理事会议。会议讨论通过，"院长易培基因病辞职照准……并以理事兼古物馆长马衡代理"。就在关于代理院长的任命公布次日，马氏并没有即刻开始准备接手故宫管理的相关工作，因为南迁的故宫古籍中，传言发现了飞蛾，其又即刻飞往了上海。

为此，马衡必须即刻亲自查看，确保古籍未受损。须知，古籍里出现飞蛾，说明古籍中已有虫害，一旦书中长虫，古籍被虫噬毁即成必然。南迁至上海暂存的故宫古籍，大多是宋元时代的珍本孤本，其历史价值与文化价值无可估量。所以，即便传言中的一只飞蛾，也足以让马衡飞来飞去一次。

后经证实，飞蛾虽确有其事，但生长在包装箱的草垫里，并未危害到古籍古物，看来传言不确，实在是虚惊一场。不过，也由此可见，这个代理院长之职，可不是什么闲职美差，稍有风吹草动，都会随时随地忙得不可开交。

正式上任不到一个月，1933年8月9日，马衡又在上海召开新闻发布会，将故宫博物院历史、现状、近况，以及上海民众普遍关心的故宫南迁古物能否在上海公开展出事宜，一一做了简要介绍及明确答复。8月13日，北平《世界日报》将此次新闻发布会及报告全文刊发。此刻，上海与北平民众，都接触到了这份报告。此次新闻发布会，可以视作马衡第一次以故宫博物院代理院长身份面对国内公众，这份报告也因之极具"现场感"，其中透露的历史信息也颇堪玩味，可谓研究故宫南迁历程的又一份难得文献，不妨细读。在此，转录含这份报告全文的报道原文如下：

故宫博物院驻沪办事处

在沪招待记者报告

该院组织及现状

马衡亲任招待并谓在沪

公开陈列展览已作罢论

【上海通讯】故宫博物院驻沪办事处，昨日为报告该院历来管理组织情形，及此次南迁经过，检查结果等事起见，特于午后三时，假西藏路一品香大厅，招待本埠新闻界，到各报社记者三十余人，由该院院长马衡亲自招待，并报告各情如下：

博物院之简史

代理院长马衡起立报告云：本人今天得与诸位相见，甚觉荣幸，借此机会，并可将故宫各项情形，简单报告，俾各界可以稍明故宫内部大概。第一，故宫博物院以往之简史。民国十三年十一月五日，溥仪退出故宫后，成立办理清室善后委员会，十四年双十节，始成立本院。当时最大的任务，是点查散存各宫殿内之古物，点查工作，除委员会人员外，由北京政府各部院司法军警各界，派员若干人，按日到会分组点查。此种工作，异常繁琐，时间经过二三年之久，方大致告竣。点查结果，由本院印行点查报告，公布于世，不幸中间几经政变，本院无日不在风雨飘摇中，赖社会上爱护本院者多，幸能维持。至十七年国府统一南北，将本院组织法正式公布，本院之组织，分古物、文献、图书三馆，秘书、总务二处，院有院长、副院长，馆有馆长、副馆长，处有处长，惟其组织法有与其他机关不同者，则为理事会。院长、副院长，须经理事会推举，而由国府任命之，此本院成立之经过及组织之经过情形也。

古物南迁经过

第二，古物之南迁。本年春间，日军进占榆关，热河不守，华北危如累卵。本院古物，为数千年文化结晶，全国人士，均主暂时南移，以保安全，遂于一月间，将已装箱之物品由平运沪。先后五次，共计一万余箱。同时尚有附带运来属于内政部之古物陈列所，属于北平市政府之颐和园等处之古物，现均存于天主堂街四川路两处库房之中。

开箱检视原因

第三，关于此开箱事，自古物运沪以来，忽忽半年有余，上海气候，不比北方干燥，行政院汪院长及本院各理事，对于此事，均非常注意。所以上次理事会开会时，议定特组故宫临时监察委员会，专门办理此事。委员系由行政院、军事委员会、中央研究院、上海市参事会、上海地方法院各派一人，本院派二人组织之，成立之后，于上月二十六日开始查看，详情另请该会常务委员庄尚严君报告，本人略述其经过如此。

历来经费状况

此外本人所欲报告者，则为本院经济状况。查本院办公费及薪俸等项之低薄，恐怕在全国重要机关中，是数一数二的。民国十四五年时，经费月只二三千元，所以办事人一大半是尽义务的，自十八年易院长就任后，始有正式预算，每月为二万一千元。但财政部也并不按照预算支会，每月多则五千，少则二千。有一时期，竟一文不给。所以计算财部历年积欠，已有五六十万之多，而本院则陷于艰难困苦之境。本人从前在院中，只担任学术上工作，不关行政方面之事，近来方稍知院中财政状况，每月办公费、职员生活维持费，及古物在沪库房租金，总须四万元上下。而财政部月只拨院中预算的五成，为一万零五百元，然在此情况之下，本院出版物及拓本等，尚有数百种之多，颇为社会上所欢迎，皆历年惨淡经营之成绩也。自本年起，每月收入，更形缩减，闻自七月份起，财政部仅发六千余元，以之付给库房租金，尚嫌不敷，更何论其他。现在已编制新预算，呈请中央政治会议为特殊之救济，结果如何，尚无把握，希望各界人士，了解此情形，尽力援助，使中国数千年之文化结晶，不致流离失所，则本院幸甚！中国幸甚！

马衡谈各问题

最后又据马氏对记者谈，故宫博物院之其他各问题云：
（一）本院平时系每星期一、四两日检查各储藏室各一次，检查时除本院职员外，系会同中央银行所派代表共同检视，盖中央银行系当议定时由行政院所指定，而各储藏锁钥亦系一存本院，一存中央银行。（二）本院二十二年度预算，共计五万余元，业已呈请行政院审查，本日（星期三）行政会议，如提出讨论，或可望通过。此项预算额，系北平办事经费在内。（三）张继夫人控易院长（培基）舞弊案，本人前因不甚参与本院行政事宜，亦未知究竟。但其间大概皆由于不明了本院详细组织情形，致因隔膜而生之误会。（四）易现已往北平，在平准备移交手续，并组织一移交委员会，本人亦将于本月内赴平，俟与易院长晤谈后，即组织接收委员会，办理接收事宜。（五）在沪公开陈列之举，前虽有此动机，惟此事关系重大，且无适当地点可资应用，已作罢矣。（六）南方设立分院事宜，有主张多设者，有主张少设者，大概将来在首都设一分院，较为相近，但须下月理事会议之决定。（七）外传有将本院字画向汇丰银行作押款之说，完全无稽谣言，宁有已作押款，而字画仍存于本院库中之理云云。（十日）

上述约一千八百字的报道，简明扼要地表述了以代理院长身份出镜的马衡，已经面临或即将面临的内部管理难点及公共关系要点。

报告摘要中，有两处需要特别注意的地方，一是"历来经费状况"，二是"易院长舞弊案"。对于公众极为关注，坊间早有各种传闻的"易院长舞弊案"，马衡给出了一种模棱两可、并无定论的说法，但大体上是相信易氏本人并无舞弊之事。报告中表达出来的个人观点，乃易氏之所以被张继夫人状告，"大概皆由于不明了本院详细组织情形，致因隔膜而生之误会"。

后来的事实证明，所谓"易院长舞弊案"确属冤案，吴瀛在其《故宫尘梦录》一书中对此案来龙去脉有着详尽的记述与剖析，在此不赘。平心而论，马衡此时的表态，是需要相当胆魄的，也是需要相当审慎的。因为，此刻马衡对此案无论持何种态度，都会有左右为难、"里外不是人"的尴尬。如果力挺前任院长，从同事一场角度而言，固然厚道，但对于这"临危受命"的代理院长身份，却极不相宜。如果认定前任院长确有舞弊，既不符合事实，又无法拿出证据，更会令博物院同人及相关人士心寒。所以，一句"误会"的折中之言，既具有相当融洽的回旋余地，又足见其宅心仁厚的为人处事之道。这一公开表态，可谓其上任以来，最费思量也处理得最好的一次公共言行，体现了马衡正在进入院长角色的良好工作状态。

再来看故宫博物院的历来经费状况，经马衡现场这么一番剖白，大白于天下，也必然大哗于天下。社会公众对故宫博物院经费之紧张，顿时有了一个简要的感性认识，一旦有了这么一个公共文化场域上的认知基础，马衡在今后的院务工作中，向政府当局申请经费的要求，也将有更为充分与广泛的共识前提。随之而来的，公众对博物院的工作，也将会多一分宽容与理解，不会再特别吹毛求疵地去评判了。简言之，历经多次舆情冲击的故宫博物院，从被动应对舆情到主动利用舆情，其摆脱被动、争取主动的公共关系策略，从马衡的报告中已开始显现出来。当然，这只是马衡个人单方面的努力，究竟效果如何，还得看接下来一年半载的运营实情。

不久，马衡又将面临两件棘手的难题，这才是其上任以来的真正挑战。一件难题是所谓"古物北迁"问题，另一件难题则是"故宫裁员"问题。

二、"古物北迁"终未果

毋庸赘言，故宫古物南迁是马衡上任之际的首要工作，也是考验其工作能力的最为重要的一个指标。马衡本人曾亲自监运、押运过南迁的古物，对这项工作的重要性，自然是早已有过深刻体悟，在前述公开讲话中也明确提到了古物南迁的意义与步骤等。

早在其人还是古物馆副馆长时，就曾于1933年1月14日接受记者采访，发表过对古物南迁的初步看法。当时曾有这样的言论：

> 余对古物迁移，从前亦极端反对，因东省虽失，然榆
> 关天险，我方尚可扼险以守，平津一时尚无问题。且古物迁
> 移，长途运输，难免途中不生损失，故主张不迁。但自榆关沦
> 陷后，门户已失，平津时时有发生危险之可能，故现在余亦
> 主张迁出为良……博物院已将一部古物，装箱完竣，静候命
> 令，即可迁移云云。

就在马衡接受此次采访当天下午四时，铁道部特备迁移古物的专车，确已抵达北平东站，开始接洽古物南迁事宜。这些史实与事实都在说明，马衡也曾与同时代相当一部分学者的观点相近，起初都是不太赞同，甚至"极端反对"古物迁移的。可随着形势发展，时局进一步恶化，战局已然无可扭转之际，马衡"亦主张迁出为良"。

那么，"古物北迁"又是怎么一回事呢？时为1933年8月15日，"古物北迁"一词，首次出现在北平《世界日报》（以下"报载""报道"等均为该报刊所载）之上，这是转载的一条来自南京的专电。报道称：

> 本报南京十四日下午十时专电 代理故宫博物院院长马
> 衡，十四日来京向中央协商博物院以后经费，及古物北迁各
> 问题。

这么极其简短的一句话新闻，还让人无法了解马衡提出的"古物北迁"究竟是怎样一个概念。其实，在这则简讯之前两天，8月13日，也就是马衡在故宫博物院驻沪办事处招待记者的报告内容见诸报端当天，故宫博物院文献馆馆长张继提及"北迁"概念的一次访谈记录，也同时刊发了出来。据报道可知，张氏曾向记者提到：

> 存沪古物，现决定将一部运回北平，但系何种古物，现
> 尚未定。

如此看来，"古物北迁"的概念并不难理解，是将已经南迁的古物又迁回北平。至于是全部迁回，还是一部分迁回，迁回哪些，何时迁回，等等，则一切尚是未知数。

继报纸首次出现"古物北迁"一词十天之后，8月25日，报端再次提及"古物北迁"之议。这是马衡刚从南京返回北平，即将到故宫正式视事之前一天，在家中接待记者时明确谈到的一个想法。

这一想法的特殊性与重要性，当然不可忽视。此刻，这位新任院长履新之际的新想法，也以付诸公共媒体刊登出来的方式，就在其人故宫视事之始的当天公之于众，清晰地浮现在了社会公众面前。且看报道全文：

马衡昨午到平

定今日到故宫视事

将由马及易培基分组接交委员会点查物品

古物迁回事由下次理事会决定

【本市消息】新任代理故宫博物院院长马衡，昨日上午十一时许，搭平浦通车，由京抵平。故宫博物院代理秘书长徐鸿宝，偕该院科长以上职员十余人，到站欢迎。马下车后，径赴东城小雅宝胡同四十八号私寓休息，定今日上午十时，赴故宫视事。记者昨午访晤马于其寓所，马谈话如次：

接收故宫

本人为故宫理事会理事之一，此次易寅村（培基）辞职，本人以理事资格被推兼代院长，在沪因事耽搁，至今始得来平。今日（即昨日）休息一日，明日（即今日）即到故宫视事。在沪时，闻易寅村现在平市，本人拟在一周内与易会晤，接洽移交事宜。移交办法，一方由本人组接收委员会，一方由易寅村组移交委员会，双方公开办理。关于故宫舞弊案，各方传闻异词，但已由法律解决，本人不便有所表示，惟将来接收时所有本院物品，决逐件认真点收，纵有弊窦，不难查明。

经费问题

故宫经费，原定数额为每月二万一千元，嗣因国难发生，国库支绌，乃折半开支，改定一万零五百元。此项经费来源，由财政部月拨五千元，余由故宫游览门票收入，及印刷品售价收入拨充，实际不敷甚巨。且运沪古物，存贮房产租金即须九千元，连同保管费，月需万元之谱。总计平沪两方，每月经费共需三万元始敷开支，因是故宫经费至少须较原来额数增加一万。在京曾向汪院长（兆铭）提出，中政会对此亦经讨论，惟通过否则尚不知（按前日中政会关于故宫博物院整理及经费案已通过）。故宫原有基金九十余万，前于古物南运时动用甚多，确数则尚不详。对此问题决提出下届故宫理事会讨论。

设立分院

故宫设立分院，各方前曾有此主张，上届理事会对于此曾加讨论，原则认为可行，惟对设立地点，有上海、郑州、西安三处之主张。上届理事会对此保留未决，究竟设立否？设立地点如何？决交下届理事会讨论决定。下届理事会，已定于九月间在南京举行，本人届时决赴京参加。

古物迁回

运沪古物，已决定迁回，惟文献、图书、古物三馆古物，各有一部在沪，将来是否全部迁回，或各运回一部，或就三馆中，先择何馆古物运回，均俟下届理事会决定。运沪古物前传因受潮生蛾，经检查结果，虽确有飞蛾，但系装箱所用之草，受潮生蛾，古物并无损伤。又关于影印《四库全书》事，决定实行，即由教育部与故宫方面会同研究办理。

不难发现，马衡回到北平之后，面对北平公众，与先前面对上海公众一样，仍然做了上述一番类似赴任致辞般的讲话。除了接收故宫、经费问题、设立分院等宏观话题之外，还有更为具体的"古物迁回"的个人想法。这一想法，应当就与先前在南京向中央政府提出的"古物北迁"建议相一致，意即要将已经南迁的古物重新运回北平，这又究竟从何说起呢？

在此之后，新任代理院长马衡接收故宫的新闻报道，一篇接着一篇，内容翔实；但关于"古物北迁"的报道，直到1933年9月9日，才仅仅出现一则简讯报道而已。报道题为《马衡今晚赴南京，接洽古物迁回问题》，文中提到：

> 故宫前次南运之古物，虽经政府决定迁回北平，现因各方意见，尚不一致，故未能即时实现。马此次赴京与张人杰，及各方接洽后，第二次理事会即可定期举行。此项问题亦可提出解决。

9月11日，马衡抵达南京，向理事长张人杰报告相关工作情况。次日报道则又称"古物迁回问题尚未决定"。9月26日，马衡仍滞留南京，而北平的报道，单单是瞄一眼题目《马衡态度消极》，即可知"古物北迁"之事应当并不顺利，其人工作状态已然欠佳。报道中有这样的记述：

> 自马衡代理博物院以来，政府对故宫未与分文，一切进行，均感棘手。马颇为抑郁，终日游栖霞山（在南京），无意返平……

看来不单单是"古物北迁"之提议没有下文，就连故宫博物院基本的运营经费也未能争取到。11月6日，马衡登报声明，以一种莫名其妙的、辟谣式的口吻公开声称：

> 各方传前次南运之古物，将迁回北平说，不确。

　　须知，"古物北迁"之说，乃马衡自己多次向记者明确表达过的意见，此刻却又声称这一意见乃"各方传（言）"，且还"不确"，这实在是有点自相矛盾了。不过，由此可以揣摩得到，这一声明，一定是在受到某方面强大压力之下，在不得已的情况下，非得由其本人出面表态，至少是要公开表示收回"古物北迁"之说才发布的。

　　时至12月27日，马衡在北平故宫博物院召开新闻发布会，公布了关于故宫博物院交接经过、修改法规、财政状况、工作计划等方面情况。从公布的内容来看，一来经费终于落实，交接工作也基本顺利，马衡也重新振作起来，相关工作推进也开始提速。

　　然而，令人意想不到的是，在答记者问环节中，戏剧性的一幕再次出现。当时，有记者问：

　　　　南迁古物，有运回北平希望否？

　　当场，马衡竟然答曰：

　　　　须经理事会解决。

　　这一问一答，仿佛"古物北迁"之说重又浮出水面，令人颇感微妙，也莫名其妙。

　　1934年2月24日，马衡再次赴南京，向当局报告院务；之后，又视察故宫博物院驻沪办事处工作。2月26日，记者前往采访，再度谈到了"古物北迁"问题。这一次，马衡这样说道：

　　　　关于存沪古物，有人主张迁回北平，有人主张迁往西安，但依余个人意见，以迁往首都保存，最为妥善。但首都目前一时无此巨厦，故暂存沪，将来是否实行迁京，须待理事会决定。存沪古物，每年开支，共需十二万元，苟向银行借款自建分院保存，当可减少许多开支……以余个人观察，保存

> 古物，在太平时代，以聚为宜，然际此乱世时代，则分散为
> 妥。故苟能多建设几处分院，将故宫古物，分处保存，则一旦
> 发生事故时，比较益于处置。

这一次，马衡终于明确表达了自己的态度，一改先前"古物北迁"之
议，转而倾向于将古物迁往南京保存，"最为妥善"，进一步又提出分散
保存更妥的意见。看来，"古物北迁"之议，于马衡而言，从先前的积极
献言到后来的欲言又止，再到现在的"分散保存"之调和论调，也只可到
此为止了。

三、故宫裁员风波起，辞职未成再受命

1934年1月26日，报载署名"胡泽"的一篇公开质问性质的文章，题
为《敬问故宫院长马衡裁员的标准》。被裁员的前故宫博物院职员胡泽，
在文中大鸣大放，认定院方裁员过程中，有极不公正的做法。文中披露，
称马衡上任之际，"首先就把出版处撤销，裁掉了我们十四个职员"，这
一做法令其颇感不解，文中为之质问道：

> 被裁的我们，是否就无别法调遣录用？

作者认为，被裁掉的这部分职员，本可以优先予以调用。其理由也很
明确，文中这样强调称：

> 平津沪各馆科办事处，所发表的新职员已超过二十人，
> 马氏就尽可将出版处裁撤的我们十四人先予调用，谁也不能否
> 认以本院的人员调动办理本院的事情，要多收办事上熟练的
> 效率。

看来，"招新"与"裁旧"之间，在故宫博物院内部曾经产生过相当

激烈的冲突。原有在职人员"办事上熟练的效率"，本来可以充分调用，为何宁可频频招收新职员，也不愿意再留用这些"熟人"？这样的质疑，以及要求马衡对这一质疑做出合理解释，应当即《敬问故宫院长马衡裁员的标准》一文的核心诉求所在。

2月3日，故宫博物院接受记者采访，否认了大规模裁员计划，但间接承认了裁撤部分人员的事实。故宫内部是否需要机构改革，是否需要裁撤人员等诸问题，本来应是马衡出任之后，根据经费状况、运营状况、班子状况，通过自主整合来予以解决的。然而，自马衡代理院长以来，旧班子、新班子与行政院多方博弈之后，又不得不渐次妥协，开始回避机构改革与人员裁撤问题了。这一内部管理问题的久拖不决、避而不决，可能加重了院方在经费筹措、管理效率方面的压力，马衡竟还因此一度产生了辞职的想法。

3月2日，报载《故宫博物院长马衡有辞职说》，称其"因种种困难，

中国博物馆协会第一届年会开幕摄影，前排正中为马衡

（原载《中国博物馆协会会报》，1936年第2卷第1期）

已向中央表示辞意，惟因故宫事务诸端待理，是否能成为事实，尚未可定"。这"种种困难"，从报道上来看，主要还是经费短缺所致。3月3日，南京传来消息，马衡确实已递交辞呈。他本人也向记者谈到：

> 本人对故宫博物院长，原系权行代理，为时不过一月，现已半年，于个人学业精神，不无牺牲，曾呈请行政院，并函请理事会理事长，准予辞去代理院长职务。

但经各方挽留，马衡暂时仍代理院务，"各处事务，俱照常进行，并不停顿，本人定下周返平"。4月16日，马衡在北平接受采访，再次谈到辞职之事，有这样的话语：

> 余此次来平，办理结束事宜，静候行政院派员接收，在新院长未到任前，仍照常负责。

5月7日，南京行政院传来消息，马衡被正式任命为故宫博物院院长。"代理"二字被摘掉，辞职显然也是未被准许的了。这样的结果，不知马衡本人此时又作何感想？

正式出任故宫博物院院长的马衡，出现在公共媒体的频次，较之先前反倒明显减少了许多，以其个人名义发布的声明、接受的采访，也都鲜有出现。虽然故宫博物院的管理，及故宫古物的南迁，仍是平沪宁各地各大报刊关注报道的焦点，但马衡不再以个人身份"出镜"，而更多地以院方名义发布讯息。

显然，前次代理之命，已令其备感识认时务与操持实务之难。此次正式任命之下，更令其深感职责之重、前路之遥。可以想见，全身心地投入前任院长交接之后的、千头万绪待重整的院务工作之中，满负荷地担负起筹划、点查、保护南迁古物的各项工作，早已令马衡无暇他顾，对于媒体采访、新闻发布这类事体，已然是能避则避，能躲则躲，概不出席了。

直到十三年后，抗战胜利，故宫重归中国政府接收之际，马衡在奔忙之余，又于1947年9月3日，以广播讲演《抗战期间故宫文物之保管》的方式，才再次以个人身份长时间地站在了公共媒体面前。

这一次，马衡为中国民众讲述"古物南迁"之艰苦历程，娓娓道来之际悄然浮现出来的惊心动魄、艰险重重之种种细节，无不令人感动莫名、唏嘘不已。从当年9月15日起至9月18日止，北平《世界日报》以连载四次的超大篇幅，郑重地刊发了这篇广播讲演稿——这也是马衡个人于1949年之前，最后一次以个人名义在主流媒体上现身。

反观马衡从受命代理院长、正式出任院长，再到院务整改、古物南迁，终至抗战胜利之后，复又着力接收曾沦陷敌手八年之久的故宫忆述古物，这十四年"共赴国难"之个人生涯，这十四年"全民抗战"之家国历程，仿佛只是"弹指一挥间"。

1948年，蒋介石父子（左二为蒋经国）参观后母戊大方鼎，
马衡为之介绍，曾昭燏（右二）、杭立武（左一）等陪同

1950年，马衡（左一）、郑振铎（左二）、郭沫若（左三）等在北海团城合影①

————————

① 　此次合影，乃马衡等人与向政府捐赠能原镈的熊述甸（左四），以及捐献其他文物的周扬（左五）、沈雁冰（左六）、丁西林（左七）等留影纪念。立于诸人案前的能原镈，于清光绪十六年（1890）在江西瑞州（今高安市）出土，1956年由文物局拨交故宫。

第十一章
向 达：名园罹劫费思量

一、石破天惊的纪念圆明园罹劫的文章

1930年12月初，天津《大公报·文学副刊》第151期、第152期两期连载了一篇意味深长、意义深远，令国内读者无不为之动容的文章。此文名为《圆明园罹劫七十年纪念述闻》，作者乃是知名学者、时任北平图书馆编纂委员会委员、商务印书馆编译所编辑的向达（1900—1966，字觉明）。

必须加以强调的是，这一篇报刊文章，乃圆明园自1860年罹劫以来，第一篇在国内公共媒体上公开发表的纪念文章，可称圆明园罹劫以来从学术史角度向国人号召纪念与追思的先声，实令当时的读者颇有"石破天惊"之感触，在社会各界也确曾起到了"一石激起千层浪"之反响，有着极其深远的社会影响。

1936年，向达在英国伦敦的存照

　　须知，此文刊载于当时日发行量五万份以上的国内第一大报《大公报》之上，无论是传播效率还是传阅数量之巨，在当时都是无以复加的。此文影响之大，最直接的反映即为次年（1931年）营造学社组织举办之"圆明园遗物与文献"的宏大展览，继之而来的还有1933年编印发行的《国立北平图书馆馆刊·圆明园专号》。

　　再者，虽然自1860年圆明园被英法联军焚毁劫掠以来，各类追思、忆述、评论类的诗词文赋，时有涌现，亦复不少，可如此文这般系统、充分、简明的表述，实在是难得一见。此文乃是建立于翔实缜密的史料搜求与考证基础之上的，以现代学者立场，从学术史角度着眼，且是为了向大众读者公开披露这一史事诸多确凿历史信息而作的。仅此一点，此文的社会价值之高、历史意义之重，即已超越一般意义上的文人凭吊、借古伤今之类的诗文之作。

　　另外，前代虽有如王闿运所作《圆明园词》等，其中不乏才情卓绝、史诗互证的杰作，亦有着力考述"圆明园罹劫"这一史事，纯粹文献整理类的史料编订之作，如程演生所编《圆明园考》等，可是却少有以现代学者立场、运用现代学术方法综合评析并简明解说国内外相关史料，不仅面向国内一般学者及研究者，更有意面向大众读者公开披露评判这一史事的文章。

　　《圆明园罹劫七十年纪念述闻》一文，正是这一类型文章的肇始者，确立了"圆明园罹劫"这一重大史事在国内公共文化场域中的主题地位——这一主题地位，至今热度未减。

　　且看，这一篇达万余字篇幅的文章，以四个章节，即一为"圆明园建筑与西洋教士"，二为"英法联军之役：圆明园之被掠与焚毁"，三为"述近出关于圆明园之各种资料"，四为"论保存圆明园及其他诸残迹"，将圆明园这一历史遗迹与"圆明园罹劫"这一历史事件的来龙去脉，以及如何守护与研究这一历史遗迹的问题，深入浅出地向大众读者娓娓道来。

　　不难发现，此文虽有报刊文章罕有的万余字篇幅，可条分缕析、新见迭出之下，阅读感受并不会十分枯燥深奥。对于一些坊间久有传闻却不甚周详之细节，文中讲述得十分清楚，令人读后即刻有迎刃而解、拨云见日之感。

譬如，首度披露承德避暑山庄原藏"二十页圆明园欧式宫殿图"，与当时北平、沈阳两地故宫新近发现的所谓"同样印本为西人所绘"图册，是有所不同的。二者所描绘的并不是同一处景观，后者实为"康熙时耶稣士马国贤（Father Ripa）为帝用铜版雕热河三十六景图"。

再者，还详加考证"二十页圆明园欧式宫殿图"，其图案乃表现长春园谐奇趣、远瀛观等景观，并为之辨析称，圆明园中西洋建筑虽颇引世人注目，"然此俱在圆明园东北隅，高宗所筑之长春园中；为圆明园之旁支而非其正体也"。

法军于1860年10月22日攻破北京朝阳门场景
（原载法国巴黎《画刊》，1860年12月22日）

八国联军攻破紫禁城（1900年日本东京印制，美国国会图书馆藏品）

又如，关于焚毁圆明园的祸因与罪魁，此文也从坊间盛传、众说纷纭的各类传闻掌故里"脱颖而出"，明确指出"圆明园罹劫"乃英军出于报复心理使然，完全是侵略者肆无忌惮的暴行，并无别因。文中这样写道：

> 又圆明园之焚，中籍诸说纷异，今按实因通州之役与巴夏礼一同被拘诸人，有十二名瘐毙狱中。英法军逼京师，劫掠圆明园，并致书恭王，须先释被拘诸人，方可议和。逮被拘者释回，多被绑缚，又有十二名死骸，亦一并送回，因激起英人报复之心。

为了证实"英人报复之心"的说法确凿无疑，此文随之用了不少篇幅去移译与辨析英方相关文件。文中特别指出：

英人自认此事，初无所讳。关于焚毁圆明园有英使额尔金及英将格兰特二人文件，最为重要，今分别移译如次，以备言圆明园掌故者征采焉。

这些英方重要文件一经移译披露，真相自然大白于天下。此文更进一步将"圆明园罹劫"与1914年欧战中德军炮毁比利时卢文大学图书馆的事件相比较，颇为愤慨地为之申言道：

一九一四年欧洲大战起，德军侵入比境，炮毁卢文大学图书馆，历世积藏之珍籍，胥罹浩劫。其后诸国对于德人此举，深致诘责，以为罪莫大焉。庸知七十年前，英法联军攻我国都，以数人遇难，竟不惜于和约将成之际，将圆明园付之一炬。既掠其珍宝，复焚其名园，损失之巨，岂逊于比国一卢文图书馆？西洋Vandalism①之摧残中国文明，此为第一次，庚子之役而又重演。自圆明园之焚至今七十年，余为此文，一以惕我国人，一以示西洋文明国家重视国际公法者固如斯也！

诸般穷搜勤采、广征博引，更兼细辨详究、正本清源，此文对"圆明园罹劫"一事可谓知无不言、言无不尽，倾力将当时能够搜罗与证实的史料，全部拈提缀合、融为一体，并力图以通俗明晓的现代语言加以细致解说。

于是乎，此文一经发表，俨然可为一篇中国读者乃至全国民众的圆明园事件之"启蒙书"。当年但凡捧读、传阅、剪存、研究过此文的读者，应当多多少少对"圆明园罹劫"之事迹的来龙去脉，有了较为清晰与确凿的初步了解。

为此，九十余年后再次捧读此文的笔者，也一度以为，《大公报》方面当年理应将此文从版面上单独抽出，印制相当数量的"抽印本"，充

① Vandalism即所谓"番达主义"，意即摧毁文化艺术之主义。

作一期"号外"，以飨读者大众。只是故纸堆中经年搜求，这一揣测与假设，还尚未搜寻到这么一册"抽印本"来加以验证。

令人颇感巧合的是，与笔者这一设想有所默契者，当年还真有，曾经还真有这么一册二十页的"抽印本"印成，免费发送给读者。只不过，这一"抽印本"并不是由《大公报》方面印制的"号外"，而是由当年更为专业的文物与建筑保护组织——营造学社出面印制的。

二、国内第一场"圆明园遗物与文献"展览

原来，就在向氏此文发表三个多月之后，时至1931年3月，营造学社拟举办"圆明园遗物与文献"展览，决意以此文为主体，为此次展览编制一份提纲挈领、言简意赅的介绍书，到时分赠给所有参观展览的嘉宾与观众。为此，学社方面特意邀请向氏参与此次展览介绍书之编撰。印成的这一册介绍书，首页上这样写道：

> **圆明园遗物与文献**
>
> 中华民国二十年三月二十一日，在北平中山公园展览本社与北平图书馆联合采集所得之圆明园之遗物与文献，并先期致书海内外收藏家、考古家征求出品。又以向达君频年探讨拟为有系统之研究，去冬曾自著一论文名曰《圆明园罹劫七十年纪念述闻》，在《大公报·文学周刊》发表。此次即请向君述明联合展览之趣旨，并以前次向君旧著论文附印于后，以备莅会诸君有所参考。
>
> 李仲明先生八百二十一周纪念日中国营造学社谨识

据此"前言"，可知《圆明园罹劫七十年纪念述闻》一文，确为此次展览介绍书之主体内容。另所提及"此次即请向君述明联合展览之趣旨"云云，其内容即紧随此"前言"之后，乃向氏专为此次展览新撰的《圆明园遗物文献之展览》一文。

对于此次展览，向氏又有一些新的见解与意见随之发表了出来。譬如，向氏认为此次展览有四个方面的重要意义。首先指出：

> 圆明园……实为中国园林表率……其毁于西洋番达主义，盖中国文化上一大损失，为国人所当永矢弗谖者，此其一也。

其次，又强调称：

> 圆明园乃成为当时西洋园林理想之境，至欲于欧洲仿而造之，虽未能就，而其为西洋人士倾倒之概，则至今未衰。此就十八世纪欧洲艺术史上言，国人有应知之者二也。

再者，复又介绍称：

> 圆明园中尚有一事，最为世所艳称者，则西洋建筑是也……此中西文化交通史上最可纪念之物，亦同罹浩劫，今兹之会，于长春园各西洋楼图像地样一一附陈，以谂世之留心斯事者，此其三也。

最后，为之总结道：

> 抑尤有进者，圆明园兵燹以后，以地为禁苑，残迹历历，尚有可见。其荡然无存，盖近十余年间事耳。使能早筹维护之方，禁止樵苏之偷窃，有力者之移取，则此在中国文化与中西交通史上有地位之一大名园，未尝不可存什一于千百，以资吾人之凭吊挲寻……此今日举行斯会之又一微意也。

向氏对此次展览所寄予的希望，归结起来，不外乎就是这四个方面：

首先，告诫国人永世不忘圆明园罹劫之国难与国耻；其次，国人应了解圆明园在西方艺术史上亦有重要地位；再者，国人还应知悉圆明园曾为中西文化交流史上最可纪念之物；最后，国人今时之责任乃全力守护圆明园现有遗迹与遗物。

应当说，这样的寄望与呼吁，也基本概括了后来所有关涉圆明园的相关研究与保护工作的基本指向，至今仍具指导意义。当然，这样的寄望与呼吁，在当时的中国，在当时内忧外患的国内时局之下，有相当一部分还只能是奢望。

虽则寄望不免部分是奢望，虽然有些呼吁未免成无奈之空喊，可向氏的文章与营造学社的展览，是实实在在地写出来了，办起来了，是清清楚楚地发表出来了，宣传出去了。此文此展，在当时的中国，至为难得，可称创举。

时为1931年3月15日，《华北日报》以一条简讯的方式，率先向北平读者预告了此次展览。次日，上海《民国日报》又向国内读者预告了此次展览，以较大篇幅与极大热情报道了展览筹备情况，这也是目前所见关涉此次展览时间较早、介绍最详的报道。

报道分为三大部分，一为"征集文物通启"，二为"已得文物大概"，三为"东长春园图考"，颇可从中窥见营造学社为此次展览筹备之倾力，工作之精心。学社于3月8日发布的"征集文物通启"，原文如下：

征集文物通启

敬启者：

清代圆明园为极有价值之营造，一瓦一椽，皆为重要之史实。自经焚劫，迄今已七十年，遗迹日湮，文献将丧，本社联合同志，掇拾丛残，于工程做法、烫样模型、进呈图样、线法图绘，以及绘画题咏、中外人士之纪事杂录等，积有数百余品。而中山公园内有青云片、青莲朵、峯芝绘月等太湖石、承露盘、石柱与中华门内卧地之安佑宫四望柱之一，均是圆明园故物。拟于国历三月二十一日李仲明先生纪念日即在中山公园董事会公开展览。将来整理发刊，为具体的研究。惟斯园巨丽，劫余遗物，甄采容有未周。凤仰尊处藏收宏富，用特函达，并将已得各件之略目，随函奉阅，此外如有关系圆明园路之文献遗物，不拘何品，均所欢迎。务祈迅赐示知，以便接洽。借陈加入展览，出品愈多，兴趣益富，鹄候玉音，不胜企请。

中国营造学社启，三月八日

据上述这份三百余字的通启内容，可知此次展览曾向社会各界公开征集展品——圆明园遗物以及一切关涉圆明园的文献，称"不拘何品，均所欢迎"。这样不遗余力、广泛搜求圆明园遗物文献的公开启事，不但体现了营造学社投身圆明园研究的迫切感与全方位视野，更堪称国内学术机构公开征集、初步整理、系统研究圆明园之先声。

至于"通启"之后所附"已得文物大概"之清单，仍以"遗物"与"文献"两大类分列。当时营造学社已经搜集到的圆明园遗物，无非太湖石、石质建筑构件、砖瓦、烫样等，文献之类则有图样、绘图题咏、工程则例、工程做法、匾额清单、中外相关记载等。

三、圆明园遗址"捣石掺米"屡禁不止

应当说，这些圆明园遗物与文献，非专业人士对此几乎一无所知。普通民众对圆明园遗址中的建筑残件，亦并不以文物或史迹视之，甚至还有意无意地参与过搬移残件与破坏遗址的行为。这样的行为，在清末民初动荡剧变的国内时局之下，简直是不值一提、从来无人过问之事。这样的行为，直至故宫博物院成立之后，渐有相关人士及有识之士出面干预，不过仍停留在文明呼吁层面，并无相关法规随之出台，在事实上仍属无法可循、毫无办法的局面。

圆明园于1860年被英法联军焚掠之后，复经1900年八国联军再度破坏，更迭经清末多次动荡变迁，至20世纪20年代，已彻底沦为无人看管的

废墟残迹。

作为"国难"与"国耻"的见证，圆明园遗址中的残砖败瓦，也曾令一些文人墨客在此凭吊追怀，付诸诗文纪念。不过，除了在此寄情抒怀之外，还有相当一部分国人对遗址中的建筑残件，有着相当浓厚的"开发"与"实用"意愿。

这些曾属于圆明园组成部分的建筑残件，因其质地坚实、石材精良、雕刻优美、造型别致等诸多"可用"之优点，被民国初年的官吏豪绅明转暗移，挪作建筑私家宅邸、园林甚至陵墓之事，屡见不鲜。譬如，苏州拙政园中曾有九只圆明园汉白玉石雕柱础，被用于置放花盆，今尚存八只。又如，南京谭延闿墓前龙云纹石雕围栏，或即为圆明园遗物。诸此种种案例，屡见不鲜，至今仍有实物印证。

值得注意的是，对于这些任意移置、改建圆明园建筑遗物的行径，尤其是当局要人或市政建设方面的官方行为，普通民众事先大都并不知晓，事后也不以为然，并不十分关注，更遑论批评与质疑。即便偶有批评之声，也大多局限在小范围的文化圈子里，几乎没有什么公共效应。

另外，当时公共媒体对此也反应不一，有些媒体甚至对此行径还有意无意地表示赞同。譬如，圆明园仙人承露台的石雕须弥座，曾移至中山公园，位于"公理战胜"牌坊一侧，竟被用作了园中路灯的基座。对于这一官方任意移置、改建圆明园建筑遗物，直接用于市政建设的行为，天津创办印行的《北洋画报》方面，就间接表示过赞同之意。

圆明园仙人承露台基座，原址存照

圆明园仙人承露台基座曾移至中山公园"公理战胜牌坊"一侧，用作园灯基座

　　1927年7月2日，《北洋画报》在创办一周年之际，于总第100期刊物之上，曾刊发过所谓"美育社"社员游玩圆明园时，登踏仙人承露台须弥座的合影。作为当年在平津乃至整个华北地区都影响至巨的新兴画报刊物，不以主动自觉保护文物为己任，反倒以此为噱头，公开刊发这样的照片，且还为之拟题为"圆明园最后之一石"，用以招徕读者。更令人匪夷

北平燕大学生游圆明园，于遗址中随意攀爬
（原载上海《图画时报》，1929年第569期）

所思的是，这张照片配发的"图注"，还以调侃戏谑的语气记述道：

> 记者日前到北京中央公园去时，见这石柱已经安置在石
> 牌坊前面，上面加了五盏电灯，四条象鼻子凸出来，托着电
> 灯，很有美术思想，不过许多人却不甚赞成呢。

《北洋画报》记者竟然认为，将圆明园遗物之须弥座移置改建为中央公园的路灯基座，这样肆无忌惮的公开破坏行径还"很有美术思想"，在"许多人却不甚赞成"的情况下，仍然执意刊出了这样的照片及"图注"，似乎是在故意标榜自己独特新颖的媒体视角与言论立场。

应当说，《北洋画报》记者如此这般看待圆明园遗物遗迹，并非只是个例，也颇能反映当时相当一部分民众与当局相关部门的文物保护意识淡薄，仅仅将这些遗物遗迹视作游览赏玩之物罢了。移置改建之举，无非是将这些游玩之物重整再造，似乎并无大碍。

事实上，直至20世纪40年代，中山公园里这一座以圆明园须弥座为基座改建而成的路灯，仍然矗立园中坊前，成为广大北平市民习以为常的日常景观。与此同时，这座造型独特的公园路灯，也曾一度被视作北平新景观之一，其图景被印作明信片或画片——初来北平的游客，多有购藏纪念。

除了这成为都市新景观的"圆明园之最后一石"的改建工程之外，还有更多的圆明园遗存建筑残件，处于完全弃置荒野、无人问津状。至若普通民众在圆明园遗址中，随意游玩、攀爬、踩踏、搬移、刻画、损毁、摆弄残件，更是司空见惯，从无追究也无从追究。

不仅如此，甚至还一度出现过官商勾结，组织游民群起捣毁汉白玉石柱残件的事件，如此这般肆无忌惮地损毁文物，其目的竟是为了将其研磨为细小石粒之后，掺入白米中增重牟利。这一圆明园遗址中凿石掺米之事件，当时迭经南北报刊披露，也曾一度引发热议。

原来，早在1929年1月6日，上海《民国日报》就曾以《北平新食谱——白石饭》为题，公开披露与批评了圆明园遗址中官商勾结、凿石掺米的行径。报道称：

> 记者前日下午，偶至圆明园散步，至西洋楼附近，闻有金石琤琮之声，清脆可听。该近，果见三行处，数石匠，将该处雕刻其工之白石，凿成细块，并有某机门（疑为"关"之误。——笔者注）公务人员在旁监视。据谓此种白石，已售于西直门内某砂厂，故该厂甚凿为细粒以作搀入大米之用。此项交易，由管理某园事务所所长经手，以方丈计算，每方丈十八元，共售十方丈，得价一百八十元云云。

对于此种匪夷所思，既破坏珍贵文物又危害公共健康的非法行径，记者十分痛心又不无讽刺地评述称：

> 按西洋楼为圆明园仅存遗迹，有石柱、石基等，分青石、白石（即燕石）两种，雕刻极工，系西洋名匠所雕；其柱皆作意大利哥林斯式，记者所见各种石基，创痕宛然，皆系新凿，以如此雕石，而售十八元一方丈，可谓贱矣。至以白石搀入大米，则奸商牟利之别开生面者也，此后吃饭，牙齿诚宜十分小心。但不知北平保管古物委员会诸公，对此亦有所闻否？

即便到了向达撰发专稿，营造学社举办主题展览之后，破坏、毁损乃至"开发"圆明园遗址的事件仍时有发生。继上海《民国日报》的"白石饭"报道两年之后，时至1932年1月24日，北平《世界日报》之上，仍在刊发题为《圆明园白石柱日渐残毁，所余无多》的报道，仍在披露"西郊圆明园故址，西洋楼一带，存有昔日白石建筑甚多，时有被游民捣成细料，售与城内米肆"的事件种种。

对于此种屡禁不止、法难责众的行径，古物保管委员会能做的，也无非是"一度函请北平市政府查禁"而已。可这一纸空文并没能起到什么威慑作用，当局似乎也没有什么强制措施出台。因此，这一两年前即被上海报纸披露过的"捣石掺米"的怪现状，非但没有被彻底禁止，还屡禁不止，更有"捣取者，每日更成群结队前往，且称已出价收买"。当年情形究竟恶劣到什么程度，不妨细读此篇报道。原文如下：

圆明园白石柱日渐残毁，所余无多

游民成群结队，每日捣取，闻系出价收买

古物保委会再请查禁

西郊圆明园故址，西洋楼一带，存有昔日白石建筑甚多。时有被游民捣成细粒，售与城内米肆情事。古物保管委员会，前曾一度函请北平市政府查禁。最近据报：捣取者，每日更成群结队前往，且称已出价收买。该会以此事关系古代文化、市民健康，特于昨日再函市府，请为彻底查禁。原文如左：

径启者：案查北平西郊圆明园故址西洋楼一带，尚存有昔日白石建筑物。雕刻精美，具有美术上价值，近闻附近居民，在彼凿取石屑，售诸奸商，搀入米面之内。不特于市民卫生有害，亦且残毁古物，殊堪痛恨。本会前曾函请平市公安局令饬西郊分署，从严查禁。并请会同清华、燕大，会商保存之法在案。嗣得公安局子字第三四号公函复称，据北郊区署查复，圆明园故址内，有四十八处名称，现均有名无实。西洋楼原有汉白玉石柱，早经损毁不全，亦无砖木，无法保存。且该园所有地上遗址，以及河圈地亩，均归北平市管理颐和园事务所管辖权宜处理，警察无从干预。惟查附近居民，时有凿取石屑情事，已饬长警随时严行查禁等情，具复前来。相应函复，即希查照等语到会。本会当以该管区署既经饬长警查禁，自可不至再行凿取。乃本月二十二日，接到清华大学历史学系讲师吴其昌来函称：径启者，圆明园一代名园，震烁中外，今成劫灰，含生所痛。劫灰之余，惟长春园西北角（俗名西洋楼）之海晏堂、观水法、远瀛观、万花阵等残址，白石雕刻，巍然尚存。登临一望，于斜阳烟草间，矗立古欧式华厦之断柱数条，恍如置身古希腊遗址。或如滂贝故城，涌现目前。此真吾国家昌盛光荣之遗址，吾民族伟大艺术之遗迹，文化上无价之珍宝，历史上无上之瑰宝也。乃最近数年以来，无知暴民，日夜凿碎其白石，成为细粒，售于城内米肆增加米量。毁灭民族文化，破坏市民健康，狂谬恶戾，至此以极。岂知事有更痛心于是者，其昌迭据友人及学生校警报告，最近半年来，愈捣愈凶，乃至成群结队，不分昼夜狂捣。其昌于一月二十日，偕同清华大学梅校长、庶务科金君，携校警四人，亲往查勘，见海晏堂唯余瓦砾一堆。半年以前，尚灿然可观。几欲失声痛哭。远瀛观白玉葡萄雕柱，乃路易王朝作风，与凡尔赛故宫同其价值。其一未倒者，根基已破损，即将崩断。再三五月，恐将尽成平地。且暴徒公然自承，或云"乃乔四收买前来"，或云"乃张排长卖与我们，每方卖价五元"（自称王炳祥者说）。或云"我不是偷砸的"（多数这样说）。且有自称颐和园事务所派来之警察一人云：奉命监督拍卖废石废砖。而实际则率领数十工人，将四周雕墙之建筑遗址，大规模拆卸。有组织挖掘仅存之国宝，有即刻化为微尘之忧。窃思此民族国家之文化遗产，凡属国民，人人与有光荣，即人人与有保护之责。决不忍坐视一二墨吏暴徒，互相勾结，贪蝇头之微利，而毁灭国族文化之命脉。颐和园事务所有无此举？用意何在？应请贵会咨行市政府，严厉彻查。将污吏暴徒，按法惩治，仅存古物，迅予保护。并请即刻办理。盖上项古物，乃在苟延残喘，不可终日形势中。早办一日，早免一日死刑危险，不胜迫切待命之至等语。查公安局复函，系在一月五日。而吴君偕同梅校长等往查，系在一月二十日。其间已历半个月之久，何以该管区署，尚容暴徒结队狂捣？且有自称颐和园事务所之警察，在旁监视。殊令人无从揣测此中真相。究竟该事务所是否呈准贵市政府有案？抑或私勾市民擅毁古物？事关平市文化，不得不函请贵市政府彻查真相见复。并恳从速令行颐和园事务所严行查禁。至纫公谊。此致北平市政府。

上述近一千五百字的报道，以古物保管委员会致北平市政府的一通公开信之内容为主体，将圆明园遗址内愈演愈烈的"捣石掺米"非法活动的来龙去脉，非常清晰地呈现给了广大读者。

据此报道可知，时为1932年初，古物保管委员会方面已将游民捣取圆明园残件的情况上报北平政府，请求出面查禁此种非法活动。1月5日，得到北平市公安局子字第三四号公函复称，圆明园"所有地上遗址，以及河圈地亩，均归北平市管理颐和园事务所管辖权宜处理，警察无从干预"。虽然没有管辖权，可公安局还是允诺，"惟查附近居民，时有凿取石屑情事，已饬长警随时严行查禁等情，具复前来"，表示还是会派出警察前来查禁，不会坐视不管。

报道中的事态进展至此，后世读者也就有必要约略了解一下古物保管委员会与北平市管理颐和园事务所这两个政府机构的历史背景与基本情况了。

古物保管委员会于1928年成立，乃是北伐之后，南京国民政府设立的隶属于中央的文物管理机构。创办之初归辖于大学院，1929年3月之后，改隶教育部，并于当年将原设于上海的会址迁至北平团城。1932年6月18日，南京国民政府行政院公布《中央古物保管委员会组织条例》，确认该会按照《古物保存法》行使古物保管职权。

北平市管理颐和园事务所亦于1928年成立，隶属于北平市政府。这一机构当时兼管圆明园遗址。因此，根据当时两个机构分属中央与地方的不同隶属关系，古物保管委员会要查禁圆明园遗址内"捣石掺米"之活动，并不能直接对北平市管理颐和园事务所下达指令，而必得向北平市政府报告，等待相关处理意见。

当首度向北平市政府致函之后，古物保管委员会以为，"当以该管区署既经饬长警查禁，自可不至再行凿取"。孰料在收到北平市公安局复函两周之后，1月22日，古物保管委员会又收到清华大学历史学系讲师吴其昌的来信，再次报告了圆明园遗址被破坏，残件被捣取之事非但没有被查禁，还愈演愈烈，"最近半年来，愈捣愈凶，乃至成群结队，不分昼夜狂捣"。

为此，邻近且已接收部分圆明园遗址的清华大学方面，即刻以校长梅贻琦为首，派出相关人员，进行实地勘察，以便通报当局予以查禁。

试想，一面是面对国宝毁损"几欲失声痛哭"的清华校长与学者，一面是堂而皇之宣称"我不是偷砸的"捣毁文物之暴徒，双方各执迥然不同的价值观与思想立场，在那一片迭经劫难、满目荒凉的圆明园遗址之中对峙而立，这是一番何等令人无奈又无力的时代景况？

至于现场"有自称颐和园事务所派来之警察一人云：奉命监督拍卖废石废砖"，"而实际则率领数十工人，将四周雕墙之建筑遗址，大规模拆卸"，这样的更令人难以置信、匪夷所思的现场实况，恰恰与两年前上海报道中所称，现场"并有某机门公务人员在旁监视"的境况悄然吻合了。

如果实情果真如此，如果确有当地公务人员执法犯法参与此非法行动，那么可想而知，圆明园遗址中"捣石掺米"活动屡禁不止、愈演愈烈之势，则实属必然了。

四、圆明园的华表搬到了燕京大学

仅据笔者所见，自"白石饭"报道首见于上海《民国日报》，"捣石掺米"报道再见于北平《世界日报》之后，关于游民一度频繁破坏圆明园遗址的情况，却再未见付诸报道，再无下文可寻了。

或许，事态得到了一定程度上的控制，所以没有了继续报道的必要。前边已经提到，1932年6月18日，南京国民政府行政院公布《中央古物保管委员会组织条例》，确认该会按照《古物保存法》行使古物保管职权。可能正是在这一法规上的职权强化之下，可以为圆明园遗址保护工作提供更有力的保障。

然而，这或许只是理论上的、逻辑推想式的一厢情愿罢了。遥思20世纪30年代初的北平，随着九一八事变爆发，东三省相继沦陷于日军之手，整个华北地区岌岌可危。在当时内忧外患的动荡时局之下，圆明园遗址保护工作始终未能得到足够重视与有力落实，相关条例法规，大多形同虚设，并无实际效力。"白石饭"的问题，要不要解决，有没有解决，恐怕都还算不上什么特别大的问题，都还只是遗址保护乏力，几近于没有保护的总体局面之冰山一角罢了。

时至1932年2月13日，北平《世界日报》刊发的一条简讯，再度揭示了圆明园遗址保护不力的真实状况。报道原文如下：

圆明园安佑宫遗址，原有华表遗存之旧照[①]

圆明园安佑宫遗址，准备拆迁的华表（约摄于1922年）

---

① 这组图片，原照均为美国耶鲁大学图书馆藏品。

燕京大学行政楼（巴什福德楼）前，安装架设基本完毕的圆明园安佑宫华表，
（约摄于1931年）

燕京大学行政楼（巴什福德楼）前，圆明园安佑宫华表列置
（约摄于1937年）

圆明园砖石、太湖石、花白石柱均应保护，昨派员调查

平市府近据报告，平西圆明园砖石，时有被盗情事。市府以该园砖石，约分二种。除普通砖石照章出售外，尚有太湖石及花白石柱等，均有关古物，极应保护。特于昨日派视察员周鹏飞、廖实秋等，会同颐和园事务所职员，前往详细调查，以重古迹云。

这样的简讯，看似宣传当局重视遗址保护而派员调查，实则乃因"平西圆明园砖石，时有被盗情事"而起。这样的报道，虽轻描淡写，可却着实从一个侧面暴露了当年对圆明园遗址的双重破坏，即人为毁损与盗损，始终无法有效遏止。

除了集体无意识性质的人为毁损，与一哄而上式的群体盗损之外，如本文前述官绅个体，乃至机构组织有意识地对圆明园建筑残件的拆迁与重置，当然也是不可忽视的圆明园遗址破坏因素之一。

据今藏法国国家图书馆的《圆明园四十景图咏》之中的画页"鸿慈永祜"概观，又以法国画家约于19世纪初绘制的水粉画《圆明园四十景画谱》（*Haitien.Maison de Plaisance de l'Empereur de Chine*）局部细观，兼之由法国皇家地理学家乔治·勒乌斯（Le Rouge Georges Louis，1709—1790）编撰的成书于18世纪末的《中国园林艺术》（*Détails des nouveaux jardins à la mode*）一书中的相关铜版画插图，予以细节参照，复又细加品鉴出自法国汉学家鲍狄（G.Pauthier，1801—1873）《探访圆明园——乾隆皇帝的夏宫》的文中插图，那一幅著名的《圆明园·慈鸿永祜（安佑宫廷前）》铜版画页[①]，再结合清末民初的圆明园相关遗址旧照，多方鉴察比勘之下，不难发现，原安佑宫御道起始处，最前方的牌楼左右两侧，曾各立有两根，共计四根精致修长的石雕华表，其基本形态与如今天安门前的那一对华表，几无二致。可就是这遗址中仅存的四根华表，也曾经历了匪

———————

① 此铜版画页辑自法国探险家爱德华·查尔顿（1807—1890）主编的《环游地球》（*Le tour du Monde*），1864年初版。

夷所思的拆迁与重置，甚至还因之造就了两处北京"新景"，至今犹存。

原来，早在1922年，燕京大学（今归入北京大学）尚在修建校舍时，即将圆明园安佑宫遗址所在地的四根华表搬走了三根，并连同一对石狮、一块云龙石板，全部拆迁至校园之内，拟作建筑装饰之用。其间迫于社会舆论压力，迟迟未能将这些圆明园遗物安装设置。不过时至1931年间，终于还是设法将其中两根华表，安装并立于该校行政楼（巴什福德楼）前，以作点缀。如今，其仍然屹立于北大校园之内。至于先前余下的一根，后来又被京师警察厅运走，一度横卧于天安门前。

这一年，因国立北平图书馆新馆（即今国家图书馆文津街分馆）落成，又向燕京大学致函借用一根华表，并与此前卧于天安门前的另一根华表合为一对，将之运至在北海西岸建成的新馆主楼之前，重新安装列置。未承想，此举竟又为北平城平添了一处"新景"。

须知，此处"新景"，不单单是一所国立图书馆自家的"新景"，当年也被视作著名的北平公共景观之一，频频出现在各类明信片、纪念画片以及画册之上。譬如，北平城内的美丽照相馆，就将这配置有两根圆明园所遗华表的北图"新景"照片，辑入"北平名所观光纪念"套装画片之《北京中南海》，对外公开发售。而北图方面的"文创"也不甘落后，就以这一"新景"为底本，雕刻成了版画，印制成了专用藏书票——但凡入藏该馆的珍贵图书，都粘贴上了这么一枚"新景"藏书票，既醒目别致，又称时应"景"。

此外，从1931年至1934年间，北图方面内部印制的英法文两种针对国外读者或外籍学者的介绍书及工作报告，皆附有这一"新景"照片，以示宣传。尤其特别的是，馆方似乎对两根圆明园华表所造就的"新景"特别满意，也特别在意，还为之特意拍摄了一张不同于"标准照"的"艺术照"。这张照片的特别之处，在于将馆外三间坊式大门全部打开之后，从左侧与中间门洞恰好可以窥见两根圆明园华表。这样的创意之作，不但刊印于1931年至1934年间北图方面内部印制的各色外文手册之中，甚至其刊印位置还居于前述那张"标准照"之上，足见馆方对此"景"之爱赞。

国立北平图书馆旧影（摄于20世纪30年代）

国立北平图书馆藏书票

　　当年，岂止是燕京大学、北平图书馆这样的公立机构公然搬移重置圆明园建筑残件，即使北平城内寻常胡同里的私人宅邸中，圆明园遗物的踪迹也时常闪现。最具代表性的一例，即米粮库胡同四号，时任北大文学院长的著名学者胡适租住的私宅中，也有圆明园雕栏所砌遗构一处。

　　时为1932年10月18日，上海《良友》杂志总编梁得所（1905—1938）登门访晤胡适。步入胡宅之际，但见：

> 胡氏所住的房子，大门内便是一个广阔的院子，厅前两
> 列白石的雕栏，书室在西厢。

一番寒暄闲聊之后，临别之际，胡适送给梁氏一张照片，即他自己站在院中雕栏之前所拍摄的。胡适手执照片，特意告知梁氏称：

> 我另送你一张照片罢。前几天一位荷兰女士来照的，这
> 照片有点小道理，你看这屋子厅前的石栏干，是从圆明园搬
> 来的。

梁氏颇感惊讶，当时就接连追问道："真的吗？怎样得来？"胡适答称：

> 从前这屋子的主人大概有点面子罢，建筑时从园中搬些
> 石栏来用，现在竟保全清代的一点遗物。①

因胡适并非此宅原主，他也是1930年末租定此宅，方才寓居于此的。至于此宅原主是谁，胡适也并不一定知晓，但宅中既有圆明园雕栏以作装饰，所以据此推测称"从前这屋子的主人大概有点面子罢"。

无论如何，仅以此胡适租住私宅亦有圆明园雕栏的事例来考察，20世纪30年代的北平城中，圆明园遗物的搬迁与流散之数量，应当颇为可观。可以说，相当一部分官绅豪门、公私机构，均对圆明园遗物有过染指，虽然客观上较之"捣石掺米"之类确起到过一定的保护作用，但总体上对整个圆明园遗址的保全却仍是一种破坏，仍然是不堪回首的自私无知之举。

---

① 访谈原文刊发于《良友》第75期，1932年12月印行。

五、圆明园石碑被赠给哈佛大学

时至1936年5月28日，一通圆明园石碑将整体搬迁，运往美国赠予哈佛大学的消息，又在北平城里引社会各界热议。当天的北平《世界日报》之上，"教育界"版面头条即刊发了这一消息。报道原文如下：

美哈佛大学三百周年纪念

我国留学生千余人公赠纪念石碑

系圆明园旧物价值千余元

现正鸠工雕文，下月底运美

【新闻专校采访实习】美国哈佛大学本年九月为成立三百周年纪念之期，该校我国留学生千余人，现已共同筹备庆祝，并决定公赠巨大石碑一座，以资纪念。碑之式样与北平图书馆碑相同。高约十三呎一吋，宽约五呎余，厚约一呎余，重约三万斤。闻为圆明园旧物，价值千余元，已在安外某石厂鸠工凿刻字文，本月底可完成。下月底即起程运赴美国，赠与该校，树立于该校纪念园中。记者昨访某老留学生，据谈：哈佛大学为美国最高学府，历史较美国独立犹长。而我国留学该校者亦甚多，兹逢三百周年纪念之期，遂以此古色古香之石碑赠之，实涵养至深。盖碑之一物，可以代表我国之文学、书法、雕刻等艺术，若陈列于该校，足使彼邦人士，对中国之古代文化，得更进一步之了解云。碑文为中文，题为"美国哈佛大学三百周年纪念记"，兹录碑文如下：

文化为国家之命脉。国家之所以兴也，繇于文化；而文化之所以盛也，实繇于学。深识远见之士，知立国之本，必亟以兴学为先；创始也艰，自是光大而扩充之，而其文化之宏，往往收效于数百年间而勿替。是说也，征之于美国哈佛大学，滋益信矣！哈佛约翰先生，于三百年前由英之美，讲学于波士顿市。嗣在剑桥建设大学，即以哈佛名之。规制崇闳，学科美备，因而人才辈出，为世界有名之学府，与美国之国运争荣。哈佛先生之深识远见，其有造于国家之文化也大矣！我国为东方文化古国，然世运推移，日新月异，志学之士，复负笈海外，以求深造。近三十年来，就学于哈佛大学，学成归国，服务于国家社会者，先后几达千人，可云极盛。今届母校成立三百年纪念

哈佛大学三百年纪念碑（摄于1936年）

之期，同人等感念沾溉启迪之功，不能无所表献。自兹以往，当见两国文化，愈益沟通，必更光大扩充之，使国家之兴盛，得随学问之进境以增隆。斯则同人等之所馨香以祝，而永永纪念不忘者尔！西历一九三六年九月哈佛中国留学生全体同人敬立。

【又讯】北京大学文学院长胡适，定七月中离平赴沪，搭轮出国赴美国参加太平洋国际学会，并代表北大参加庆祝哈佛大学成立三百周年纪念大会，事毕即行返国云。

上述八百余字的报道，将圆明园石碑作为哈佛大学建校三百周年献礼的消息，十分翔实确凿地公之于众了。此篇报道，为《世界日报》社自办的新闻专科学校学生充任实习记者，予以采编发布的。可能正是因为此报道为学生习作的缘故，采写内容十分翔实，连碑文也一字不落地记录了下来。

值得注意的是，"哈佛碑"报道之后，紧接着"又讯"一条，则向读者披露，北大文学院院长将"代表北大参加庆祝哈佛大学成立三百周年纪

念大会"。这样的报道方式，也很容易让读者将胡适与"哈佛碑"联系起来，觉得这二者之间似乎有某种关系。遗憾的是，报道中并没有直接说明二者之间的关系，也就只能留待读者自行揣想了。

时隔八十余年，此碑至今仍矗立于美国哈佛大学校园内。碑身为汉白玉所制，莹润厚实，气象庄重。碑身基座所雕赑屃四爪强健，竭力昂首，气度轩昂。碑额浮雕双龙交颈图案，碑体两侧及碑文边框均以云龙纹环绕雕饰，那富丽精湛的雕工，非皇家级别恐难达到。当年报道中称此碑"闻为圆明园旧物"，应当可信。如今，碑石基座一侧，还有哈佛校方安置的一块中英文介绍牌。中有介绍称：

> 此亭亭笔直之大理石碑乃中国哈佛校友会于一九三六年为母校成立三百周年捐赠志庆。碑文旨在纪念一六三六年哈佛大学之创建，并颂扬中美两国右文兴化、重学尊教之传统。原文楷体三百七十字，为著名学者及外交官胡适（字希疆，安徽绩溪人）手笔亲书。其时胡适代表燕京大学参与一九三六年校庆，获颁哈佛大学荣誉文学博士学位并为盛事致辞。

短短百余字的介绍中，并没有提及此碑是否为圆明园旧物。不过，胡适代表北京大学而非燕京大学出席哈佛校庆，这处常识性错误出现于介绍牌的文字内容中，使得对胡适其人其事稍有了解者，无不深感诧异。至于介绍牌上大力宣扬此碑为胡适手书，则更难令人置信了。

纵览碑文全篇，无论是书法风格，还是行文风格，都与胡适曾经的作品大相径庭，毫无共通之处。且遍查胡适日记及年谱相关文献，均无其书写或撰写此碑碑文之记载，故哈佛大学介绍牌上的说法实不可信。

反观碑文首句"文化为国家之命脉"，实为至理；可将此句刻于圆明园石碑之上，远渡重洋赠予美国大学，却又着实有些反讽意味了。试问，既明言"文化为国家之命脉"，就应当知晓圆明园遗物的宝贵之文化价值与独特之纪念意义，为何还要将此碑磨泐重刻为"新碑"，且还要千里迢迢将之移赠外邦呢？

这样的文化怪现状，恐怕仍与当时的中国内忧外患、政局动荡，根本无暇他顾有关。遥思1931年九一八事变之后，逐渐侵占中国东北地区的侵华日军，又于1937年悍然发动七七事变，进一步加快了侵吞整个中国的军事行动，包括圆明园遗址在内的北平故都也一度沦陷。由此可见，20世纪30年代的中国，当局于政局时局已疲于应付，根本无心也无力保护国内文物古迹，更何况早已损毁殆尽的圆明园遗址遗物。

也正是因为这积弊积贫的国情，更兼这积重难返的政局，从移置改建的"路灯座"，到捣石成粉的"白石饭"，再到漂洋过海的"哈佛碑"——贯穿于20世纪20年代至30年代的种种奇事怪谈，才频频上演于圆明园遗址之中。这一迭经多次"国耻"与"国难"的一代名园，一次又一次地见证着国家危亡与文化衰落。

六、"圆明园遗物与文献"展览之深远影响

概观了前述20世纪30年代圆明园遗址人为破坏、难以管控的历史实情，不妨再回过头来，重温一下当时国内学术界与文教界为遗址研究与保护所做出的种种开创性与探索性的尝试——这些尝试对公共文化场域产生的影响深远却又表现微妙的个中况味，实在是耐人寻味。

在当时的公共文化环境与社会事务管理水准之下，营造学社出面来组织举办"圆明园遗物与文献"展览，实属难能可贵，此次展览的学术与社会价值是并重的。即便展览尚在筹备阶段，那一纸多方发送、广而告之的"征集文物通启"，其引发社会关注、造成社会影响的多重效力，恐怕就已然与前述那一通古物保管委员会的公开信不相上下了。

且说营造学社的那一纸"征集文物通启"，固然有其为展览筹措之初衷，亦不妨视作以一新生学术团体（1930年2月方才成立）的一己之力，试图向民众普及圆明园遗物文献的概念与认知，试图令民众意识到圆明园遗物文献的价值与意义。这一展览开幕之前不久公开征集展品的做法，可能并不能真正征集到多少珍稀瑰宝，可这一做法本身，不正是为公众制造了一次难得的知识普及与文化宣传的契机吗？

时至1931年3月21日，"圆明园遗物与文献"展览正式开幕，观者踊跃，报道如潮。据不完全统计，南北各地各大报刊对此次展览有翔实报道者，诸如《华北日报》《世界日报》《北洋画报》《北晨画报》《北京画报》《申报·图画周刊》《良友》《生活》等，一时令人目不暇接。

在这些层出不穷的新闻报道中，《华北日报》《世界日报》在展览次日（3月22日）的报道，来自当时的北平官方通稿，报道时间上最为及时，表述的相关信息也是比较全面、确切的。为了解此次展览基本情况，不妨细读这两份报纸的同一报道。在此，谨以《世界日报》报道为底本，酌加整理，转录全文如下：

圆明园遗物

昨日起在中山公园展览，今晚截止

平西圆明园，于清咸丰十年九月初五日（阳历一八六〇年十月十八日）被毁于英法联军。经中国营造学社与北平图书馆，联合征集该园遗物，于昨日假中山公园水榭，陈列展览，共分五部。第一陈列室，在水榭南厅。室中陈列圆明园各部模型，亭台楼阁，山石池沼，极为整齐。一望而知其建筑之伟大，恍若登高凭视、亲临其境者然。四壁则悬该园正面纵面各图。西首玻璃橱内，罗列各部分照片，及玻璃瓦残片。第二室为文献，在西屋。案上罗列各种图书。因时间短促，室内狭隘不能容多文献，故门首标明"欲详阅文献者，可至营造学社"字样。第三陈列室，在东屋。四壁悬琉璃瓦彩色图案多幅。室中案上，陈列残瓦多种。第四室为该会事务所，作办公用者。室内有北平画图幅。据谈：图系乾隆三十二年徐德所绘"生春时图"城市名胜，均附有五言诗一首，共为二十处。每诗首句，均为"何处生春早"。第二句前二字"春在"，二十首均同。原图照片，系津罗朝汉氏保存，临时借来，用照像机放大，作参考用者。图中屋宇画榭人物车马毕陈，街道极整齐。天坛则于烟云中烘托而出，如在云端。各名胜处所，及生春诗，用恭楷书写，尤见工整。此外，庭中还罗列各种琉璃瓦残片，及石刻等甚多。以琉璃渠村官窑出品为多，西通合窑次之。瓦之背面，均有制造时所刻安置地点，可想见其工程之繁杂浩大。是以其残断碎片，尚足引社会人士之注意也。昨日一日间，前往参观之士女，约二千余人。该会原定展览一日，嗣经清华、燕京两校要求，因该校远在城外，非遇星期难得进城参观，故将会期展长一日，至今晚截止云。

"圆明园遗物与文献"展览之后数日，1931年4月，《中国营造学社汇刊》第2卷第1期印行。"征集文物通启"中言，"将来整理发刊，为具体的研究"。

这一期学社汇刊，确有不少关于"圆明园遗物与文献"展览与圆明园建筑史研究的内容，且向达所撰《圆明园罹劫七十年纪念述闻》一文，也再次发表其上。这是此文继《大公报》与"圆明园遗物与文献"展览介绍书两次刊发之后，第三次再度公开发表。此文的影响力，也随之由文史研究、公共文化延伸至建筑史学专业领域，实现了跨越"三界"的多界传播。

虽然关涉圆明园研究的内容，占据了这一期学社汇刊的主体篇幅，可学社方面并没有因之将这一期刊物命名为"圆明园专号"。究其缘由，是比较复杂微妙的。

不难发现，在此之后的数期学社汇刊中，不定期地还有一些关涉圆明园的内容发表出来，这表明对圆明园遗物文献的研究，尤其是建筑学与建筑史学方面的专业研究，已然成为营造学社的长期工作项目。同时，圆明园的相关研究，限于遗物文献的搜集、甄别与整理工作困难重重，研究基础十分薄弱，并不能一次性"结案"，也无法阶段性"定案"，只能断续零星地予以探索。恐怕也正因为如此，学社方面对汇刊主题的设定，无法如同区域古建筑调查报告或某种特定样式建筑之调查报告那样，采取诸如"河北地区古建筑调查专号"或"中国塔式建筑专号"之类的处理方式，来定义与印行这么一期"圆明园专号"了。

与营造学社从专业性着眼，无法一刊"结案"或"定案"的情形有所不同，经过两年的相关文献资源积淀与工作积累，曾与营造学社共同组办"圆明园遗物与文献"展览的北平图书馆，凭借自己长期运营的一年四期的馆刊（季刊）平台，终于为国内专业与非专业读者奉献了一期"圆明园专号"杂志。

时为1933年8月，《国立北平图书馆馆刊》第7卷第3号、第4号合刊，即为"圆明园专号"，是为国内第一本以圆明园研究为特定内容的专号杂志。这一期杂志，并没有什么长篇大论或宏观展望式的"前言"印于各篇论文之前，而是直接将馆藏七幅圆明园长春园的"样子雷"图纸之影印件弁于卷首。图纸或长或短，折叠交错于杂志前端，令读者颇有"按图索园"，悄入禁苑秘境之感，内心十分震撼。

七幅图纸之后，又印有八幅铜版画的影印件，图像内容乃清乾隆年间（1736—1795）意大利画师郎世宁等监制的圆明园之长春园北界西洋楼景观。此铜版画全套原为二十幅，先由清内府画师绘制底本，再送往法国制作铜版，图画印成于乾隆五十一年（1786）。全套铜版画描绘了谐奇趣、黄花阵、养雀笼、方外观、海晏堂、远瀛观、大水法、观水法、线法山、线法画十座圆明园中的西式建筑。1860年英法联军焚掠圆明园之际，原藏园中的整套铜版画下落不明。这一套完整铜版画，目前已知有法国国家图书馆、英国曼彻斯特大学图书馆藏本。刊印于"圆明园专号"的这八幅铜版画，虽并非全套，可因其为营造学社收藏的承德避暑山庄原藏件，其影印图像在当时为首次公开，又别具一番社会意义了。

无论是曾经深藏禁苑的圆明园"样子雷"图纸，还是圆明园西洋楼景观铜版画，自1860年"圆明园罹劫"之后，刊登于这一期"圆明园专号"之上，相信这对于当时的国内大众读者而言，也应当是首次见到圆明园西洋楼景观的完整图像。这样一本相当专业化的学术期刊，如此众多的图片文献弁于卷首，在当时也实不多见，此举实可视为同类学术期刊中的一时之"创例"。

图纸与铜版画图片之后，乃是篇幅颇巨的论文三篇，亦是学术与文化价值并重之作，且皆为译作。一篇为日本学者石田幹之助（1891—1974）撰述、贺昌群（1903—1973）所译的《郎世宁传》，另外两篇为欧阳采薇

（1910—？）所译的《西书所纪圆明园中之西洋楼五篇》与《西书关于焚毁圆明园纪事八篇》。这三篇译文的推出，含括当时国内可以搜求到的日、法、英、美各国关于圆明园历史的各类论述与记载，尤其是对"圆明园罹劫"前后的海外相关史料予以了较为充分的译介，堪称学术界导引国内民众重返"历史现场"之首功。

《郎世宁传》译者贺昌群，后来成为历史学家，在中西交通史、敦煌学、简帛学方面均有一定建树，在此无须赘言。值得一提的是，后两篇译文的编译者欧阳采薇，发表译文时年仅二十三岁，前一年（1932年）才刚刚从清华大学西洋语言文学系（今外文系）毕业。由于欧阳采薇并非建筑史或中西交通史等史学领域方面的学者，其人当时与后来也皆非这些学术领域中的专业研究者，这两篇译文或可视作其发挥翻译才华的"余兴"之作。可正是这"余兴"之作，在这一期"圆明园专号"上占据了近九十个页面的篇幅，不但内容极其丰富，且大多均为国内首现，研究价值自当不凡。这两篇译文为当时乃至后世研究与解说"圆明园罹劫"之史事，提供了相当可观可靠的参考史料，至今仍为里程碑式的圆明园研究经典文献。

概观这三篇译文，计达一百一十八个页面的篇幅。整个"圆明园专号"的页面，除却弁于卷首的十五幅图片之外，正文内页不过一百七十六个页面。也就是说，三篇译文占据了整本杂志近七成的篇幅（其余部分为"样子雷"烫样及相关图籍目录），足见这部分内容在当期杂志中的核心地位。这样的情形，不但体现出了馆刊方面及国内学术界，逐渐对圆明园海外史料开始重视与关注，也呈现出了圆明园研究亟待面对且须长期致力的重大工作——大力搜求、译介乃至充分研究海外史料。

回望1930年国内第一篇"圆明园罹劫"公共纪念性质的论文撰发，继而1931年国内第一场"圆明园遗物与文献"展览举办，及至1933年国内第一本"圆明园专号"学术杂志之印行，眼见着圆明园研究日渐勃兴、格局初显，却又再因另一场较之"圆明园罹劫"更为惨烈、更为沉痛的国难，而不得不中断了继续发展的历程。

1931年九一八事变之后，逐渐侵占中国东北地区的侵华日军，又于

1937年策划发动了七七事变，进一步加快了侵吞整个中国的军事行动。不久，平津相继沦陷，包括向达、梁思成等在内的大批学者及如营造学社这样的学术机构被迫南迁，关涉圆明园研究的学术活动也随之归于沉寂。

向达所撰《圆明园遗物文献之展览》一文文末有言：

> 近十数年来，国家虽起振古未有之剧变，呈极度之阢陧不安，而在学术方面，实不断的有长足之进步。新史料之出现，无日无之，皆数十年前学术界所未能梦见者。似今日斯会所陈，亦此大海中之一滴也。若工程则例，若地样，若模型，若图像，皆于近数年间相继流出，同人等幸得为之爬罗搜抉，以有今日之盛，当亦邦人君子之所共慰。

诚如向达此言，七七事变爆发之前，中国国内军阀混战、派系斗争，一直处于激变动荡的态势，整个国家本已"振古未有之剧变，呈极度之阢陧不安"之状况。在此变局之下，以向达为代表的中国学者，以营造学社为代表的中国学术群体与机构，矢志搜求、整理与研究圆明园遗物与文献，"在学术方面，实不断的有长足之进步"。及至1933年国内第一本"圆明园专号"学术杂志印行，国内学术界已然将研究视野拓延至海外史料，对圆明园的研究，已渐呈别开生面之新局面了。

同为译介与研究海外史料先行者的向达，以及营造学社骨干梁思成，对"圆明园专号"上所列举的译文应当不会陌生。即便事前并未接触到这类海外原版文献，读毕这三两译文之后，再去搜寻研读，应当也不是难事。

须知，早年向、梁二人皆参与了英国学者韦尔斯所著《世界史纲》[①]一书的译述，对西方学者史学著述及海外相关文献应早有接触。十年之后，向氏译成《斯坦因西域考古记》[②]等，为敦煌学海外史料译介开拓者

---

① 中文版为《汉译世界史纲》，由商务印书馆于1927年6月初版。

② 〔英〕斯坦因：《斯坦因西域考古记》，向达译，中华书局，1936年9月初版。

之一；梁氏则曾校订日本学者伊东忠太的《中国建筑史》中译本①，亦为中国建筑史学界借鉴国际学术观念开辟了前路。

综上回顾，归结起来，在一篇纪念论文、一场专题展览之后，向、梁二人之所以在圆明园海外史料译介方面没有特别突出的表现，恐怕主要有三个方面的因素。

一是二人各自在中西交通史与中外建筑史方面致力颇勤，因而忽略或再无精力从事搜求与研究圆明园遗物与文献。二是因时局所迫，客观条件所限，二人1937年之后的学术生涯，与圆明园研究所关涉的资源与机缘已渐行渐远，无从拓延与深入了。这两方面因素，很大程度上属于客观因素，难免顾此失彼，或者说根本就无力顾及。

第三方面的因素比较特别，可能属于主观方面的因素。因二人各自的学术兴趣与学术视野，很大程度上决定了二人在圆明园研究方面的侧重点，只着力于相关历史文献文物与建筑遗物遗迹的领域，从而有意无意地忽略了对曾被英法联军劫掠的那一部分圆明园流散文物的探研。而这方面的研究与相关信息，恰恰又是最吸引中国普通民众的部分。"圆明园罹劫"之后，无论道听途说，还是捕风捉影，"藏宝""夺宝""鉴宝"的相关信息，总是以"传闻"或"掌故"的形式，绵绵不绝地流传于中国民间。

无论如何，向、梁二人在后来的圆明园研究中隐而不彰，执守追求于各自的专业领域，这一学术史上的既成事实已无须赘言。当然，二人曾经贡献与参与的那一篇纪念论文、那一场专题展览，各自所起到的"启蒙"与"普及"作用，自然也是有目共睹，更无可置疑的了。

接下来，仅从公共文化领域而言，中国民众最需要披露与研讨的，理应是原本陈列收藏于圆明园中，后来被英法联军劫掠而去、流散海外的那一批文物了。这一领域内的学术研究，以及相关研究成果转化而来的公共信息，似乎是顺理成章、继之而来之势了。

然而，就在中国民众渐渐从圆明园各色模型、图样中，体味到眼前这一片残柱碎瓦之遗址曾有的富丽宏伟之时，这所"万园之园"的绝世园林

---

① 〔日〕伊东忠太：《中国建筑史》，商务印书馆，1937年8月初版。

中曾经陈列的奇珍异宝下落如何、今归何处的话题，在当时还仍然不是公共文化领域可以公开谈论的话题。这样的话题，还仍然不是普通民众可以公开发表意见，甚至是连一般知识分子都难以置喙的。

仅就笔者所见，七七事变前后的国内各大报刊，公开披露与研讨圆明园海外流散文物的报道、论文、记述等，均不多见。这样的情形，固然有海外相关文献资料难以搜求，或译介研究本身存在一定难度的客观因素，但恐怕更有来自政府当局方面的主观因素使然。

须知，当年内忧外患、积贫积弊的国民党政府，本来就亟须或者说亟愿谋求与英、法、美等国的国际亲睦关系，以便获取一定程度上的国际同情与支持，而这些西方大国又正是圆明园流散文物的主要集散地，当局自然不愿看到国内民众再对这一"前朝"旧事，进行连篇累牍之追究、研讨与评议了。于是乎，客观存在的外部因素与主观存在的内部因素，二者合而为一的总体限制，也就使得圆明园流散文物的数量、品类及去向等一系列问题，始终无法公开、全面得以披露与研讨，始终显得迷雾重重了。

◀ 向达在杭州西泠印社合影

▶ 向达在北京琉璃河车站
（贺昌群摄于1935年5月）

七、一部"洋书"中译本首现圆明园流散文物

笔者一度以为，上述之综合分析，是比较符合历史常理，也是比较合乎人之常情的。可历史往往会出现一些有悖常理的机遇，常常会出现一些有违常情的机缘，这既可以称为"巧合"，亦可视为某种意外收获。

笔者新近发现，包括向达、梁思成与营造学社等在内的，对圆明园遗物与文献有所关注的中国学者及学术机构，当年可能都未曾注意到，就在他们公开为圆明园罹劫史事发文、办展、出刊的七八年之前，有一本名为《中国美术》（*Chinese Art*）的"洋书"，被翻译成了中文（戴岳译，蔡元培校），由上海商务印书馆于1923年6月初版。正是这一部"洋书"中译本，率先向中国读者透露了圆明园一部分流散文物的去向，更辅之以大量图版，令中国读者首次观瞻到了这一部分圆明园流散文物的真容。

可以说，这样一部"洋书"中译本的出现，给予了破译圆明园"密码"的最初线索与难得契机，实在是难能可贵的重要文献。可时至今日，仍少有国内读者及研究者提及此书，更谈不上据此破译圆明园流散文物之"密码"了。这究竟是怎么一回事呢？

事实上，仅仅从书名着眼，此书很容易被归于当年大量舶来的西方学者所著中国艺术研究类著述之列。至于其内容品质是否出众，专业水准是否高超，国内一般读者乃至非艺术类专业读者，一时都很难予以品评，以致很容易忽略此书。即便此书中译本初版七年之后，著名学者、历史学家向达所撰《圆明园罹劫七十年纪念述闻》第三章，专列

戴岳译、蔡元培校《中国美术》
（上海商务印书馆，1923年6月初版）

为"述近出关于圆明园之各种资料"，对此书也未有丝毫提及。简言之，20世纪20年代至30年代的中国学者，对此书及其中译本，根本未予重视，甚至并不知晓。加之此书售价不菲，定价大洋两圆，国内一般读者也难以即刻抉择是否购置研读。

粗略翻检此书，不难发现，书中图版极其丰富，从单页铜版图至文中插图，合计达二百三十五幅。是书卷上、卷下插配的中国艺术品图片，分别为一百幅与一百三十五幅。如果以"图文并茂"来衡量此书，这样一部涵盖雕刻、建筑、玉器、漆器、陶瓷、玻璃（琉璃）、珐琅、首饰、织物、绘画等各个中国艺术领域的研究著述，既有简明介绍与解说，又配有相当丰富的图例，自然还是颇值得一读的。至少，对于对中国艺术有一定兴趣，且希望做一番概观式了解的读者而言，此书还是有相当吸引力的。

仅据笔者所见，查阅此书版权页，可知：此书自1923年6月初版之后，次年4月即再版，1928年8月三版；九一八事变之后，1934年4月又印行了"国难后第一版"，1937年3月还印行了"国难后第二版"。十余年间，此书至少有五版面市，即便不算是畅销书，亦可算作常销书了。

列举上述观感与数据，当然不是为了表明此书在中国艺术研究领域的某种价值，而是为之深感遗憾，此书中译本一度常销于国内，当时却未能引起中国学者之注意，至今仍少有国内研究者提及。

其实，只需略加检视书前序言（初版序）与书末附录图注，便可从中窥见此书与圆明园流散文物之间的微妙关联。譬如，初版序言中曾提到：

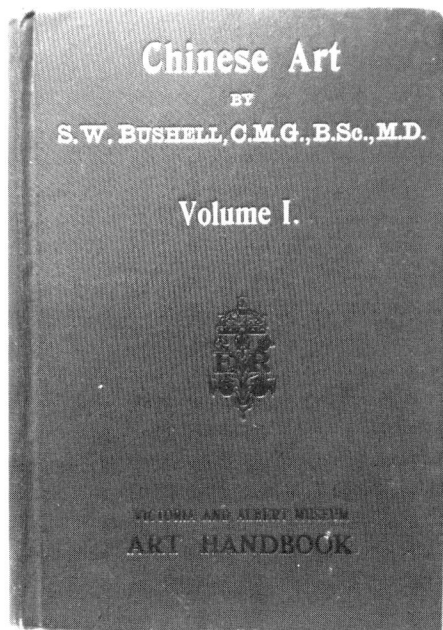

卜士礼《中国美术》
（英国伦敦1904年初版）

> 今为读此书者便于参考标本起见，所举之例，皆中国物之现存吾英博物院中者。每篇之首，略述其源流变迁，及其物之制作人物及地点。

也就是说，除却卷上雕刻、建筑部分的配图，为尚在中国境内的不可移动文物之外，卷上其余所涉玉器、漆器部分内容的数十幅插图，以及卷下陶瓷、玻璃（琉璃）、珐琅、首饰、织物、绘画部分内容的一百三十五幅配图中的中国艺术品，皆为英国各大博物院、公私收藏机构的藏品。这里边有无圆明园流散文物，初阅此书者（尤其是当时的中国读者）若稍有敏感之心，即会带着这一预设之问，翻检浏览一番吧。

此时，若再略微翻至书末附录的图注，中国读者的预设之问，即刻迎刃而解——书中不但确有来自圆明园的流散文物，而且品类与数量还颇具规模。不难发现，征引圆明园流散文物来做所谓"中国艺术"的研究与展示，或许本就是原著者自鸣得意、引发关注的那么一点"创意"所在。

略观此书卷下部分附录一百三十五幅插图图注的内容，可见注明得自圆明园者，仅珐琅器与首饰类器物已有如下五种：

> 第九十图 外镶珐琅香炉，上有盖，刻释家图像，圆明园中物；高十一寸，径十三寸。
>
> 第九十一图 外镶珐琅象，背负花瓶，得之于圆明园中；高十四寸，长十六寸五分。
>
> 第九十二图 外镶珐琅冰函，盖镂花纹；怪狮立其上，二回民像跪承之；乾隆时制；高二尺四寸五分，长三尺七寸二分五，得之于圆明园。
>
> 第九十七图 有盖圆盒，槌成花纹，填蓝黑色珐琅，外镀金，内填翡翠色珐琅；高五寸二分五厘，径十五寸二分五厘，得之于圆明园中。
>
> 第一百零九图 得于圆明园中之凤冠，以镀金银丝结成花钗，象蝙蝠之形；饰以翠羽及珠旒；高六寸八分七厘五，阔

十寸三分七厘五。

　　一旦从附录图注中看到这得自圆明园的珐琅香炉、象形花插、冰函、圆盒、凤冠五种，对于初次读到这一部"洋书"中译本的中国读者而言，恐怕心中即刻便会升腾起一种很难释怀的情绪，随之更为仔细地翻检全书内容，是自然而然的阅读抉择了。

《中国美术》卷下第九十一图，外镶珐琅象，背负花瓶，得之于圆明园中

《中国美术》卷下第九十二图，外镶珐琅冰函（今藏英国VA博物馆）

《中国美术》卷下第一百零九图，
得于圆明园中之凤冠

《中国美术》卷上图九十二者，
为朝珠。1860年，得之于圆明园

　　即刻，不但又会在此书卷上部分发现圆明园流散文物的身影，书中对这些文物的描述本身，往往还透露出不少重大历史信息及线索。譬如，卷上第三篇"雕金"部分，就提到了一只从圆明园中劫掠而来的明代香炉，其特别之处在于炉身之上竟留下了1860年焚毁圆明园时的火斑。原文记述如下：

　　　　近世铜香炉，亦多有模仿古器者。如五十四图所示之炉，千八百六十年得之于北京圆明园中。缘边及四脚宛似竹制，腹盖间雕卷云螭龙，顶纽亦然。两耳似螭龙，四足三爪。腰裊娜如蜥蜴，尾部纵裂，如五十五图所示。底塑六字，文曰"大明万历年制"。万历间以善造铜器著名，故多有伪造此时款识以欺世贾利者。惟此炉为皇宫中物，且因千八百六十年圆明园被焚，其上有为人所难伪造之火烧斑点，故确为万历时物无疑。

又如，卷上第五篇"雕漆"部分，提到一对清代乾隆御制龙纹雕漆大瓶，也是自圆明园劫掠而来的北京雕漆的顶级作品。书中这样写道：

千八百六十年，英法联军破北京，劫圆明园，掠取其中之漆器宝物，故至今英国博物院中，陈列北京雕漆独多。内有二大瓶，高三尺，相传乾隆时作。乾隆时者，清代工艺最盛之时也。其瓶之一，示于八十六图。周身卷云中雕五爪龙。珠嵌其间，赫奕有光。龙五爪而数为九。九者，老阳之数也，惟人君乃能用之。瓶之某部雕叶状花边，口部以镀金银圈固之，缘边则刻卐字花。

据此评述，可知当时英国博物馆中所陈列的中国漆器珍品，大多劫自圆明园，属于清代皇室用品。如今，参观英国维多利亚与艾伯特博物馆，书中提到的这一对清代乾隆御制龙纹雕漆大瓶，仍赫然在列。在展陈空间布置上，馆方还一度在这一对大瓶之间，摆放了一座雕漆极其精湛富丽的宝座。这一宝座，虽未见载于《中国美术》一书，但其形制工艺也应同为清代皇室用品。

正在笔者为此宝座是否亦为圆明园旧物心怀揣测之际，又偶然在一份九十年前的中国国内旧刊物上，发现了相关线索。原来，早在1933年，上海《时代》杂志第4卷第9期之上，即已刊发了此宝座照片，并配有文字介绍，已然明确宣称：

八国联军英国夺去之我国乾隆皇帝宝座，现存伦敦博物院。

这一则简短却又弥足珍贵的图文介绍，不但是国内公共报刊中较早指出清宫流散文物海外具体下落者，也使得《中国美术》书中所言，因1860年英法联军劫掠圆明园，"故至今英国博物院中，陈列北京雕漆独多"这一事实，又添加了一个"补注"——1900年八国联军侵华之际，英军再度劫掠了包括圆明园在内的清宫内廷及御苑诸处，仍然特别偏重于劫掠雕漆器物，此被劫之乾隆皇帝宝座恰为见证。

此外，卷上第六篇"琢玉"部分，还提到了一件多种宝石制成的朝珠，与另一件碧玉龙纹蟠寿瓶，皆自圆明园劫掠而来。书中如此记述：

> 示于九十二图者，为朝珠。千八百六十年，得之于圆明园。其数一百零八，多以琥珀制成。惟其中有三大者，则以绿柱玉制之，配分三处。又有三十粒小者，以钢玉制之，分串三绳。三绳下各附小坠，亦钢玉制成。中央悬一玉牌，四周嵌银，内填翡翠。
>
> 第九十六图之瓶，亦圆明园中物。全身由碧玉制成，上有盖，盖顶镂五龙。四角外出，两耳作龙形，有环套其中。足为圆形。腹面雕浅突卐字花带。内刻寿字六，每寿字左右，皆以龙翼之，所谓双龙蟠寿也。

诸此种种内容，初读者一掠而过，亦可得之一二。此外，关涉圆明园流散文物的内容，原著作者有意或无意遗漏文物出处及说明者，更兼中译有所误漏之处，书中恐怕还有不少。即便如此，仅此三言两语之记述，却已足可令初读者动容感愤——竟有如此之巨量、如此之宝贵的圆明园流散文物被劫掠而去，何以竟有如此毫无掩饰之意的原著作者，将此令中国读者痛心疾首之物频频纳入专著，还要以此为典型来解说所谓"中国美术"？

更有甚者，原著作者甚至在书中断言：

> 中国珐琅物品之陈列英国博物院中者，多而且善。其重

要者，都于千八百六十年时自圆明园掠来。

查是书卷下第九篇"珐琅质"部分之配图，计有十九件中国珐琅器单独摄图。据此断言，几乎可以判定，这十九件中国珐琅器皆极可能全部自圆明园劫掠而来。

外镶珐琅鼎（原藏圆明园，今藏英国
维多利亚与艾伯特博物馆）

外镶珐琅香炉（原藏圆明园，今藏英国维多
利亚与艾伯特博物馆）

那么，问题接踵而来：这原著作者究系何方神圣，竟有如此断言之魄力？如此这般，就有必要约略了解一下原著作者与原著初版的相关情况了。

此书中译本初版之时，图书预售广告上称其为"白谢尔"，版权页上则署有英文原名S.W.Bushell。据考，此书作者英文全名为Stephen Wootton Bushell（1844—1908），曾于1868年至1900年居于北京，出任英国驻京大使的医生。因其精于古董鉴赏，又长期驻华公干，曾受大英博物馆及维多利亚与艾伯特博物馆的委托，在北京搜购中国文物。

此人还有另一个在所谓古玩行与汉学界通行的中文名"卜士礼"，乃直接音译而来，只不过这一卜氏之名，当年更为通行。在当时海外古玩与汉学两界，卜氏曾是大名鼎鼎的"跨界达人"，最为精通的乃是对中国瓷器的收藏与鉴赏。曾编译中国明代项元汴所撰《历代名瓷图谱》（*Chinese Porcelain*），正是这一部于1908年在英国伦敦出版的、专为西方读者展示与鉴赏中国瓷器的图书，令其声名鹊起。

殊不知，在因编译出版《历代名瓷图谱》一书扬名西方世界之前，早在1904年，卜氏即应英国维多利亚与艾伯特博物馆之请，编制出版了《中国美术》一书。此书初版本的封面下端，明确印有"Victoria & Albert Museum Art Handbooks"字样，意即"维多利亚与艾伯特博物馆艺术手册（导览）"。综观书中所收中国艺术品照片之插图，大多摄自维多利亚与艾伯特博物馆藏品，可知《中国美术》一书，在英国初版时可能确系为维多利亚与艾伯特博物馆赞助定制之物。

仅据笔者所见，英文版《中国美术》一书，自首卷1904年初版（二卷1906年初版）以来，迭经1907年、1909年、1911年、1914年、1921年、1924年六次再版，可谓畅销一时且长销不衰，在西方读者群体中应有相当影响。此书中译本于1923年6月初版，已在此书英文初版近二十年之后，英文原版第六版印行两年之后了。

遥思1904年至1923年这二十年间，中国国内尚无系统论述圆明园流散文物的任何著述公开出版，即或偶有

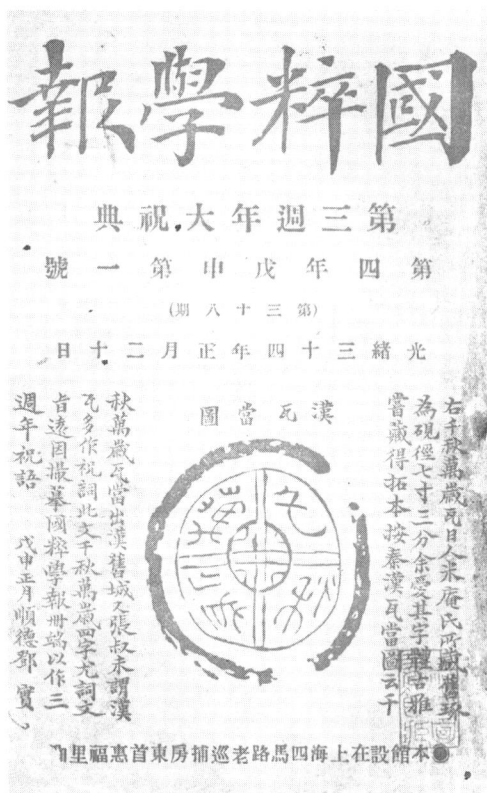

《国粹学报》，1908年第1期
（第四年戊申第一号）

一些海外游历见闻与感言之类的记述发表，或者偶见一些掌故笔记之类的只言片语有所流传，也仅仅是见诸一些读者群体极其有限的报刊一隅。

时至1923年6月，中译本《中国美术》一书终于面市，遗憾的是，可能因其书名笼统且偏于概括，无甚特色可言，加之当时售价也较昂贵，并未受到国内非专业读者的普遍重视，其流行度与影响力都相当有限。时至今日，此书无论英文原著还是中译本，在中国国内的读者也并不广泛，相关学者与研究者也还是少有提及。

特别值得一提的是，就在卜士礼《中国美术》一书，其原著在英国再版一年之后，时为1908年（光绪三十四年），书中的一些插图及图注，就已然在中国国内出现了。

原来，《国粹学报》1908年第1期至第4期刊物（即第四年戊申第一号至第四号）之上，陆续刊发了一些《中国美术》一书中的插图。换句话说，《国粹学报》早在1908年初，即在中国国内率先刊发了以维多利亚与艾伯特博物馆为代表的英国博物馆中所藏的一些清宫文物之照片，并附有简要说明。

恐怕也是受到了《中国美术》一书的影响，转载于《国粹学报》上的这些图片，一律称为"中国美术品"。不过，将"雕金"类器物，转译成了"镂金器"；"珐琅质"器物，则译为了国内当时通行的"七宝烧镶"之称谓。

值得注意的是，《中国美术》卷下第九十一图之"外镶珐琅象"，第九十二图之"外镶珐琅冰函"，分别出现在了《国粹学报》1908年的第1期与第3期之上。图注说明均译称其为"颐和园旧物"，与1923年《中国美术》一书中译本的译称"圆明园中物"，是有所区别的。

这一中文译称之区别，源自对英文原著中的"The Summer Palace"一词的不同理解。事实上，英文"夏宫"一词，本即皇帝行宫之意，针对大清帝国使用这一词语，既可代指颐和园，亦可指称圆明园。也正是因为"夏宫"这一不确定的代指名词，成为如今对海外清宫流失文物判定来源的最大困扰。除非文物著录有明确的"圆明园"这一名称的中文拼音代写（Yuan-min-yuan），或者加有"故旧"修饰词之前缀（The old Summer Palace）来专门加以表达，否则文物既有可能来自圆明园，亦无法排除来自颐和园的可能性。

事实上，经过1860年英法联军焚掠圆明园，1900年八国联军再次洗劫圆明园及清宫内廷（紫禁城、颐和园、中南海等处），这两次浩劫之下，圆明园与颐和园及清宫内廷诸处的巨量文物与珍宝，随之混杂流散于海外，至今确已很难区分其原始来源了。

概而言之，如今英法等国博物馆或私人藏品中，但凡著录其来源为"The Summer Palace at Peking"（北京夏宫）者，都无从确定其原始来源的唯一性。无论是《国粹学报》所译介的英国博物馆所藏"颐和园旧物"，还是《中国美术》中译本一些称之为"圆明园中物"的清宫流散文物，至今仍无从判定其确切来源。

不过，原著者卜士礼在《中国美术》行文中，明确指出了大量漆器、珐琅器、朝珠、凤冠、铜香炉等物，源自1860年的英法联军，这就已然确定这些文物即为英法联军自圆明园中劫掠之物了。在此，也就不存在对"The Summer Palace at Peking"的译称争议问题了。尤其是该书卷上第三篇"雕金"部分，提到的那一只从圆明园中劫掠而来的明代香炉，炉身之上留下了1860年焚毁圆明园时的火斑，这一特别介绍，乃是卜士礼对确定海外圆明园流散文物身份的又一特别"贡献"。

八、"战利品"—拍卖品—收藏品—"艺术品"

诚然，《中国美术》一书所透露的圆明园流散文物信息，充其量却也只不过是冰山一角而已，可对于20世纪20年代的中国读者群体而言，是极其难得，也是弥足珍贵的。通过将此书撰著旨趣与圆明园文物流散的历程相联系，还可从中体味到，英法联军劫掠圆明园之后，对这一场侵略战争所谓的"战利品"所持的不同立场。

生于老牌殖民帝国、惯于远征侵略劫掠的英军，劫掠圆明园之后，迅即将这些"战利品"中的一批精品挑选出来，捐献给他们所效忠的大英帝国维多利亚女王。这样专门选送给帝国女王的一批精品，有的直接被纳入皇家收藏，有的被划拨给了大型公立博物馆，如大英博物馆及维多利亚与艾伯特博物馆。没有被选中捐献的那一部分，则主要通过拍卖来实现流转，这时的"战利品"又被转化为拍卖品，最终成为前来竞买的公私藏家的收藏品。

据考，仅仅是1862年，英国伦敦的菲利普与佳士得两家拍卖公司，就举行了八场圆明园文物专场拍卖，非专场拍卖会更达数十场之多。此后，归置于各大公私博物馆的圆明园流散文物，统统转化为看似"合法"的收藏品，继而陆续为英国乃至西方学者、收藏家、鉴赏家所关注，这批人又进一步将其纳入所谓"艺术品"范畴加以研究。就这样，被英军劫掠的圆明园文物，大致在短短十年间（1861—1870），悄然历经了"战利品"—拍卖品—收藏品—"艺术品"的身份转变之旅。

相较于惯于远征侵略劫掠的英军，同样"凯旋"的法军，在国内受到的"待遇"却颇有差异。一方面，法国国内报刊媒体大多乐于公开披露这批得自圆明园的"战利品"，相关信息比比皆是。这批"战利品"及这场侵略战争的"内幕"更是时时浮现。另一方面，有相当一部分法国民众对法军的劫掠感到羞耻与愤怒，因之予以指斥。其中，最著名的批评更是来自法国著名作家、一代文豪维克多·雨果（Victor Hugo，1802—1885），称圆明园为中国的凡尔赛宫+罗浮宫+法国国家图书馆，为无与伦比的人类文明之宝贵财富所在地，而劫掠者法军司令蒙托邦将军的行径，是毁灭人类文明的暴行，是使法国蒙羞的丑行。

对于劫掠圆明园而来的这批"战利品"，法国国内社会舆论出现分歧与对峙，随之而来的社会影响也一分为二。一方面，报刊媒体继续深入报道各方信息，留下数量颇丰、内容颇具研究价值的历史文献；另一方面，陆续归国的法军军官与士兵，纷纷将"战利品"付诸拍卖兑现，不愿意再保有这些颇惹非议的"纪念品"，因之又出现了为数不少的拍卖会及拍卖目录。这些当年的法国报刊与拍卖目录，皆为今日探研圆明园流散文物的重要参考资料。

法军劫掠的圆明园文物
在法国杜伊勒里宫展出
（原载法国巴黎《画刊》，
1861年3月9日）

法国军方颁发的攻掠北京的纪念章
（原载法国巴黎《画刊》，1861年3
月9日）

Médaille de l'expédition de Chine.

　　譬如，在法国杜伊勒里宫展出圆明园被劫文物的场景，当时即被制作成线条清晰、便于印刷的钢版画，大张旗鼓地刊印于法国巴黎《画刊》之上。金铜编钟、金铜佛塔、金铜龙、景泰蓝香炉、玉如意、花插与烛台等，乃至于各色中国兵器簇拥着的乾隆皇帝御用铠甲（甲衣中添绘容貌颇似西方人之皇帝像），皆逐一列置于刊物版面之上，仿佛从中国皇家瑰宝直至中国皇帝本身，皆被法军席卷而归了。这些圆明园中的瑰宝，此刻是作为"战利品"，通过法国人印制的报刊，来向整个世界展示与宣扬的。

　　这些"战利品"，如今有案可查者，大多数成了法国枫丹白露宫"中国馆"的恒久陈设品与收藏品，自 1863 年首次装置陈设之后，一直展出至 1975 年。展馆自 1984 年开始修缮，1991 年完工后重新开放至今。而当年《画刊》上居于版面中央的乾隆皇帝御用铠甲、御用佩刀等兵器（实物图像曾出现于郎世宁所绘的《乾隆大阅图》之中），则被移至法国军事博物馆。

郎世宁绘《乾隆大阅图》，图中乾隆帝御用铠甲、佩刀等兵器实物（今藏法国军事博物馆）

龙袍（原藏圆明园，今藏英国维多利亚与艾伯特博物馆）

除此之外，通过搜寻法国巴黎德鲁欧拍卖行的拍卖目录，更可以看到如今珍藏于法国国家图书馆的那一部著名的《圆明园四十景》的流转历程。据统计，法军自圆明园劫掠而来的"战利品"，在1862年至1870年间，通过德鲁欧拍卖行，前后共举办了百余次拍卖会。如果不是普法战争爆发，这样的拍卖会恐怕还会持续数年。

在这百余次拍卖会中，1862年2月26日至3月1日持续四天的"杜潘特卖"，最为引人注目。正是在此次拍卖会上，法军"战利品"中最具象征意义的《圆明园四十景》被送上了拍场。这是一组由四十幅对开绢画组成的右图左诗、绘述圆明园最具代表性的四十处风景的艺术作品。拍卖目录中，毫不掩饰地向竞买者指出这一拍品的独特价值，称"这是唯一一部为我们留下圆明园被毁前景象的作品"。

或许是因为《圆明园四十景》这样的"战利品"，本身也象征着法军参与劫掠与焚毁圆明园的暴行，或许就是因为拍卖目录上毫不掩饰的宣传之语，法国国内社会各界对此又生争议与批评。为平息社会舆论，劫归此物并将之付诸拍卖的杜潘上校，还因之受到了军方的停职处分。

概而观之，被法军劫掠的圆明园文物，虽然与英军归国后的情形有一些区别，但大致还是在近十年（1862—1870）的时间区间之内，仍然历经了"战利品"—拍卖品—收藏品—"艺术品"的身份转变之旅。只不过，较之英国人而言，法国人对这批"战利品"进行拍卖流转的速度与频度，要更快更多一些；而当这批"战利品"已然转化为收藏品之后，将其纳入学术研究领域，使其再化身为"艺术品"的速度与频度，似乎要缓慢一些罢了。

话说清光绪帝的英文教师张德彝（1847—1918，原名张德明），曾任清国驻英、意大利、比利时等国公使。早在1866年，张氏作为大清帝国年仅二十岁的青年才俊，以同文馆优秀毕业生、清政府首次（也是中国历史上政府组织的首次）赴欧旅游团成员身份出国游历，归国后写成日记体游记《航海述奇》一书（上海申报馆铅印本）。

据书中记述，1866年四月初四这一天，张氏在英国游历，偶然间发现一处专门售卖圆明园流散文物的古董店。此处货架"上下罗列者，皆中国圆明园失去之物，置此赁卖"，可供顾客挑选的中国古董品类，也是应有尽有，诸如：

> 龙袍、貂褂、朝珠、太后朝珠、珠翠、玉石、古玩、诸
> 般画轴、神像、金鸡。其中天马、银鼠等衣，皆御用之物。

仅就笔者所见，张氏这一则记述，应为国人于海外亲睹圆明园流散文物的最早记述。记述之时，已为圆明园罹劫六年之后，海外仍有这样的"专卖店"存在，一方面可见英法联军当年劫掠数量与品类之丰，另一方面也可见海外售卖"战利品"并无任何限制，是官方默认的、合法化的经营常态。

继张氏首先在海外发现圆明园流散文物"专卖店"之后，清末外交官薛福成（1838—1894）在其《出使英法义比四国日记》（1891年上海著易堂铅印本，1892年上海鸿宝斋石印本）中，又有一则关于圆明园流散文物的海外见闻。这一次，是在法国巴黎东方博物院中，发现了圆明园旧藏玉印。

据薛氏日记所载，1890年闰4月24日，在法国巴黎东方博物院中，薛氏发现特别开辟的"中国展室"中，"有圆明园玉印二方"，"一曰'保合太和'，青玉方印，稍大"，"一曰'圆明园印'，白玉方印，稍小"。薛氏日记中的这一则记述，虽较张氏日记的时间晚了二十余年，可确切说明了文物形制及基本特征，自然又更增一层史料价值了。

时至1903年6月2日，晚清维新派思想家、著名学者梁启超，又在美国波士顿博物院发现了大量中国文物，其中"中国宫内器物最多"。梁氏认为，这些器物半数为圆明园旧藏珍品，另一半则为美国参加八国联军侵华时，于1900年从北京皇宫中劫掠的。

在这些已为美国馆藏珍品的圆明园流散文物中，一块清咸丰帝曾使用过的怀表，特别引起了梁氏的关注。为之记述称：

> 其雕镂之精巧，殆无伦比。表大不过径寸，其外壳椠两
> 裸体美人倚肩于瀑布之上，两鸟浴于瀑布之下。表机动则瀑布

飞沫，诚奇工也。

此外，还有"雕玉物品、雕金物品、古近瓷器几数百事，并庋一
龛，不遑枚举"。这些见闻，都被梁氏写入了《新大陆游记》一书，当年
（1903）即在日本横滨新民丛报社初版，此后在中国国内又多次再版印
行。此书在梁氏生前死后均有多种单行本面市，后更收录梁氏全集，读者
众多，流行久远。

应当说，梁氏《新大陆游记》一书的畅销与常销，无论从版本种类、
印行数量还是发售周期来看，比之张德彝的《航海述奇》与薛福成的《出
使英法义比四国日记》，对国内读者的影响都更为持续深远。梁氏在美国
波士顿博物院的所见所闻——在英法两国之外的博物院中也发现圆明园流
散文物的事实，也势必随此书广为传播，而为国内读者所周知。

时至1905年夏，因戊戌变法失败而流亡海外的康有为，从德国转赴法
国游历之际，又在两处博物院中亲睹圆明园流散文物，为之沉痛感慨，发
出了著名的"伤心"之叹。这
两次参观经历，康氏写入《欧
洲十一国游记（第二编）》一
书，于1907年3月由上海广智书
局初版。初次参观经历之记载
原文摘录如下：

（顿士波在）像造近最者著

光绪三十一年七
月……歘规味博物院，
此院一千七百年路易
十四所开。来游此乎，
则伤心处矣！部鼎入于
鲁庙，大吕移于齐台。
中国内府图器珍物在此
无数，而玉玺甚多，则

梁启超（在美国波士顿的存照）

庚子之祸也。呜呼！观内府玉印、晶印无数，其属于臣下者不
可胜录。

文中提到：乾隆御笔白玉方玺，高、广二寸，篆文，二龙争珠纽，
雕刻极精；"保合太和"碧玉玺，方二寸半，龟纽，篆文；"烟火长春"
汉玉印，葫芦样，长二寸，篆文；"圆明春山"绿白玉玺，方广寸半，篆
文；等等。

此刻，曾矢志为大清帝国"变法图存"与"维新求亡"的"新党"魁
首，却终因变法失败被迫流亡海外、周游列国的康有为，亲睹异国博物院
中陈列着的代表帝国皇权的清帝玉玺等物，真可谓"伤心人"到了"伤心
处"，不由得要大发"伤心"之叹了。

在那些触目伤心的帝国瑰宝之中，康氏对"圆明春山"玉玺，印象最
为深刻。睹物思园，令其追忆起清末（约1895年前后）游圆明园遗址时的
情景。当时，园中尚余一些较为完整的建筑景观遗迹，譬如，矗立一隅的
西洋楼尚未完全毁圮，比之后来、如今所见只余门楼的情形还迥然有别。
康氏忆述称：

> 记十年前曾游圆明园，虽蔓草断砾，荒凉满目，而寿山
> 福海，尚有无数殿亭，有白头宫监守之……有白石楼一座三
> 层，玲珑门户，刻画花卉，并是欧式，盖圣祖（即康熙帝）所
> 创。当时南怀仁、汤若望之流所日侍处也。圣祖疏通知远，
> 早创此式。以广鲁于天下，孔子之为明堂制也。上圆下方，
> 三十六牖，七十二户，皆为今欧美之先河。

在康氏眼中，圆明园中的西洋楼，其建筑样式与体系，简直可称是
西洋现代建筑的"祖本"。通过追忆自己在圆明园中的一次旧游，认定自
清康熙帝始即"早创此式"，"皆为今欧美之先河"。姑且不论康氏之说
理据是否充分，只是不妨据此设想，那流散于法国巴黎的"圆明春山"玉
玺，勾起了康氏这一番追忆与评述，这确实是自然而然的"人之常情"。

或可进一步推想，此"为今欧美之先河"的西洋楼，在康氏旧游之前即罹于1860年英法联军焚掠之劫，康氏流亡海外之后，又罹于1900年八国联军入京之劫，不到半个世纪之间，"万园之园"连罹两次大劫，帝国首都北京也两次沦陷敌手。康氏作为曾经身处帝国权力中心的政坛风云人物，临此两度"国难"，又在异邦观此两度"国耻"之见证——圆明园流散文物，自然要比普通观众与游客更多一份复杂难言之忧愤。

南海先生造像

康有为（在法国巴黎的存照）

驻足于圆明园遗物之中，注目于"圆明春山"玉玺之前，康氏百感交集，在游记中又特为此物加以注释说明：

> 圆明园毁于庚申之役，是役法国与焉。此玺或庚申流落。嗟呼，京邑两失，淋铃再听，而不之戒，岂非安其危而利其灾耶！苟不若此，国安得亡。睹玺凄然。

神思凄然之际，五味杂陈之时，康氏又挥笔写下了《巴黎睹"圆明春山"玉玺思旧游感赋》长诗一首，全诗达四十六句之篇幅。

康氏在诗中，首先追述清康熙帝统治时期的国力昌盛，辅之以圆明园景观盛世风貌的忆述。随后即对清中期以来闭关锁国政策导致的国力薄弱、保守落后之局面，深感痛惜与愤慨。语涉圆明园罹劫之事，更与流亡至巴黎又见圆明园遗物相联系，悲不自禁、伤心难抑，其苍凉沉郁之情，力透纸背。诗中有云：

阿房一炬光亘天，热河三年泪沾臆。

小臣步履伤怀抱，手抚铜驼叹荆棘。

岂意京邑两邱墟，玉玺落此无人识。

……

逋臣万里游巴黎，摩挲遗玺心凄凄。

继参观歆规眛博物院之后不久，康有为又赴乾那花利博物院参观。据其记述可知，该院于1879年开放，内藏来自中国的无数奇珍异宝，名为做工精细之选。其中宏大奇绝之物，如一整块碧晶，大为五六寸；又如一白玉大瓶，高为一尺多；再如一白玉山，高也约一尺多，其所刻峰峦楼阁以及人物极为精美。有十一个玉瓶，大小不一，但都十分华丽美妙。还有玉刻绮春园记十简，玉简的面、底部皆刻有龙，精美之至。其余五色玉盘、玉池、玉屏、玉磬、玉罗汉、玉香橼等，也都属精绝珍罕之物。所有这些馆藏品，康氏以为，皆是中国累世的精华瑰宝，其中也不乏圆明园流散文物。

概观从1866年至1905年间的关涉圆明园流散文物的诸般国人记述，张德彝、薛福成、梁启超、康有为等人的记述最具代表性，也最具可信度。因诸人曾经所具备的非同寻常的社会地位与资历，有案可查、确凿无误的亲历亲闻之事实，使其记述具有基本可以等同于史料的"准史料"价值。与此同时，又因其文笔之生动鲜明，且均曾作为著述公开出版，有相当的流传度与影响力，亦可视作难得的逸闻掌故。

不过，无论是以私人记述还是逸闻掌故的形式，关涉圆明园流散文物的海外见闻，国人终只能走马观花、浮光掠影地拈提一二罢了。毕竟，这些文物已然从"战利品"化身为"收藏品"，散落在英、法、美等西方各国公私收藏机构之中了。至于充分观摩与深入研究，则只有海外"汉学家"群体才可得"近水楼台"之便了，中国学者至今也只能"望洋兴叹"而已。

不难发现，仅就学术研究价值而言，前述颇具代表性的张、薛、梁、康四人之国人记述，合在一起亦抵不过那一部"洋书"——1904年在英国伦敦初版的、由卜士礼所著的《中国美术》。究其缘由，实在是那一段特殊历史背景之下，经由历史本身造就的令中国读者无可奈何而只能徒唤奈何之历史情态所致。

即便时至2023年，圆明园罹劫一百六十三周年之际，国人仍无法准确统计出圆明园流散文物的具体数量与品名。岁月更迭，世纪蹉跎，数以百万计的圆明园遗物，在被劫掠海外之后，迭经数次易主与迁移，有些恐怕已因种种原因彻底毁失而无迹可寻了。如此这般，完全追求确切数据，逐一追索流失文物，不但皆非易事，一时也难以成事。

第十二章
梁思成：为故宫战至终章

一、故宫"为世上任何一组建筑所不及"

故宫之于梁思成，归结起来，至少有三大因缘：一是故宫以古典顶级建筑样本的超级范例，为其中国建筑样式学、古典建筑美学打通权威路径；二是故宫为其撰著《中国建筑史》奠定坚实基础；三是故宫为其测绘、修复古建筑提供了最初蓝本。

故宫博物院门前（约摄于1937年前后，辑自《北京景观》，1939年4月初版）

反观梁思成之于故宫，归结起来，同样也至少有三大因缘：一是为故宫在中国建筑史"定位"，确立故宫在中国古典建筑遗产中的特殊地位；二是为故宫编制在中国建筑史意义上的"说明书"，为世人从建筑学角度鉴赏与研究故宫开辟先例；三是为保护故宫大力呼吁与号召，主动积极地联络社会各界，终其一生倾尽全力守护故宫。

1942年，因抗战内迁至四川宜宾李庄镇的梁思成，开始编写《中国建筑史》。恶劣艰苦的生活环境之下，脊椎软骨硬化病持续发作，令其不得不经常穿戴着"铁马甲"工作；在林徽因和莫宗江、卢绳等人的协助下，一部由中国人自己编写的中国古代建筑史，终于在1944年完稿。

在这部具有开山意义的《中国建筑史》中，对于作为中国古典建筑史的终点——清代建筑史，梁思成当仁不让地举出故宫为核心案例，指明了故宫作为中国古典建筑集大成者的重要地位。书稿中这样写道：

> 现存清代建筑物，最伟大者莫如北京故宫，清宫规模虽肇自明代，然现存各殿宇，则多数为清代所建，今世界各国之帝皇宫殿，规模之大、面积之广，无与伦比。故宫四周绕以高厚城垣，曰"紫禁城"。

关于紫禁城内宫殿布局、建筑特点及测绘数据，梁思成更有详尽描述，俨然可为专业性极高的导游解说词模板。文曰：

> 城东西约七百六十米，南北约九百六十米，其南面更伸出长约六百米，宽约一百三十米之前庭。前庭之最南端为天安门，即宫之正门也。天安门之内，约二百米为端门，横梗前庭中，又北约四百米，乃至午门，即紫禁城之南门也。
>
> 紫禁城之全部布局乃以中轴线上之外朝三殿——太和殿、中和殿、保和殿为中心，朝会大典所御也。三殿之后为内庭三宫——乾清宫、交泰殿、坤宁宫，更后则为御花园。中轴线上主要宫殿之两侧，则为多数次要宫殿。此全部宫殿之平面布置，

自三殿以至于后宫之任何一部分，莫不以一正两厢合为一院之配合为原则，每组可由一进或多进庭院合成。而紫禁城之内，乃由多数庭院合成者也。此庭院之最大者为三殿。自午门以内，其第一进北面之正中为太和门，其东、西两厢则左协和门、右熙和门，形成三殿之前庭。太和门之内北为太和殿，立于三层白玉石陛之上，东厢为体仁阁，西厢为弘义阁，各殿阁间缀以廊屋，合为广大之庭院。与太和殿对称而成又一进之庭院者，则保和殿也。保和殿与太和殿同立于一崇高广大之"工"字形石陛上，各在一端，而在石陛之中则建平面正方形而较矮小之中和殿，故其四合庭院之形制，不甚显著，其所予人之印象，竟使人不自觉其在四合庭院之中者。然在其基本布置上，仍不出此范围也。保和殿之后则为乾清门，与东侧之景运门，西侧之隆宗门，又合而为一庭院。但就三殿之全局言，则自午门以北，乾清门以南实际上又为一大庭院，而其内更划分为四进者也。此三殿之局，盖承古代前朝后寝之制，殆无可疑。但二者之间加建中和殿者，盖金、元以来柱廊之制之变相欤。

乾清门以北为乾清宫、交泰殿、坤宁宫，即内庭三宫是也。乾清宫之东、西厢为端凝殿与懋勤殿，坤宁宫之东、西厢为景和门与隆福门。坤宁宫之北为坤宁门，以基化门、端则门为其两厢。其全部布置与外朝三殿大致相同，但具体而微。

除三殿、三宫外，紫禁城内，尚有自成庭院之宫殿约三十区，无不遵此"一正两厢"之制为布置之基本原则。内庭三宫之两侧，东、西各为六宫，在明代称为"十二宫"，清之世略有增改，以致不复遥相对称者，可谓为后宫之各"住宅"。各院多为前后两进，罗列如棋盘，但各院与各院之间，各院与三宫之间，在设计上竟无任何准确固定之关系。外朝东侧之文华殿与西侧之武英殿两区，为皇帝讲经、藏书之所。紫禁城之东北部，东六宫之东，为宁寿宫及其后之花园，为高宗禅位后所居，其后慈禧亦居矣。此区规模之大，几与乾清宫相埒。西六宫西之慈宁宫、寿康宫、寿安宫，均为历代母后所居。

就全局之平面布置论，清宫及北京城之布置最可注意者，为正中之南北中轴线，自永定门、正阳门，穿皇城、紫禁城，而北至鼓楼，在长逾七公里半之中轴线上，为一贯连续之大平面布局。自大清门（明之"大明门"，今之"中华门"）以北以至地安门，其布局尤为谨严，为天下无双之壮观。唯当时设计人对于东西贯穿之次要横轴线不甚注意，是可惜耳。

清宫建筑之所予人印象最深处，在其一贯之雄伟气魄，在其毫不畏惧之单调。其建筑一律以黄瓦、红墙、碧绘为标准样式（仅有极少数用绿瓦者），其更重要庄严者，则衬以白玉阶陛。在紫禁城中万数千间，凡目之所及，莫不如是，整齐严肃，气象雄伟，为世上任何一组建筑所不及。

这一千二百余字的故宫简介，不但是梁思成的专业经验之总结，更有一腔"为世上任何一组建筑所不及"的民族自豪感之流露。遥想在那个抗战烽烟四起的年代，包括梁思成在内的迁徙至西南大后方的各地学者，都在思索整个中华民族的前途与未来何在。很难想象，在北平千里之外，西南一隅的江边小镇中，梁思成硬撑着病体，写下这段关于故宫的文字之时，究竟是怎样的情景与语境。

故宫全景（约摄于1937年前后，辑自《北京景观》，1939年4月初版）

回首《中国建筑史》从孕育到诞生的历程，都与故宫有着不解之缘。从专业角度审视，不可否认的是，梁思成于1942年至1944年编写的《中国建筑史》，其内容主体乃是一部中国古代官式建筑史。这样一部著述的编写思路，应当是以故宫为代表的清代官式建筑为"主流建筑"样式，并逐渐以这种样式体系反推递延至汉唐时期，由此摸索出来的一条中国古典建筑史的基本脉络。

诚然，汉唐时期的古建筑并不易得见，梁思成等要寻获这些"高古"遗物，也大多是在后来长途跋涉的田野考察之中，是在河北、山西的偏僻山区之中方才发现的。而当时最易得见、最易上手的，乃近在眼前的清代故宫古建筑群。不难揣测得到，在《中国建筑史》的章节编排中，虽然描述故宫的文字排在了最末，但这关于故宫的章节，完全有可能是梁氏最早完稿的部分。

那么，梁思成的《中国建筑史》为什么偏偏会是在抗战期间，大批学者迁移至西南后方才完成的呢？为什么当时未能将这一工作尽早完成，没有于抗战爆发之前，就在生活环境与学术环境都更佳的北平完成呢？梁氏最早接触到故宫是在什么时候？在故宫中又获得了怎样的学术启示与成果？在这一系列追问之前，还需略微了解一下梁氏所处的时代，及这一时代的国际建筑学发展态势了。

纵观梁氏发意编写《中国建筑史》的时代，中国学者的地位与境遇都非常不乐观，简直可以说是悲观透顶。因为20世纪30年代前后，在欧美列强的西方建筑学一统国际学术界的情形之下，日本建筑学家及相关学者也正迎头赶上，他们大都在中国内地进行过大量古建筑实地测绘与考察，得出过图文并茂、质量与数量皆相当可观的学术成果。与此同时，日本学者早已提出了"东洋建筑学"理论体系，并断言中国国内已无唐代木结构古建筑，更认定日本国内所保存的飞鸟时代（592—710）古建筑，可为研究所谓东洋建筑的"祖本"。此时，日本学者常盘大定、关野贞所著《晚清民国时期中国名胜古迹图集》，大村西崖所著《中国美术史》，伊东忠太所著《中国建筑史》等均已出版发行，梁氏等中国建筑学家在世界建筑史领域内的话语权已落人后，几乎就要陷入"失语"的被动境地了。

　　无论是出于不愿甘居人后的民族自尊心使然，还是出于抗战时局之下的民族自觉性的要求，梁氏开始着意创写与编撰《中国建筑史》，应当可以追溯到1931年九一八事变前后。应当说，中国人编撰中国自己的建筑史，理所当然，也顺理成章。但当外国学者尤其是日本学者，已经在20世纪30年代或更早的时间段里，纷纷写成或部分写成了中国建筑史之际，梁氏急切地想完成这一历史性的工作，其内心的焦灼与急迫，也就可想而知了。

　　《中国建筑史》的写作行将开笔的时刻，身在北平的梁思成，首选以故宫为清代建筑代表性作品，将之尽快纳入写作框架之内实属必然。这一切，无论是作为建筑史考察开端的契机，还是作为建筑史本身最终的总结，势必皆要与故宫发生千丝万缕的联系。

梁思成等编著的《中国建筑设计参考图集》（1935—1937年编制，1941年改订）

二、文献与实物的双重"解码"之契机

　　作为试图以现代建筑学方法审视中国古典建筑的中国学者，梁思成无疑是当年"海归"中的精英分子。他在美国宾夕法尼亚大学专攻建筑学，1928年归国后，即执教东北大学建筑系。这是中国大学中最早设立的建筑系——也正是因梁氏执教于此，方才使中国建筑学这门学科成立。

不过，1931年九一八事变之后，东北大学建筑系在内忧外患之中无法存续，梁氏也不得不随即返归北平，并于次年赴北大执教，后又在清华兼职。刚刚返回北平之时，并未即刻执教的梁氏，因朱启钤的大力荐举，加入中国营造学社，并任该社法式部主任，开始潜心钻研中国古典建筑的法式之谜。

这时，除了成书于宋代的《营造法式》已被发现之外，清代的《清工部〈工程做法则例〉》也已经置于梁氏案头。一番研读之后，梁氏判定这本清代官方制定颁布的建筑专书，更接近于现代建筑学的专业体例——研究中国古典建筑，尤其是研究以故宫为代表的清代官方建筑，必须从解读这部专书入手。于是，便以此书为蓝本，开始了艰难异常的古代建筑文献与建筑实物的双重"解码"历程。

时为1932年10月，故宫文渊阁支撑书架的梁柱严重下沉，"各层书架之上部向前倾倚，大有颠扑之势"，"上层地板中部向下凹陷"，情况实在堪忧。故宫博物院方面，虽然早前已将阁中存书全部取下，存入别库，但还是希望找到楼面沉陷的症结所在，以便及时修理。

时任故宫博物院总务处长的俞星枢，即刻向正在故宫进行测绘工作的营造学社提出请求，要求派社员至文渊阁现场勘查，给出专业的修复计划。于是，梁思成与刘敦桢就拎着工具箱步入故宫，开始相关勘查工作，这也是其人首次以修复者角度去审视故宫建筑。

文渊阁位于故宫东华门内文华殿后，原为明代圣济殿旧址，是清宫中最大的皇家藏书楼，始建于乾隆三十九年（1774），乾隆四十一年（1776）建成。乾隆四十七年（1782）春，第一部《四库全书》告成，即收藏于此。文渊阁的历史价值与文化地位，自然毋庸多言，而此刻这所历史地位极其特殊的皇家建筑，对梁思成而言，还是印证《清工部〈工程做法则例〉》的重要实例，这对于其人以"二重证据法"解读古代建筑文献，乃至日后编成《中国建筑史》都大有裨益。

梁氏在《清文渊阁实测图说》中的观点，就很能说明问题。该文中专列有"结构"一节，有这样的记述：

阁之梁架结构，大体以《工程做法》所载九檩硬山楼房

为标准，惟利用下檐地位，增设暗层，与檐端施斗拱，及屋顶
易为歇山数事，非是书所有耳。

据此记述可知，文渊阁的梁架结构，呈现出既有大体上的"原则符
合"，又有实际建造过程中的"创举"的特殊性，初次观瞻之下的梁氏，
为之做了精确的解读与记录。在上述这段总评之后，更分条列举了不符合
《工程做法》的种种结构特征，并据此分析出了文渊阁梁柱严重下沉的症
结所在。文中这样写道：

> 此阁柁、梁、楞木，如前所述，其配列法虽无不妥，但
> 因用材施工，不得其当，致年久楼板下陷，成为结构上重大
> 之缺点。据民国二十一年著者等调查，其上层明间楞木之中
> 点，较两端下垂约三公分，而承重大柁，竟下垂八公分余，然
> 其时书籍适移藏库房，荷重减轻，几逾半数，否则弯曲度尚不
> 止此。按此阁楞木断面，近于方形，极不合力学原理，其中央
> 复置集中荷重之书架，以致发生上述结果。至其承重大柁，断
> 面积根本既嫌不足；重以数木拼合，外加少数铁箍，工作异
> 常草率；而柁之两端，接榫过狭，复无雀替，或间柱承托其
> 下，宜其诱致下垂之危险。设非彻底修缮，恐难再供庋藏图书
> 之用矣。

梁思成与刘敦桢合写的这篇文章于1935年12月发表于《中国营造学
社汇刊》第6卷第2期上。此刻，两位都才三十余岁的青年才俊，两位喝过
"洋墨水"的少壮"海归"，以其扎实稳健的专业素养及知行合一的专业
精神，受到了老社长朱启钤的特别赞赏。为此，学社方面特意将此文单独
抽出，印制为精美的单册图书。复又将此册与《四库全书简明目录》一
册、文渊阁图片十一张，附英文说明一册，合装为一函，总名为《文渊阁
藏书全景》，并郑重其事地以此作为向国内外贵宾介绍故宫文渊阁的权威
读本，予以公开发售。

值得一提的是，在《清文渊阁实测图说》完稿之前，1932年末的《中国营造学社汇刊》第3卷第4期之上，梁思成等合撰的《故宫文渊阁楼面修理计划》已经刊载了出来。这是一篇纯粹以现代建筑学方法来解决古建筑修复的重要论文，不仅探讨了古建筑现状及修复之设想，而且还以科学计算的方式，明确地提出了修复方案，堪称中国古建筑修复工程的经典之作。

《故宫文渊阁楼面修理计划》一文，得出勘查结果称：

> 现有大柁，每平方吋承受一千二百余磅之荷载，超过容许荷载力约一倍，宜其柁身向下弯曲，发生楼面下陷之现象也。至于柁之铁箍过少，与两端接榫过狭，且无雀替补助，皆不失为次要原因。

针对这一症结，该文给出修复方法五种：

> 中央书架下之龙骨，及南北向大柁所受荷载，皆较容许荷载力更大，自宜设法早日掉换新料，代替业已垂曲之旧材。掉换之法，不外用（甲）木柁，（乙）工字钢梁，（丙）Trussed Girder（桁架梁），（丁）Tie-rods（拉杆），（戊）钢筋水泥数种。

在这五种修复方法中，又提出两大古建筑修复基本原则：

> 惟按修理旧建筑物之原则，在美术方面，应以保存原有外观为第一要义。在结构方面，当求不损伤修理范围外之部分，以免引起意外危险，尤以木造建筑物最须注意此点。

在修复古建筑中，强调外观上的"修旧如旧"与结构上的"局部控制"，在这两大基本原则前提之下，对上述五种修复方法一一进行施工难度预测与经济核算之后，文中明确指出：

就以上各种修理方法观之，当以钢筋水泥最为适当。

随后，据此给出了具体的施工设想。如果说故宫古建筑修复提供的是模板性质的经验，那么这篇论文在中国古建筑保护与修复领域所产生的影响，应当是巨大且持续的。也正因为如此，中国古建筑学本身，不再是纯粹封闭的"古物"，梁思成等现代建筑学家的介入，渐次打开了现代建筑学融入其中的门径。

除了测绘故宫文渊阁，为梁氏提供了深入探研、实地考量中国顶级古典建筑的契机之外，其古建筑文献与实物"双重解码"工作，仍在紧锣密鼓地行进之中。梁氏坚持认为，研究中国古典建筑，"唯一可靠的知识来源就是建筑物本身"，"而唯一可求的教师就是那些匠师"。

梁氏在北平城内四处探访，还拜几位曾在宫里做工的老木匠和彩画匠为师，配合研究以故宫为代表的清代建筑，基本弄清了《清工部〈工程做法则例〉》一书中的种种术语与施工实例。

故宫文渊阁外观
（梁思成等摄制，辑自《中国营造学社汇刊》，1932年第3卷第4期）

　　就在1932年当年，梁氏开始着手编写《清式营造则例》，并于1934年正式出版。书中详述了清代官式建筑的平面布局、斗拱形制、大木构架、台基墙壁、屋顶、装修、彩画等的做法及构件名称、权衡和功用，并附《清式营造辞解》《各件权衡尺寸表》《清式营造则例图版》。此书被誉为中国建筑史学界和古建筑修缮专业领域中一部重要的"文法课本"。

新建观光草亭与景山全景

大高玄殿一侧的景山全景

时至1933年冬，故宫博物院又拟对景山五亭进行修复，仍然邀请营造学社进行实地勘查与拟订修复计划。梁思成通过现场实测，发现"观妙、辑芳、周赏、富览四亭，梁架完整，无倾颓现象"，但山巅万春亭"又因东北角之角金柱，下部腐朽，与台基下沉之故，致动牵附近梁架及上下三层之檐，向下垂曲，势极可危"。为此，与同事一道研讨之后，拟订了《修理故宫景山万春亭计划》。

这篇修复计划书，从万春亭的基础、柱、梁枋、斗拱、檩椽望板、老角梁、子角梁、屋面瓦脊、装修、彩画、栏杆的各个部件着手，都分别拟订有详细的修复办法及施工意见。文末还附有《景山五亭应补修名件表》，将景山五亭各种已损坏或遗失的独立建筑部件一一列举出来，供修复时参照。

1934年3月，这篇《修理故宫景山万春亭计划》发表于《中国营造学社汇刊》第5卷第1期之上。这一计划迅即得到了故宫博物院方面的采纳，景山五亭的修复工程也随之于1935年12月竣工。正是上述这些专业且周密的古建筑勘查报告，论证充分且可操作性强的修复计划，令故宫博物院方面对中国营造学社的专业水准刮目相看，也使得该社在学术界声名鹊起，为同人们所看重与赞赏。

1934年这一年，对于梁思成而言，无论是在参与故宫古建筑勘察与修复方面，还是在解读探研《清工部〈工程做法则例〉》等古建筑文献方面，都可谓硕果累累。也正是在这一年，中国营造学社受中央研究院历史语言研究所委托，开始详细测绘北平故宫，并接受其为此支付的五千元专项工作经费。这项工作仍由梁氏负责，其间共测绘故宫建筑六十余处，还测绘了安定门、阜成门、东直门、宣武门、崇文门、新华门、天宁寺、恭王府等北平古建筑。这一年，梁氏将自己整个身心完全投入故宫，在这一中国顶级古典建筑的样本库之中，既深入检测自己的专业水准，同时也进一步感受与接受来自故宫本身的陶冶。这样难得的历史机遇，对其构建以中国官式建筑为主流建筑样式的中国建筑史体系而言，其价值与意义自然都不言而喻。

1935年1月，专事修葺北平旧都古建筑的旧都文物整理委员会成立后，梁思成出任该委员会专门委员。该会下设旧都文物整理实施事务处（简称"文整处"），由工程技术人员及著名古建筑匠师等组成，负责古建筑保护与修缮工程的设计施工事宜，并聘请中国营造学社梁思成、刘敦桢两人为技术顾问。

该会主持的北平各坛庙的修葺计划，拟于1935年4月启动，从天坛维修开始，梁思成也亲赴测绘及相关指导工作。北平《世界日报》于同年1月15日刊出了这一消息，因对梁氏并无太多了解，竟把梁氏之名按照相近读音错写为"梁漱澄"。

与此同时，《华北日报》上也出现了"梁漱澄"之名。同为1月15日，该报《本市新闻》栏目头条，刊发了题为《文物整委会修葺平市古代建筑》的报道，内容与《世界日报》基本一致，应为据同一新闻通稿所拟之报道。三天之后，1月18日，上海《时事新报》也转发了这一报道，还把"梁漱澄"之名写上了新闻标题，题为《文整会聘梁漱澄设计修葺古建筑》。

这样的报道失误，虽则可将其视为当年国内新闻界一桩趣闻，但也由此可见，当时平沪两地媒体对梁思成其人其事都还不十分了解，所以才会通通犯了"梁漱澄"之误。

不久，1月21日，《华北日报》的相关报道中，率先纠正了"梁漱澄"之误。当天该报刊发的《袁良、谭炳训等昨查勘全市古迹》一文中，提及"专家梁思成等赴先农坛管理坛庙事务所视察"云云。1月23日，《世界日报》也随之纠正了"梁漱澄"之误。在其报道《我国唯一研究古代建筑学术团体营造学社近况》一文中，有明确介绍称：

> 中国营造学社，为日前我国惟一研究古代建筑之学术团体，由朱启钤发起，梁思成主其事。

这一次，终于把"梁思成"的名字搞清楚了。不过，就在《世界日报》为梁思成"正名"当天，《时事新报》刊发的题为《平市长袁良勘察古代建筑物》报道中，再次将梁思成的名字搞错，这一次又误作"梁漱臣"了。特别有意思的是，文中援引"文整处"的官方措辞，还这样介绍道：

> 因本市文物，均系古代建筑，故该会已决定聘请清华大
> 学教授梁漱臣（梁启超哲嗣，对古代建筑极有研究）为专门
> 委员。

次日（1月24日）的《时事新报》之上，《旧都文物整委会积极建设游览区》一文中，仍然两次将梁思成的名字搞错，却又误作"梁漱澄"。当然，这可能与当时平沪两地通信尚存一定时间滞后有关。

2月12日，《世界日报》又报道了景山五亭修葺工程开工的新闻，这一次再没有弄错梁思成的名字，文中提及：

> 营造社工程专家刘南策、梁思成等，拟具工程计划，定
> 于本月内开始兴工修葺，使其基础坚固，焕然一新，借资保存
> 固有古迹。

仅就笔者所见，1935年2月之后，平沪两地媒体的相关报道中，"梁漱澄"之名再未出现，"梁思成"的名字，也渐渐为北平市民乃至南北各地读者们所周知了。

随着全面测绘与维修故宫及其相关建筑的工作全面开展，一方面，梁思成解读古代建筑文献，编写《中国建筑史》的工作也随之推进；另一方面，大量的故宫及其相关建筑之维修，乃至整个北平古迹古建筑保护工作，梁氏个人也必然要频频参与其中，为之贡献专业力量。正是在这一工作历程中，"梁漱澄"之名也势必要逐渐为各大报刊媒体所了解并逐步熟悉，"梁漱澄"之误也必然要随之澄清改正过来了。

遗憾的是，因1937年七七事变爆发，北平迅即沦陷于日军铁蹄之下，梁思成等最终未能完成整个故宫及其相关建筑的测绘、勘察与维修。即便如此，"前功"并未尽弃，获得的阶段性成果还是相当丰厚的。

1935年5月，天坛、圜丘坛整修开工，文整会人员及相关专家到场，右二为梁思成

勘查天坛期间，众人在祈年殿檐上合影，左二、左三为林徽因与梁思成

天坛修茸中

修茸后的天坛

　　据统计，1935年至1937年秋，以梁思成等专业委员为核心骨干的旧都文物整理委员会，共修缮重要古建筑二十余处，其中包括天坛祈年殿、圜丘、皇穹宇、北京城东南角楼、西直门箭楼、国子监、中南海紫光阁、五塔寺、玉泉山玉峰塔、香山碧云寺罗汉堂等多处重大保护工程。

　　不难发现，在此期间及南迁之后，以梁思成为核心的营造学社同人陆续编写出版的《中国建筑设计参考图集》（1935—1937，1941年改订）、《中国建筑史》（1942—1944）、《图像中国建筑史》（1946）之中，他们所参与测绘、勘察、维修的故宫及其相关建筑都有着极其重要的历史地位，都有着坐标式的核心价值。

　　在这些或为图说，或为史论，或为中文解说，或为英文介绍的图文著述之中，故宫及其相关建筑作为中国古典建筑的集大成与收官之作，始终在彰显其作为中国古建筑顶级样本的独特魅力。

三、文整会联名上书呼吁保护北平古建筑

抗战胜利之后，北平《世界日报》曾于1948年3月27日刊发一篇题为《维护故都文物建筑，胡适等上书李宗仁》的报道，将胡适、梁思成等人向当局的联名呼吁公布了出来。报道中，联名呼吁保护的所谓"故都文物建筑"，概以保护具有重要历史价值的古典建筑为主，要求当局尽快解决、彻底落实相关工作。

这一事迹，翻检《胡适全集》《梁思成全集》，俱未见载，实为胡、梁二人生平记述中的一件"佚事"，而这一通致当局的联名公开信，更是失载的"佚文"，自然独具历史与文献价值。且看《世界日报》的这一报道，原文如下：

维护故都文物建筑

胡适等上书李宗仁

拟定加强管理使用办法

【本报讯】北平文物整理委员会，以本市昔为国都胜地，文物建筑伟丽庄严，小至园沼亭台，大至宫殿坛庙，均系历代精心杰构。即一鳞一爪，亦为国家瑰宝，应加爱护。乃近来机关学校及部队恒以种种特殊关系，使用该项古代建筑，罔加爱护，相沿成习，触目惊心，文整会有鉴于斯，特于昨日由胡适、袁同礼、马衡等五人，联合上书行辕主任李宗仁，请酌加制止。兹录该文及办法五点如下：

上李宗仁书

德邻先生勋鉴：

敬陈者：伏维本市昔为国都胜地，文物建筑伟丽庄严，小至园沼亭台，大至宫殿坛庙，均系历代精心杰构，集建筑之大成，垂华夏之典制，不仅民族精神所寄，且足表现东方艺术特征。即一鳞一爪，亦为国家瑰宝，弥足珍贵。乃近来各

机关、学校及部队等，恒以种种特殊关系，使用该项古代建筑物，或充办公厅室，或充员工宿舍，自属一时权宜之计，惟部分繁多，往往各徇便利，拆改装修，移挪门窗，敷设电线，添安火炉。轻则污损彩画，重则毁伤架构，对于古建筑罔知爱护，相沿成习，触目惊心。兹谨就切近而显著者，略举数例：

（一）瀛台为南海名迹之一，水木清华，最负盛名。现在翔鸾阁左右延楼所有绿槛白板装修，大部移拆无存，楼成空廊，既碍观瞻，且于建筑保固上，亦深有影响。

（二）春藕斋为居仁堂伟丽建筑之一，去岁曾将室内雕刻精美硬木格扇装修拆除，使古代艺术失散无遗。

（三）中南海西八所等各处烟囱，多横出檐下（只图减少烟熏，不接立管及顶钻），致烟火冲熏，额枋彩画失色，且滋危险。又墙外垃圾秽水随处堆存。

（四）大高殿南习礼亭二座，法式精巧（俗称九梁十八柱），系仿紫禁城角楼构造，为国内稀有之古典建筑，现已充作部队眷属宿舍，炊烟四起，日夕薰蒸，损及藻井天花。

（五）天安门门楼于三十五年间甫经修竣门洞，用作仓库，去冬即因军用卡车撞毁东扇大门，以致无法启闭。

（六）端门内西朝房室内，现已安装锅炉，充作厨房，并毁坏门窗，龌龊不堪。

凡兹数例，均隶中枢重地，万目睽睽，尚且如此，则其他散在城郊僻静之古建筑，其外表内容皆被毁损者，更不知凡几。似此情形，或轻或重，无不与文物建筑动有关碍。从来祸患忽于未然，戒慎端在细微，故片础犹能移栋，星火尚可燎原。前次延庆楼惨遭回禄，则使一代文物沦为废墟，损失之巨，难以数计。抚今思昔，深切隐忧。伏念中央眷顾北平重镇，文化涵濡，特升为陪都，行将恢宏建制，以定百年大计。北平文物整理委员会对于整理既往，筹画将来，职责加重。今有所见，势不容缄默。盖自然之剥蚀广泛，诸待培修；人力之摧残损失，宁能补救？况且良工不再，覆辙堪寻，与其为事后之绸缪，致伤公帑；曷若作事前之爱护，永保国光！

兹为杜渐防微，加强管理使用古建筑起见，拟恳我公惠予分别转令，嗣后凡本市重要古建筑，概不准充作许机关或学校宿舍，如不得已使用古建筑为办公室时，须有适当防火设备，并须经常检查电线、火炉、烟囱等物，以策安全（室内装设烟囱概须伸出檐口以上）。又对于古建筑不得随意拆改，对于富有建筑价值之装修、藻井、天花等，尤须妥加爱护，以章文物。倘邀俞允，北平文物建筑前途幸甚。专肃奉达，敬颂勋绥。

袁同礼、胡适、马衡、谷钟秀、梁思成谨启

管理办法

加强管理使用北平重要古建筑办法：

一、北平市重要古建筑概不得充作机关、学校及部队之员工或眷属宿舍，其业已使用者，应即设法迁出。

二、如因特殊关系必须使用，为办公室时，须有适当防火设备，并须经常检查电线、火炉及烟囱等物（室内装安烟囱概须伸出檐口以上），以策安全。

三、使用者对于古建筑及富有艺术价值之装修、藻井、天花等，均应妥加爱护，不得任意拆改挪移。

四、如因事实关系，必须要更变原状时，须于事前提出详明计画，征求北平文物整理委员会工程处同意，方可着手。

五、北平文物整理委员会工程处对于各重要古建筑，得随时派员视察，并纠正之。

通览上述一千余字的胡适、梁思成等五人联名上书，为切实保护故都北平重要古建筑的大力呼吁与深远忧思，可谓力透纸背、溢于言表。信文叙议流畅、评述简洁，在涉及古典建筑专业知识方面的措辞相当精准扼要，可以据此推知，此信主体内容应当出自梁思成之手。至于报道冠以"胡适等上书李宗仁"的标题，概因从个人资历与社会影响力方面考虑，遂将联名上书之事以胡适之名冠之。

景山西大街、大高玄殿与故宫角楼远眺（约摄于20世纪30年代）

大高玄殿习礼亭之一，今已不存

值得注意的是，联名上书乃是以"北平文物整理委员会"为名义的团体上书，那么，在此就还有必要再约略介绍一下这一机构团体的历史背景究竟若何了。

本文前边已经提到，1935年1月，专事修葺北平旧都古建筑的旧都文物整理委员会成立，此机构冠首的"旧都"之名，有时亦作"故都"，即为抗战胜利之后成立的北平文物整理委员会之前身。这一机构，在相关报道中又往往被简称为"文整会"，且因该机构战前战后的职能与名称皆基本一致，当时与后世读者也大多较为熟悉"文整会"这一简称。

时间回溯到1946年9月8日，《华北日报》曾刊发过一则题为《文物整理委员会马衡继任主委》的简讯，近两年之后联名上书的五人，俱出现在了这一简讯报道之中。且看报道原文：

> 文物整理委会
> 马衡继任主委
> 【中央社讯】行政院为整理旧都文物，特设北平文物整理委员会，原由朱启钤任主任委员，马衡、袁同礼、关颂声、谷九峰、梁思成、熊斌、谭炳训为委员。嗣朱主委以年事已高，精力容有不及，向行政院恳辞，顷已由政院改派马委员衡为主任委员，朱氏则改任委员，同时并添派胡适为委员。该会经此改组后，即将展开工作。至于本市现正进行之文物整理工程，目下虽由工务局主持，则纯为代办性质，盖该项文整工程费，系由中央所指拨之专款，并非为市政工程用费，故不能移作修路之用。

据此报道可知，1948年联名上书的文整会要员中，署名列于首位的时任北平图书馆馆长袁同礼，署名列居次席的时任北京大学校长胡适，列于第三位的时任北平故宫博物院院长马衡，以及后边的谷、梁二人，早在两年前，即1946年便俱被选为北平文物整理委员会委员了。其中，马衡还曾任该会主任委员，只是至1948年时，又改选谷钟秀（1874—1949，字九峰）为主任委员了。

这五位文整会委员，不但皆负有该会委员之职责，更各自身兼文教界要职，联名上书的分量自然可以想见。应当说，由该会建筑学、建筑史专家，主持工程处的梁思成执笔，在各界身任要职、皆有相当名望的文整会诸要员联合署名，集体上书当局，呼吁保护北平重要古建筑，无论从执笔者的专业水准，还是从联合署名者的专业身份与社会地位来看，在当时所产生的社会影响力，必然是具有叠加效应的。

另据《胡适日记》可知，《世界日报》报道当天，即1948年3月27日，胡适身在南京，出席中研院会议，当天选举院士——而胡适本人与梁思成，正是当天评选出来的八十位院士之一。据报道透露的信息，可知此联名上书，为中研院会议的前一天（3月26日）提交的，可能正是在胡、梁二人在南京出席中研院会议期间向当局提交的。

1948年中研院院士合影，前排右四为胡适，后排左五为梁思成

此外，还需略加说明的是，联名上书中提到的"延庆楼惨遭回禄"之事，正是此前不久，1947年11月19日发生的延庆楼失火焚毁之事。所谓"回禄"，实为古语专名，相传本为火神之名，后引申指火灾，又作"回陆"，见于《国语》《左传》等古籍。

当时，对延庆楼失火焚毁之事，京沪各地报刊均有报道，可谓轰动一时。《世界日报》在此事件发生次日（11月20日），即刊发大篇幅的报道，题为《意义深远之延庆楼从兹幻灭，选举事务所昨焚毁》。原来，当时的北平政府正在延庆楼办理所谓"国大代表"的选举事务，孰料突发火灾，遂将此楼及楼中所存选举事务文档全部焚毁。报道中有简要介绍称：

> 该楼为两层之巨型建筑物，建自逊清，西太后曾于此楼办公，今不慎为电线滋火，引着门窗，发生火警，使全楼五十余间房屋之伟丽辉煌之建筑，付之一炬，实为一不可被偿之损失。

据后续报道可知，这一场大火，从11月19日下午2时引发，至11月20日晨7时扑灭，足见火势凶猛异常，延庆楼自然是烧得片瓦无存了。大火扑灭当天，时任北平市长的何思源向北平市民请罪，公开表示：

> 此巨大建筑物，系慈禧太后手建，所有木料，均为美国黄松，此次不慎，惨遭回禄，本人引为一生之憾事。忆过去曾迭次令各职员，严为防火，不料，今竟出此意外，本人除与民局马局长联署签呈当局，引咎请罪外，并决将民政局总务科长予以撤职之惩处。

显然，被时任北平市长的何思源"引为一生之憾事"的延庆楼失火焚毁事件，以极其惨痛的教训，预警着当时乱象丛生的非法占用古建筑状况，可能会导致的严重后果。正是基于此惨痛的教训，以胡适、梁思成等为代表的文整会各委员，不得不表示"深切隐忧"，遂联名向当局上书，大力呼吁保护北平重要古建筑。

四、"北平文物必须整理与保存"

文整会五委员联名上书之后不久，1948年4月13日，梁思成所撰《北平文物必须整理与保存》①一文，又迅即在《大公报》（天津版）上发表。同年8月，此文又在上海《市政评论》杂志第10卷第8期上刊发了出来。与此同时，此文还以当时"行政院北平文物整理委员会"的名义，印制过内部传阅的单行本。

这是继半个月之前，五委员联名上书之后，梁思成再一次向北平公众发出呼吁与号召。只不过，这一次不是以机构团体的名义"发声"，而是以个人名义，以一己之力，要为此再振臂一呼了。文章开篇申言：

> 北平文物整理的工作近来颇受社会注意，尤其因为在经济凋敝的景况下，毁誉的论说，各有所见。关于这工作的意义和牵涉到的问题，也许有略加申述之必要，使社会人士对于这工作之有无必要，更有真切的认识。

这样的开篇语，显然有所针对，应当是针对某种对北平文物及古建筑保护持反对意见者的。所谓"毁誉的论说，各有所见"，即在表达当时两种不同意见的针锋相对，已然呈现于世人面前了。

再结合梁文后面的论述，不难发现梁文所针对的，乃是约半个月之前，就是在1948年3月31日印行的《大公报》（天津版）上的一篇文章，题为《文物·旧书·毛笔》。此文作者，乃大名鼎鼎的作家朱自清（1898—1948）。此文明确地表达了"不同意过分的强调保存古物，过分的强调北平这个文化城"；在这一基本立场之上，朱氏复又表示"虽然也

---

① 此文辑入《梁思成全集》第四卷，中国建筑工业出版社，2001年。

赞成保存古物，却并无抢救的意思"。

朱自清坦言，相对于抢救与保存古物，其更看重当时民生问题的解决与改善。为此，文中一再强调这一观念，明确宣称：

> 照道理衣食足再来保存古物不算晚；万一晚了也只好遗憾，衣食总是根本。

文中还借用报刊新闻的话语，做了一番引述：

> 在这个战乱和饥饿的时代，不该忙着办这些事来粉饰太平。本来呢，若是真太平的话，这一番修饰也许还可以招揽些外国游客，得些外汇来使用。现在这年头，那辉煌的景象却只是战乱和饥饿的现实的一个强烈的对比，强烈的讽刺，的确叫人有些触目惊心。

朱自清　　　　　　　　　　　　梁思成

虽说这是据称源自报刊的一段引述之语，朱氏却对这样的话语表示了基本的赞同之意，为之评述道：

> 这自然是功利的看法，可是这年头无衣无食的人太多了，功利的看法也是自然的。

言下之意，"功利"虽不见得是什么值得宣扬的观点，可是在当时国内经济凋敝、民生艰难的情况之下，却理应用"功利"之心去解决现实问题，应当出于"功利"之心去解决当下的民生问题。为此，保存古物之举大可缓行，抢救古物之举更无必要。朱氏更在文中以五四时代的人物自许，且自为代表，为这一代人的大多数申言道：

> 笔者也知道今天主张保存这些旧东西的人大多数是些五四时代的人物，不至于再有这种顽固的思想……我们跟老辈不同的，应该是保存只是保存而止，让这些东西像化石一样，不再妄想它们复活起来。应该过去的总是要过去的，我们明白这个道理。

应当说，朱氏自为代表所抛出的这一"化石论"，所强调的、所对应的，正是其认定的五四时代的人物都应有的价值观——新时代的知识分子，理应着眼于当下实际情况，理应着力于解决现实问题，而不是去抒发什么"思古之幽情"，更不是妄想"化石"复活。

在梁思成看来，朱氏文章一开始还算是旁敲侧击，间接针砭，至此"化石论"抛出之时，则已然是明确针对同为五四时代知识分子的自己了。这样明确的论调，相当强烈地刺激到了正在为保护故宫及北平古建筑四处奔走的梁氏。于是乎，梁氏便撰发了《北平文物必须整理与保存》一文，对朱氏的见解与论点，予以了相当深入且充分的驳斥。

首先，在强调"北平是现在世界上中古大都市之'孤本'"的前提下，梁思成在文中又提出了一个十分形象的假设，为之这样写道：

我们假设把北平文物建筑视作废而无用的古迹，从今不再整理，听其自然，则二三十年后，所有的宫殿、坛庙、牌坊等等都成了断瓦颓垣，如同邦卑（Pompei）故城（那是绝对可能的）。

梁氏抛出的这个假设，将朱氏"化石论"更进一步，意即古建筑比化石更为脆弱，如果仅仅是听之任之地留存，而不去守护与抢救，北平城迟早会与庞贝（邦卑）古城一样，逐渐归于毁亡。若真待到那时，后果实在令人沮丧，因为：

即不顾全国爱好文物人士的浩叹惋惜，其对于尚居住在北平的全市市民物质和精神上的影响将若何？其不方便与不健康自不待言。

显然，这个假设与这些话语，都应当是针对朱自清"不赞成抢救古物"的观点的。接下来，梁文还专列段落，十分明确地对朱氏抛出的"化石论"表示反对，公开表露了对这一论调的反感。文中这样写道：

朱先生所谓保存它们到"像化石一样"，不知是否说听其自然之意。果尔，则这种看法实在是只看见一方面的偏见，也可以说是对于建筑工程方面种种问题的不大谅解的看法。

接着，梁氏发表专业意见，对"化石论"予以了从理论到实践各个层面上的具体而微的驳斥。譬如，文中提到：

单就北平古建筑的目前情形来说，它就牵涉到一个严重问题。假使建筑物能如朱先生所希望，变成化石，问题就简单了。可惜事与愿违。北平的文物建筑，若不加修缮，在短短数十年间就可以达到很破烂的程度。失修倾圮的迅速，不惟是中国建筑如此，在钢筋洋灰发明以前的一切建筑物莫不如此，连全部石构的高直式（Gothic）建筑也如此（也许比较可多延数十年）。因为屋顶——连钢筋洋灰上铺油毡的在内——经过相当时期莫不漏，屋顶一漏，梁架即开始腐朽，继续下去就坍塌。修房如治牙、补衣，以早为妙，否则涓滴不塞，将成江河。

如此这般，耐心陈述专业意见，无非是要表达北平古建筑的维护、修缮与抢救刻不容缓之意，表示绝不能如朱氏"化石论"的见解，听之任之而置之不顾。

这般陈述之后，梁氏又列举出正在进行的朝阳门箭楼之维修，抗战之前的故宫博物院修葺景山万春亭、古物陈列所修葺文渊阁等一系列其曾经与正在参与的北平古建筑修复工程，进一步强调北平古建筑维护、修缮与抢救工作的重要性与紧迫性。为再表强调，梁氏又列举了不久前联名上书当局之事，为之这样写道：

> 又如不久前胡适之先生等五人致李德邻先生，请饬保护爱惜文物的函中所提各单位，如延庆楼、春藕斋等，或者失慎焚毁，或者局部损坏。所举各例，都是极可惋惜的事实。

这一列举，还是在表明"化石论"的有害无益——在古建筑保护工作中，绝不能视古建筑为"化石"，绝不能漠然对待与随意处置。行文将毕，梁氏笔锋一转，又提到了朱氏颇为看重的"经济"问题，对此有极为确切缜密的解释称：

> 至于朱先生所提"拨用巨款"的问题……文整会除了不支薪津的各委员及正副处长外，工程处自配正秘书以至雇员，名额仅三十三人，实在是一个极小而工作效率颇高的机构，所费国币实在有限。朱先生的意思是要等衣食足然后做这

种不急之务。除了上文所讲不能拖延的理由外，这工作也还有一个理由。说起来可怜，中国自有史以来，恐怕从来没有达到过全国庶众都富衣足食的理想境界，今日的中国的确正陷在一个衣食极端不足的时期，但是文整工作却正为这经济凋敝、土木不兴的北平市里一部分穷困的工匠解决了他们的职业，亦即他们的衣食问题，同时也帮着北平维持一小部分的工商业，钱还是回到老百姓手里去的。

若问"巨款"有多少？今年上半年度可得到五十亿，折合战前的购买力，不到二万元。我们若能每半年以这微小的"巨款"为市民保存下美善酌（"酌"疑为"的"之误。——笔者注）体形环境，为国家为人类保存历史艺术的文物，为现在一部分市民解决衣食问题，为将来的市民免除了可能的惨淡的住在如邦卑故城之中，受到精神刺激和物质上的不便，免除了可能的一大笔大开销和负担，实在是太便宜了。

上述梁氏解释之语，从三个方面有力回应了朱氏颇为看重的经济问题。所谓为维修北平古建筑"拨用巨款"问题，从机构人员薪资构成、解决民众就业、款项实际币值三个方面评判，实不成立。所谓"粉饰太平，不顾民生"之论，也随之不攻自破了。

此外，还需另加说明与辨析的是，梁氏公开披露的当局用于保护与维修古建筑所拨"巨款"，其具体数额与实际币值，究竟是否悬殊的问题。

据梁氏所言，"今年上半年度可得到五十亿，折合战前的购买力，不到二万元"，可以推知，当局拨款数额与实际币值的折算比例，竟达250000：1。这一折算比例，意味着战后的法币实值至1948年时已大为贬值，要想兑换战前以银圆为结算基准的"壹圆"，已至少需要25万元法币了。简言之，1948年上半年的25万元法币，只能兑换一块银圆；或者说，此时的25万元法币，只能等同于一块银圆的实际购买力了。那么，梁氏所言的这一折算比例，是否属实？又是否准确呢？

不妨即刻翻检1948年元旦的《华北日报》第7版头条文章，即著名统计学家戴世光（1908—1999）所撰《改革币制与稳定物价》一文，查阅文中所提供的相关金融数据，即可管窥当时的法币贬值幅度之大，物价上涨幅度之剧。文章开篇即语：

> 半月前，京、沪、平、津的物价平均是战前的十三万倍强。每万元大钞只能折合到战前法币的八分，货币贬值到这种低微的程度，实可惊人。不仅如此，物价上涨之速，也比以前更甚，去年九月中旬至十一月底，不过七十日，物价即上涨百分之百。苟再按此速度增长，则今年年底将达一百万倍。凡此，均为恶性通货膨胀的后期现象。

据戴文推算，1948年新年伊始之际，法币实际币值的折算比值约为125000∶1的比值。这一比值，恰为1948年4月梁思成所称的250000∶1的折算比值的二分之一。

步入1948年之后，国民党政府的法币增发速度，更是超乎所有人的想象，几乎每月甚至每周的折算比值都有剧烈跌幅，已无法用常规金融方法加以精确测算了，至今堪称"空前绝后"。当时，全国民众都无一例外地被卷入了这场由政府当局主导的金融巨骗与疯狂洗劫之中。

据载，时至1948年8月21日，当局发行法币竟高达6636946亿元之巨，如此一来，"币值已贬到不及它本身纸价及印刷费的价值"。于是当局孤注一掷，发行新的通货金圆券来取代法币，1948年8月19日付诸实施，以1∶3000000的比例收兑无限膨胀了的法币。[①]

可想而知，1948年发行金圆券之前的短短八个月间，由于无限度滥发法币，已使其实际币值贬至3000000∶1的折算比值了。1948年初戴世光所统计的125000∶1的比值，以及梁思成所称的250000∶1的折算比值，都不过是这一快速贬值历程中的一个微不足道的比值节点罢了。且梁氏所称折算比值，可能还比较保守，并不完全符合当时的法币贬值的剧烈程度。

---

① 以上金融数据详参：赵兰坪《中国当前之通货·外汇与物价》，正中书局，1948年。

五、为保护京城古建筑战至终章

梁、朱论战余音尚在之际，文整会下设的文物整理工程处已然抢救了不少"化石"，至1949年完成了颐和园排云殿牌楼重建、北海万佛楼抢修、智化寺修缮等数项重点工程。

时至1949年3月，北平已和平解放，华北人民政府高教会接管文整会，在文化部下面设立北京文物整理委员会，录用一批专业人员，从事古建筑维修保护和调查研究工作。

至20世纪50年代中期，修缮了天安门、端门、午门、正阳门、故宫、白塔寺、护国寺、鲁迅故居、北海及天坛斋宫等处。此外，还对全国各地的古建筑和革命纪念建筑进行了普查，发现了一批重要的古建筑。因该会所承担的古建筑维护及调查研究工作逐渐扩展到全国，自1956年起，该会改称古代建筑修整所，直属中央政府文化部领导。至此，北京文物整理委员会的历史使命即告结束，文整会的时代也宣告落幕。

文整会的时代，自1935年其创立开始至1956年结束，二十年间屡经变迁，其工作领域由北平一地的文物建筑之整理维护，递延至整个中国的文物建筑之普查保护。在这二十年间，梁思成始终参与其中，并在古建筑保护与修缮领域居于核心地位。

故宫太和门旧影（约摄于20世纪30年代）

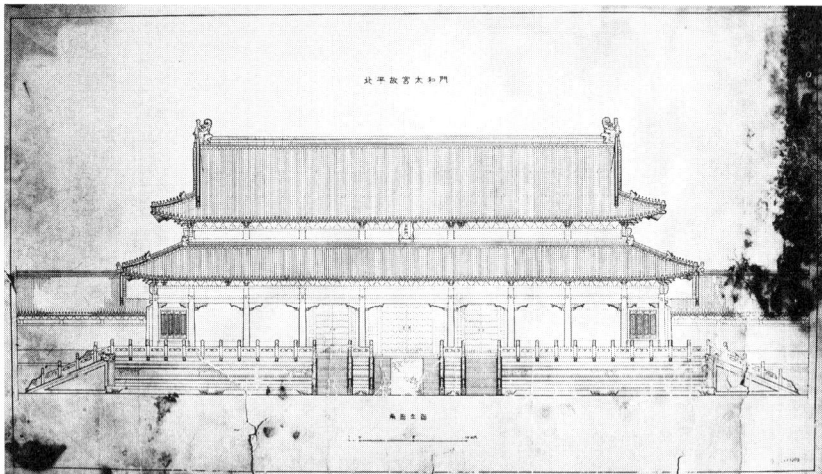

梁思成测绘之故宫太和门

　　试想，这样一位"核心人物"，倾力工作之余，还要有足够强大的心态，去坦然面对社会上不理解、不支持甚至抨击古建筑保护工作者的知识分子与普通民众。乃至于到了必要时刻，还得腾出手来、静下心来，去与社会舆论做申辩，这令人何等的心力交瘁与疲于奔命？

　　从1948年春，梁思成与著名作家朱自清的论战中，我们即可窥见一位建筑学、建筑史家既如此这般理想高昂、胸怀世界，却又不得不在现实羁绊中不断排除干扰，终凭一己之力去孤军奋战的艰辛生涯。

　　世事无常，弹指沧桑。就在梁、朱论战约四个月之后，1948年8月12日，朱自清因严重的胃病（胃溃疡导致的胃穿孔）逝世，享年仅五十岁。一年之后，国民党政权灰飞烟灭，北平也随之焕发出新的生机，旋即成为新生政权中华人民共和国的首都——北京。

　　鼎革剧变之中，"故都"中的人事与世风，亦随之悄然更迭。当年联名上书五委员中，胡适与袁同礼先后流寓美国，另有三人留在了北京。除了于1949年12月病逝于北京的谷钟秀之外，仍任故宫博物院院长的马衡和继续在清华大学建筑系任教的梁思成，以更为饱满的热情、更为充沛的精力，复又投入北京古建筑保护的新时代中了。

　　在这"故都"复又成首都的历史重大时刻来临之前不久，还不到一年的1948年11月前后，也即在平津战役之前，梁思成就编制了《全国文物古建筑目录》，将之交给了中国人民解放军，使北平古迹避免受到炮击，很好地保护了故都文物建筑与古城墙。

这一做法，与其在《北平文物必须整理与保存》一文中所提及的"对于文物艺术之保护，是连战时敌对的国际界限也隔绝不了的"的观念，是完全一致的。对于保护北平古建筑，梁氏可谓言行如一，言必行，行必果。

1950年初，梁思成又与都市计划委员会的陈占祥一起，向政府提出了新北京城的规划方案《关于中央人民政府行政中心位置的建议》，即著名的"梁陈方案"。该方案主张保护北京古建筑和城墙，建议在西郊建新城，保护旧城，不在旧城建高层建筑。虽然此方案最终没有被采纳，但之后梁氏又多次上书，还是挽救了北海的团城。这一"故宫"体系中的重要建筑遗存，至今犹存，已为海内外游客凡游北海必至之处。

概观20世纪上半叶，那一段波诡云谲、沧海横流的历史，从梁思成步入故宫的那一刻起，修复、测绘、研究与解说故宫的热情，可谓终生不懈，直至抗战军兴不得不迁离故都之际，故宫建筑体系的经典样本，仍负载于梁氏心中、笔下，又被郑重其事地写入建筑史的多彩篇章之中。

及至抗战终于胜利，为保全战后以故宫为核心的故都古建筑，梁思成又与胡适等联名上书，向当局慷慨陈词，晓以利害，力求由上至下地贯彻与推动北平"文整"工作。后来的梁、朱论战，以及编制《全国文物古建筑目录》，再到共和国成立之后创设与提交"梁陈方案"等，面对交迭幻变的时局与政局，梁氏始终以近乎一己之力的赤诚无畏，为保护故宫及故都古建筑，倾尽全力，战至终章。

无论时局如何动荡，无论世事如何变迁，以梁思成为代表的学者群体，对中国文化遗产的守护和秉持，实在是令人感佩无已。他们与各种社会形势之下对中国文化遗产的破坏与滥用行径，始终对峙抗衡，始终恪守初心，至死方休。笔者以为，仅此一点，即值得国人为之恒久追念。